한국의 노동, 어떻게 할 것인가? III

– 복수노조와 전임자 급여

한국의 **노동**, 어떻게 할 것인가? Ⅲ
– 복수노조와 전임자 급여

초판 발행 | 2010년 2월 16일
2쇄 발행 | 2010년 7월 6일
3쇄 발행 | 2010년 10월 29일

지은이 | 남성일 외 9인 공저
발행인 | 이종욱
편집인 | 우찬제
발행처 | 서강대학교 출판부
등록번호 | 제313-2002-170호(1978년 9월 28일)

주소 | 서울특별시 마포구 신수동 1번지(121-742)
전화 | (02) 705-8212
팩스 | (02) 705-8612
홈페이지 | www.sogang.ac.kr/~sgpress

ISBN 978-89-7273-161-0 93320

정가 22,000원

한국의 노동, 어떻게 할 것인가? III

– 복수노조와 전임자 급여

남성일, 이종훈, 장상수, 이정일, 김영문
유경준, 김재훈, 최강식, 이인재, 김태정

서강대학교출판부
2010

머리말 |

『한국의 노동, 어떻게 할 것인가』가 처음 출간된 것이 2007년이니 벌써 햇수로 3년이 지났다. 처음엔 한 번으로 생각했던 출판이 『한국의 노동, 어떻게 할 것인가II -글로벌 기준과 제도개선』을 거쳐 이제 『한국의 노동, 어떻게 할 것인가III -복수노조와 전임자 급여』로 세 번째 출판을 하게 되었다. 그간 한국의 노동 시리즈는 출판과 함께 분에 넘치는 평가와 대우를 받았다. 『한국의 노동 I』은 2008년 전국경제인연합회가 선정하는 시장경제 출판대상을 받았으며 『한국의 노동 II』는 2009년 문화공보부의 추천학술저서로 선정되었다. 한국의 노동현실을 개선하고자 하는 학자적 소망으로 열심히 작업한 긍지는 있으나 막상 연거푸 상을 받고 보니 책임감이 무겁다.

이번 세 번째 책은 앞의 책들과 달리 어렵게 태어났다. 2009년 우리나라 노동계는 무려 13년이나 미뤄온 이슈들, 복수노조와 전임자 급여 문제를 들고 다시 씨름해야 했다. 복수노조와 전임자 급여 문제는 겉과 속이 완전히 다른, 표리부동의 대표선수다. 겉으로는 복수노조가 의미하는 단결권 보장의 당위성을 부정하기 어렵다. 또 전임자 급여는 더 이상 사용자가 지급해서는 안 된다는 것도 다 인정한다. 그러나 속으로는 각자 혹은 다들 현실적 위험이 두려워 제도의 변경을 바라지 않는다. 그렇다고 13년이나 미뤄 온 것을 무작정 또 미루는 것도 염치없는 일이다.

학자나 연구자들도 노사 당사자 못지않게 이 문제에 관해 생각이 다 다르다. 누구는 원칙에 따라 이제 시행되어야 한다고 생각한다. 또 다른 누구는 원칙은 인정하지만 현실적 위험 때문에 어렵다고 생각한다. 또 이슈에 따라 원칙론과 현실론이 바뀌기도 한다. 그러니 이 문제를 가지고 이제까지처럼 여러 학자들이 공동작업을 한다는 것은 어려워 보였다. 실제로 의사를 타진해 봐도 난색을 표하는 경우가 많았다. 이전과는 확연히 다른 분위기였다. 그러나 풀어야 할 커다란 화두가 분명히 있는데, 그리고 결과에 따라 노동시장은 물론 경제 및 사회 전체가 크게 흔들릴 수 있는데 의견통일을 기대할 수 없다고 외면하는 것은 학자의 도리가 아니었다.

상황을 이해하는 학자 및 연구자들이 다시 모였다. 지난 2년간의 공동연구 작업에서 쌓은 신뢰가 다시 모이는데 큰 자산이 되었다. 예년에도 그랬듯이 몇 분이 빠지고 새로 몇 분이 합류하였다. 노동경제, 노동법, 노사관계 등 노동분야 3개 학문의 권위자들이 모였다. 연구진은 각자 생각이 다를 수 있음을 인정하고, 공통의 인식을 가질 수 있는 부분에 대해서는 목소리를 내자고 했다.

『한국의 노동 II』작업 때와 마찬가지로 몇 차례의 워크샵을 통해 작업을 진행하는 방식을 택했다. 첫 워크샵에서는 각자 맡을 주제를 정했고 둘째 워크샵부터 각자 맡은 주제에 대한 발표 및 토론을 통해 원고를 수정하고 신노동연구회 공통의 이해를 반영하려고 했다. 이전처럼 마지막 장에 들어갈 신노동연구회 전체 입장을 반영하는 통일된 대안을 만들기는 어려웠으나 우리가 추천할만하다고 생각되는 복수의 대안을 만드는 것은 가능했다. 당초 예상을 뛰어넘는 성과였다.

그러나 이전과는 다른 어려움이 또 있었다. 주제가 입법과정을 거치고 있었던 만큼 대안들이 수시로 바뀌어 그에 따라 우리의 연구작업 또한 여러 차례 내용이 바뀌어야 했다. 대표적인 예가 노동조합법이 금년 1월 1일 새벽 2시에 개정됨에 따라 연구진 모두가 새 개정법의 내용을 참고해서 원고를 다시 수정한 것이다.

이 책은 여러 분야를 대표할 만한 전문가들의 공동저작이다. 각각의 장은 공저자들의 독립적인 연구결과를 싣고 있다. 그러나 각 장의 주제들은 서로 연결되어 있고 전체적으로 조화를 이루도록 조율되었다. 그런 면에서 독립적인 book chapter를 단순히 묶어놓은 다른 공동저작과 구분되며 신노동연구회 전체의 시각이 녹아있는 연합저작이라 할 수 있다.

지난 6 개월 동안 반복되는 워크샵과 회의에 참여하여 성실하게 발표하고 진지하게 토론에 참여해주신 신노동연구회 모두의 노고에 감사드린다. 특별히 삼성경제연구소 장상수 전무님에게 감사하지 않을 수 없다. 처음에 자신이 없어 머뭇거릴 때 용기를 주고 지원을 아끼지 않는 그 노력이 있었기에 세 번째 책이 햇빛을 보게 되었다. 또 세미나에 참석하여 좋은 의견을 주신 한국노총 김종각 본부장, 한국경총 남용우 본부장 및 방송통신대 박덕제 교수님께도 감사드린다. 그동안 우리의 열띤 토론을 녹취하여 제공하고 워크샵 및 출판 준비를 도와준 민환식 조교에게도 고마움을 표하며 좋은 책이 나오도록 협력을 아끼지 않으신 서강대학교 출판부장 우찬제 교수께 감사드린다.

눈 덮인 노고언덕에서 저자들을 대표하여

2010년 1월에,

남 성 일

차례 |

제2부_ 법리 및 국제기준 검토

제3부_ 복수노조 및 전임자 급여 검토 및 대안 모색

제4부 제언

제1부_ 논의경과와 실태

제1장_ 서론

남성일

1. 문제의 제기

복수노조와 노동조합 전임자 급여지급과 관련한 노동조합법 개정안이 2010년 1월 1일 새벽 2시에 통과되었다. 개정법은 노조전임자 급여지급 관련 조항은 6개월의 준비기간을 거쳐 금년 7월 1일부터, 복수노조 관련 조항은 2011년 7월 1일부터 시행되도록 규정하였다. 이에 따라 노조전임자는 법에 규정된 사유에 따른 근로시간 면제를 제외하고는 사용자로부터 급여를 지급받을 수 없게 되었고 내년 7월부터는 단위사업 또는 사업장에서 조직대상을 같이하더라도 여러 개의 노동조합이 설립될 수 있게 되었다. 그러나 이 법의 원형은 이미 1997년에 만들어졌으며 그동안 시행을 수차례에 걸쳐 계속 미루어왔을 뿐이다. 법이 만들어지고도 13년 이상 시행이 유예된 경우는 예를 찾기 어렵다. 왜 이렇게 되었는가? 법이 폐지되지는 않은 채 시행만 유예되어왔다는 것은 입법취지는 살아있으나 시행에 따른 부담이 두려웠기 때문으로 해석된다. 즉 복수노조 허용 및 전임자 급여지급 금지는 원칙적으로 옳지만 현실이 허락하지 않은 것이다. 그만큼 원칙과 현실의 간극이 컸다는 의미다.

지난 13년간의 논란은 한마디로 원칙론과 현실론의 대립이라 요약될 수 있다. 원칙을 주장하는 쪽은 결사의 자유와 단결권의 보장을 내세워 복수노조를 주장한다. 또 전임자 급여에 대한 원칙론은 재정자립을 통한 사용자로부터의 자주와 독립을 강조한다. 반면에 현실론은 원칙이 전제하는 몇 가지 가정들이 우리 현실과 맞지 않는다며 원칙론을 배격한다. 복수노조는 노조 간 공정한 경쟁을 가정하고 있으나 현실은 자기이익을 위하여 불법 부당한 행위를 서슴지 않는 노조의 난립으로 사업장이 난장판이 될 것을 우려한다. 또는 전임자 급여 자기부담은 노조의 재정자립을 가정하고 있으나 한국현실에서 일부 대기업을 제외하고 재정자립을 기할 수 있는 노조는 거의 없다는 주장이 현실론을 지배하고 있다. 여기에 더하여 겉으로 내세우기는 부끄럽지만 실제로는 강력한 유인을 갖는 숨은 현실적 이유가 있다. 즉 현재 누리고 있는 안정과 기득권을 놓치기 싫은 것이다. 사용자는 현재 유지하고 있는 노사관계의 안정구도가 깨지는 것이 싫다. 노동조합은 기존에 누리던 공짜혜택을 포기하기 어렵다. 여기에 정치권의 정파적 이해관계까지 겹쳐지니 논의를 거듭할수록 해결방안이 나오기는 커녕 더욱 혼란스러워 진 것이 작금의 상황이었다.

최근 법 개정이 이루어졌으나 혼란이 없어진 것은 아니다. 여기서 문제의 핵심사항들을 근본적으로 짚어 볼 필요가 있다. 그럼으로써 현재 우리가 문제 해결에 어디까지 와있고 얼마만큼 더 가야 하는지 알 수 있기 때문이다. 우리가 던지고 답해야 할 핵심질문들은 대략 다음과 같다. 첫째, 복수노조 허용과 전임자 급여 지급금지의 원칙이 무엇인가에 대해 다시 물을 필요가 있다. 복수노조 허용은 왜 하는가? 그것이 왜 중요한가?

등을 점검할 필요가 있다. 또 전임자 급여지급은 노조가 전담해야 하는가? 노사자율로 하면 안 되는가? 등에 대한 원리적 검토가 필요하다. 둘째, 이 문제들에 대한 국제기준은 무엇인지에 대한 재검토가 필요하다. 국제기준으로 흔히 ILO 협약 87호와 98호를 인용한다. 그러나 ILO 협약은 과연 단결권을 전면 허용하는 방식의 복수노조를 의미하는지 아니면 일정한 제약을 가해도 되는지 따져봐야 한다. 셋째, 복수노조와 노조전임자 급여에 대한 국내현실을 어떤지 살펴봐야 한다. 복수노조가 허용될 때 일어날 수 있는 현상들은 무엇인지, 그것들이 기업과 노사관계에 미칠 영향은 어떠한지, 기업이나 노동조합은 새로운 변화를 맞을 준비가 갖추어져 있는지 따져봐야 한다. 준비 없는 변화는 자칫 파괴적 결과를 가져올 수 있기 때문이다.

넷째, 그러면 원칙과 현실의 균형을 맞춘 대안으로는 어떤 것들이 있을 수 있는지 모색해야 한다. 원칙을 지키면서 현실적 부담을 최소화할 수 있는 대안들은 무엇이며 각각의 장점과 단점은 무엇인지 분석해봐야 한다. 또 대안이 현실에 무리 없이 정착되기 위해서 어떤 제도적 정비가 수반되어야 하는지도 알아봐야 한다. 다섯째, 최근 이루어진 법 개정은 문제해결에 어느 정도 도움이 될지 점검해야 한다. 법 개정으로 인해 발생한 새로운 쟁점은 무엇인지, 그 쟁점들을 해결하기 위해서는 어떤 추가적 대안이 필요한지 등에 대해 답을 구할 필요가 있다.

신노동연구회의 2009년 작업은 위에 제기된 질문들에 대해 답을 구하는 형식으로 진행되었고 본 총서는 그 결과들을 담고 있다. 복수노조와 노조전임자 급여에 관해 지금까지 많은 논문과 학회 정책토론회 및 각종 보고서들이 있었으나 대부분 한 두 편의 연구결과를 싣고 있어 위의 질문들에 대해 충실한 답을 제시한 경우는 거의 없다고 본다. 반면에 본 총서는 복수노조와 전임자 급여라는 주제에 대해 관련학자들이 다양한 측면의 연구를 공동기획하고 연구한 결과를 모아 놓음으로써 이 주제에 대한 그간의 연구들을 정리함과 함께 앞으로의 논의와 해결대안 모색에 기여를 할 것으로 기대한다.

2. 연구의 구성 및 내용

신노동연구회 연구진의 연구결과는 제 2장부터 10장까지 담겨있다. 제 2장과 3장은 복수노조와 전임자 문제에 대한 그간의 논의와 실태를 정리하였고 제 4장과 5장은 법리와 국제기준을 논하였다. 그리고 제 6장부터 9장까지는 복수노조와 전임자 문제에 대하여 분석하고 대안을 논하였다. 마지막으로 제 10장은 복수노조 및 전임자 급여문제에 대한 여러 대안들의 장단점을 논하고 법 개정 이후 남은 과제에 대한 신노동연구회의 권고를 담았다.

제 2장에서 이종훈 교수는 복수노조와 전임자 급여에 관한 그간의 사회적 논의를 정리하고 평가한다. 이 교수는 우선 문제를 보는 관점으로 '원칙과 현실의 균형적 고려' 및 '국가경쟁력과 사회통합'을 제시한다. 이런 관점에서 두 이슈가 그렇게 오랫동안 논란을 끌어온 까닭은 원칙과 현실의 거리가 멀었기 때문으로 해석된다.

복수노조 허용의 원칙은 당연히 단결권의 보장이다. 반면 현실은 노조 난립에 따른 국민경제적 비용의 증가다. 따라서 대안은 단결권을 보장하되 비용을 최소화하는 보완장치의 강구가 될 수 있다. 보완장치는 우선 일정한 요건을 갖춘 노동조합만 허용하는 단결권의 제한을 들 수 있다. 또한 단결권은 허용하되 교섭창구를 단일화하는 장치가 있다. 이 교수는 우리나라의 복수노조 논의에 있어 보완장치는 일관되게 교섭창구 단일화였다고 설명한다.

이 교수는 2009년 이전의 사회적 논의 과정을 요약하면서 1997년 당시 법제정 과정에서의 논의 과정과 그 이후의 논의 과정 사이에서 차이가 난다고 설명한다. 즉 복수노조와 관련해서는 그 자체를 허용할 것인가에 대해서 1997년 법제정 당시에 많은 논의가 있었으나, 그 이후에는 내용적으로는 단결권 완전보장을 기정사실화하고 그 시행을 유예하는 논의만 있었고, 제도개선과 관련하여서는 교섭창구 단일화에만 집중하여 논의가 전개되었다. 또한 전임자 급여지급은 법제정 당시에는 전면 금지되었으나, 그 이후의 논의는 전임자 급여지급을 일부 인정하는 방향으로 전개되었다는 것이다.

이런 역사적 논의과정을 거쳐 이루어진 금년의 법 개정에 대해 이 교수는 기본적으로 노사정위원회 공익위원 안이 기초를 이루고 있으나 몇 가지 모호함으로 인해 현실에서 혼란이 있을 것으로 평가한다. 예컨대 교섭단위 분리가 남발될 경우 창구단일화라는 입법취지는 훼손될 것이며, 근로시간 면제제도 또한 상한선 이상을 요구하는 노조에 대한 처벌조항이 삭제되어 실효성 있게 정착될지 의문을 표한다.

복수노조 허용처럼 우리나라 노사관계의 골간을 바꿀 수 있는 문제에 대해 실태와 파급효과에 대한 실증적 분석이 없이 추진한다는 것은 위험할 수 있는 일이다. 제 3장에서 장상수 박사와 이정일 박사는 기업의 인사노무담당자들에 대한 설문조사를 바탕으로 복수노조 허용이 가져올 노사관계의 변화를 전망하고 이에 대한 대책을 촉구하고 있다. 106개 기업을 대상으로 한 설문조사 결과 복수노조허용은 노동조합 결성을 촉진하며 특히 무노조기업, 대기업일수록 이런 경향을 강하게 보일 것으로 나타났다. 기업의 인사노무팀장들은 복수노조 허용 시 '노노 갈등 및 선명성 경쟁'이 발생할 것을 가장 우려하고 있으며, '교섭시스템의 불안정성', '노사관계 비용의 급격한 증가' 등도 걱정된다는 반응이다.

저자들은 이런 실태조사와 각국의 경험에 비추어 복수노조 도입의 긍정적 효과보다는 부정적 효과가 클 것을 염려한다. 즉 노노간의 갈등, 선명성 경쟁으로 인한 교섭혼란과 요구조건의 상승작용 등으로 인해 노사관계 비용이 상승하고 기업경쟁력을 약화시킬 수 있다는 것이다. 또한 승진, 평가 등 인사제도 운영에 있어 어려움이 예상되고, 노사협의회 운영 또한 제약을 받을 것으로 본다. 또 단체협약의 채무적 부분에 대한 노조 간의 차이 발생은 불가피한데 신생노조가 기존노조와 동일한 대우를 요구할 경우 사용자가 이를 거부하는 것이 차별대우인지 노조 차별의 기준이 불명확해 기업의 대응 시 혼란과 부담이 가중될 수 있다고 본다.

저자들은 이런 혼란과 부작용을 최소화하기 위해서는 교섭권 인정을 위한 최소요건 규정에 더하여 노동조합 설립요건을 현재보다 더욱 강화해야 한다고 한다. 또 노조의 부당노동행위 제도를 신설하고 위배할 경우에는 형사 처벌토록 해야 하며, 파업 시에는 대체근로에 대한 인정 범위를 확대할 것을 제시한다.

제 4장에서 김영문 교수는 사업장 단위에서의 복수노조 허용 및 전임자 급여지급 금지의 법 원리적 타당성을 논한다. 김 교수는 그동안 우리나

라에서 복수노조를 금지해온 것은 본질적으로 기존 노조의 기득 독점권을 보장하여 노사관계를 안정시키고자 하는 당사자 간 이해타산이 맞아 떨어진 결과로 보고 있다. 김 교수는 기업단위 복수노조 금지는 여러 측면에서 위헌성이 있다고 본다. 우선 복수노조의 설립을 금지하는 것은 근로자의 자유로운 조직선택권을 침해하여 결사의 자유 원칙에 반한다는 ILO의 입장이 분명하다는 것이다. 그리고 비교법적 입장에서 봐도 노동조합들이 서로 경쟁하도록 하는 것이 일반적이라는 것이다. 그리고 비례성의 원칙에서 볼 때 복수노조 허용에 따른 교섭상의 혼란은 복수노조 자체를 금지하는 것이 아니라 교섭대표권제와 같은 효율적 교섭장치를 만듦으로써 통제되도록 해야 한다는 것이다.

노조전임자 급여지급의 법 이론적 성격과 관련하여 김 교수는 전임자에 대한 급여지급은 본질적으로 노동조합에 대한 경비원조로서 부당노동행위에 해당한다는 견해를 피력하고 있다. 즉 사용자로부터 임금을 지급받으면서도 완전히 독립하여 자주적으로 투쟁할 수 있는 노동조합이 있지만, 반대로 임금을 지급받음으로써 사용자에게 종속되어 근로조건 개선이라는 본래의 노조의 임무를 다하지 못하는 경우도 있다는 것이다. 비교법적으로 보더라도 부당노동행위 제도를 운영하는 국가에서는 노조전임자에 대한 급여지원을 사용자의 노동조합에 대한 지배개입행위로서 보는 것이 지배적이다. 그리하여 미국이나 일본에서는 노조전임자 급여지급을 사용자의 부당노동행위로 본다는 것이다.

이러한 법 원리적 논의와 함께 김 교수는 이번에 개정된 노동조합법의 문제점도 지적하고 있다. 우선 복수노조에 따른 3단계 창구단일화 제도는 완전한 배타적 교섭대표제도 아니고, 완전한 비례대표제도 아니며, 자율적 교섭제도도 아닌, 우리나라에만 독특한 혼합적인 교섭제도로서 앞으로 운영상의 여러 가지 문제가 제기될 것이므로 보완이 필요하다고 본다. 또한 교섭단위 분리가 가능하도록 한 것 역시 노동조합의 현실적 이해에 따라 운영되다 보면 창구단일화 제도를 형해화 시킬 수 있으므로 엄격한 기준이 마련되어야 한다고 본다. 마지막으로 새로 도입된 타임오프제도가 종래의 전임자 급여지급의 변형된 형태가 될 가능성에 대해 우려한다.

복수노조의 허용과 관련하여 제기되는 다양한 이슈들에 대하여 흔히 등장하는 것이 국제기준에 부합하느냐 여부이다. 이는 다툼이 있을 여지가 거의 없는 사실(fact)관계의 문제임에도 불구하고 전문가들 사이에서조차 의견을 달리하는 경우가 많다. 유경준 박사는 제 5장에서 복수노조와 관련한 ILO 협약 제 87호와 98호의 내용을 검토하고, 이 협약들에 대해 미국이나 캐나다 등에서 어떻게 대응하고 있는지 살핌으로써 우리나라에 주는 시사점을 제공한다.

유 박사는 먼저 법에 의한 복수노조의 금지는 명백히 ILO의 입장과 배치됨을 밝힌다. 즉 노동조합 스스로의 선택에 따른 단일노조는 가능하지만 그 어떤 명분으로도 법에 의한 의무적 통합은 정당화될 수 없다는 것이다. 반면에 배타적 교섭제도와 같은 창구단일화는 일정한 조건을 충족하면 무방하다고 본다. 즉 복수의 노동조합이 존재하는 경우 i) 독립적인 기구에 의해 대표노조의 인정(certification)이 이루어지고, ii) 해당 교섭단위 내의 근로자 과반수 투표를 거쳐 대표노조가 선택되며, iii) 충분한 득표에 실패한 노조가 일정기간 경과 후 새로운 투표를 요구할 수 있는 권한이 보장되고, iv) 승인된 대표노조 외의 노조가 일정기간 경과 후(주로 12개월) 새로운 투표를 요구할 수 있는 권한이 보장되는 조건이라면 '가장 대표적인 단체(the most representative union)'에만 교섭권한을 부여하는 것을 용인하고 있다.

한편 미국은 복수노소 허용의 근거가 되는 협약 제 87호와 98호를 비준하고 있지 않으며 캐나다는 87호만 비준하고 있는데 대해 유 박사는 비록 이들이 ILO가 강조하는 근본협약이라 해도 국내법과 충돌하여 비준할 경우 국내법을 개정해야 하는 부담이 크다면 비준하지 않는 현실을 보여주는 것이라고 설명한다. 유 박사는 가능하면 ILO의 기준에 맞추는 것이 바람직하겠지만 현행 한국의 노사관계의 현실이 이를 충족하기 어렵다면 미국과 캐나다처럼 기본적인 사항만을 국제기준에 맞추고 운영은 자국의 현실에 맞게 하는 것도 주어진 한계 하에서 최선을 다하는 길일 수도 있다고 본다.

제 6장에서 김재훈 교수는 사업장 단위 복수노조가 허용되는 상황에서 일어날 수 있는 여러 문제에 대한 법적 대안을 논의한다. 우선 교섭단위로서 '사업 또는 사업장' 단위개념의 불확실성을 들고 있다. 김 교수는 우리 노동법상 이 개념이 종종 사용되고는 있지만 복잡다단한 교섭단위 결정의 기초가 되는 개념으로는 다소 명확성이 결여되어 있다고 본다. 따라서 '기업'(법인)단위라고 확실하게 규정하는 대안을 제시한다. 지금까지의 우리나라에서의 교섭관행 및 기업별 교섭이 증가하고 있는 국제적인 추세와도 부합하기 때문이다. 한편 개정 노동법이 제시한 노·사의 신청과 노동위원회의 결정에 의한 교섭단위의 분리문제는 산업구조의 고도화에 따라 동일 기업 내에서도 나날이 세분화되어 가고 있는 점, 노동위원회 결정에 대해 불복하는 경우 기업 내 노사관계의 장기적 소요가 야기될 수 있다는 점에서 개선안이 요구된다고 한다.

개정 노조법에서는 당해 사업(장)에 과반수 노조가 존재하지 않는 경우 공동교섭대표단을 구성하도록 하고 있고, 이 경우 비례대표제 구도가 형성되어 관련되는 문제들에 대한 검토가 필요하게 된다. 비례대표제는 과반수대표제와 달리 원칙적으로 각 노조가 교섭에 참여할 수 있기 때문에 각 노조의 채무적 부분에 대해서도 교섭할 수 있다는 타당성을 지니고 있지만, 교섭대표의 구성방식, 교섭대표의 법적 지위, 조합원 수의 확인방법 등 문제들에 대해 현실적 기능까지 고려한 대응방안이 마련되어야 한다는 과제가 부과되어 있다.

김 교수는 기업단위 복수노조 인정의 범위에 대해 기존 대법원 판례 법리에 따라 실질적으로 조직대상이 다르거나 조직형태가 다른 경우 허용하는 방안은 우리의 실태에 따른 것으로 현실적 정합성을 지니고 있다고 본다. 다만 원칙적으로 기업단위 복수노조를 금지한다는 점에서 근로자의 자유로운 단결선택권이 보장되지 못한다는 원론적인 한계를 지니고 있다. 따라서 조직대상 중복의 해석을 한층 엄격하게 하고 조직형태의 차이를 넓게 함으로써 원론적인 한계와의 차이를 좁혀나갈 것을 제안한다.

제 7장에서 최강식 교수는 우리나라 노동조합의 전임자 및 재정실태를 분석하고 이를 바탕으로 몇 가지 시나리오에서 가능한 전임자 수를 추산한다. 그리고 이 결과는 앞으로 근로시간 면제의 상한을 결정할 때 참고자료가 될 수 있을 것으로 예상된다. 2008년 노동부의 실태조사에 따르면 우리나라의 노조전임자 수는 1277명으로 2002년 조사 당시의 669명에 비하여 91%가 증가한 것으로 나타났다. 이는 조합원 149명당 전임자가 한 명인 것을 의미한다. 한편 노동조합 재정의 지출구조를 보면 사업비가 31.0%로 가장 비중이 높고 인건비는 2.7%에 불과하다. 이는 전임자

의 급여를 회사에서 지급하고 있기 때문에 인건비의 비중이 현저하게 낮은 것으로 보인다.

최 교수에 따르면 조합비를 기반으로 전임자 급여를 조달할 수 있는 경우는 기업규모에 따라 다르다. 조합원 100인 이하인 노조에서는 조합비로는 노조전임자 1명의 급여를 충당하지 못하는 것으로 나타났다. 그러나 조합의 규모가 커지면 상황은 다르다. 조합비로 노조전임자 급여도 충당할 수 있는 노조전임자수는 조합원 300명인 경우 2명, 1,000명 6.4명 수준이지만, 5,000명 규모 32명, 10,000명 64명, 30,000명 193명으로 증가한다. 최 교수는 노동조합이 조합비를 1%에서 2.05%로 1.0% 인상하고, 그 인상된 1.05%의 조합비를 모두 인건비로 사용한다고 해도 조합원 100인 미만 사업체는 1명의 전임자를 둘 수 없다고 한다. 따라서 향후 근로시간 면제제도를 시행할 경우에 사업체 규모별 차등적용이 필요하다고 진단한다.

제 8장에서 이인재 교수는 근로시간 면제제도에 관한 개정법의 내용을 노사정위원회 공익위원 안 및 미국의 제도와 비교 분석을 통하여 평가하고 합리적인 근로시간 면제제도 운영방안을 제시한다. 이 교수에 따르면 노조법 개정안의 내용은 노조전임자에 관한 공익위원안의 원칙과 논리에서 많이 후퇴한 것으로 보인다. 우선 근로시간 면제 사유로 "건전한 노사관계 발전"이라는 불확정 개념을 도입하여 근로시간 면제사유를 지나치게 확대하였다는 비난을 면할 수 없다는 것이다. 또 근로시간 면제 한도를 어떻게 확정하여야 할 것인지에 대한 아무런 기준을 정하고 있지 않다는 점도 지적한다. 그리고 근로시간 면제 한도의 적정성을 위원회를 통하여 3년마다 재심의 하여 결정하도록 한 것은 불가피한 측면도 있으나 정

치적 상황에 의해 근로시간 면제의 범위가 달라질 수 있는 등 법적 안정성이 저하되는 측면도 있다고 한다.

근로시간 면제제도의 합리적 운영방안으로서 이 교수는 우선 문제가 되고 있는 "건전한 노사관계 발전을 위한 노동조합의 유지·관리업무"의 구체적인 범위를 좁게 잡을 것을 제안한다. 이 범위를 넓게 잡으면 현재와 크게 다르지 않게 전임자제도가 운영될 것이기 때문이다. 특히 상급단체에 파견된 노조간부 등 근로관계가 사실상 종료된 노조전임자에 대한 사용자의 급여지원은 법리적·정책적 근거가 전혀 없고, 글로벌 스탠다드에 부합하지 않는다고 판단한다. 또 근로시간뿐만 아니라 그 시간을 활용할 수 있는 인원수를 함께 정해야 한다고 한다. 즉, 노조전임자에 대한 유급 근로시간면제 한도를 시간 단위로 세분화해 정하고 이렇게 정해진 면제시간에 활동할 수 있는 전임자 수를 제한하자는 것이다. 그리고 유급 근로시간의 실제 사용여부를 확인할 수 있는 절차를 별도의 시행령 등을 통해 마련하는 것이 좋다고 생각한다. 마지막으로 전임자 급여에 관한 법을 위반했을 경우 파업을 하지 않았더라도 제재가 필요하다고 본다.

제 9장에서 이정일 박사와 김태정 박사는 최근 이루어진 노동조합법 개정에 대하여 주요 쟁점을 발굴하여 토론하고 필요한 개선방향을 제시한다. 우선 개정법은 창구단일화의 첫 단계에서 노조 간 자율합의를 허용하는데 한국현실에서 이 방식은 노노갈등을 심화시키고 사업장의 혼란을 불러일으킬 수도 있다고 본다. 따라서 저자들은 노조가 자율합의를 할 수 있는 기간을 정하고 명확한 기산점의 제시가 필요하다고 주장한다. 또 개정법은 사용자가 동의한 경우에 개별교섭이 가능하다고 길을 열어놓았는데 교섭대표가 될 가능성이 낮은 소수노조가 이 조항을 들어 단일화에 참여

하기보다는 사용자가 개별교섭에 동의하도록 압박할 소지가 높다고 예상한다. 그리고 개정법은 창구단일화의 3단계에서 공동교섭대표단을 구성하도록 했는데 총인원수 제한이나 비례적 산정 기준을 시행령에 명확히 해두어야 한다고 본다.

저자들은 개정법이 허용하고 있는 교섭단위 분리는 교섭창구 단일화의 취지를 최대한 살리는 차원에서 결정이 내려져야 한다고 한다. 그리고 당사자의 전략적 접근이나 이해관계에서 비롯되지 않고 최대한 객관적인 기준으로 설정되어야 한다고 본다. 공정대표의무와 관련하여 저자들은 노동위원회가 노조 및 사용자의 차별이 없도록 하는 한편 교섭상의 재량권도 인정할 필요가 있다고 본다. 이 새로운 제도에 따른 현장의 혼란이 없도록 노동위원회는 가이드라인을 빨리 만들 것을 권고한다. 그리고 노동조합의 부당노동행위를 입법화하여 공정대표 의무 위반 뿐 아니라 다른 노조, 노조원 및 사용자에 대한 권한 침해 또는 압력에 제재를 가해야 한다고 한다.

노조전임자 급여 문제에 관하여 저자들은 개정법이 비공식 전임자에 대해 여전히 침묵하고 있다고 비판한다. 그리고 급여 지급 시 사용자만 처벌받도록 함으로써 형평성을 잃었다고 한다. 따라서 저자들은 유·무급을 막론하고 노조전임자의 규모를 제한할 수 있는 법적 기준을 마련할 것을 제안한다. 또 급여지급이나 근로시간 면제한도 초과 시 사용자 뿐 아니라 노동조합 또는 노동조합 업무종사자도 처벌받도록 법이 바뀌어야 한다고 한다. 아울러 금지되는 급여가 평균임금인지, 복리후생은 포함되는지 등도 명확히 해야 한다고 한다. 근로시간 면제 범위 또한 매우 포괄적이므로 구체적 기준이 마련되어야 한다고 본다. 또한 교섭대표권을 가진 노조와 그렇지 못한 노조 사이에 근로시간 면제 분을 어떻게 배분하는지 합리적인 가이드라인이 있어야 한다고 본다.

제 10장은 이제까지의 논의를 바탕으로 신노동연구회 전체의 의견이 제시된다. 우선 복수노조와 전임자 급여에 대한 여러 대안의 각각에 대하여 장점 및 단점을 지적한다. 그리고 이들 대안 중에서 신노동연구회가 추천하는 복수의 대안들이 제시된다. 이들 추천대안의 일부는 2010년 1월1일의 개정법에 반영되어 있기도 하고 일부는 개정법과 현저히 다르기도 하다.

마지막으로 신노동연구회는 개정법에 대하여 의견을 제시한다. 창구단일화와 관련하여 신노동연구회는 교섭단위 확정 및 분리가 법 취지와 맞게 결정되어야 함을 강조한다. 또 근로시간 면제제도는 여러 가지 모호한 규정의 삽입으로 인하여 현장의 혼란과 법 취지의 무력화를 가져올 가능성을 경고하고, 근로시간 면제의 기준이 구체적이고 엄격해야 할 것을 권고한다.

제2장_ 복수노조와 전임자 급여 관련 사회적 논의 과정에 대한 평가

이종훈

1. 들어가는 글

최근 사업장 단위에서의 복수노조 허용과 노조전임자 급여지급에 대한 법 개정이 마무리되었다. 1997년 이후 13년이나 끌어왔던 문제가 일단락된 것이다. 그동안의 논의 및 입법화 과정이 얼마나 우여곡절이 많았는지는 법 시행이 예정된 2010년 1월 1일 새벽에 새로운 내용으로 법 개정이 이루어진 것만 보아도 잘 알 수 있다.

이 글의 목적은 지난 13년간의 사회적 논의 과정을 정리해 보는 것이다. 이미 법 개정이 끝났는데, 새삼스럽게 과거의 논란거리를 정리하고 평가해 보는 것이 무슨 의미가 있을까? 첫째, 지난 13년간의 사회적 논의 과정이 지나치게 소모적이었다는 사실에 대한 반성이다. 오랜 시간 논의를 했으나 논의 내용이 한 단계씩 발전해 나가는 모습을 보였다고 평가받기 어렵다. 노동계와 경영계는 (시기에 따라 미세한 차이는 있었지만) 각자의 입장에서 같은 주장만을 되풀이 한 경향이 있었다. 공익위원들이 제시한 의견들도 중재안으로서 높은 현실 가능성을 갖고 있지 못한 것 같다. 둘째, 법 개정 이후에 새로운 제도를 잘 정착시키기 위함이다. 법은 개정되었지만, 앞으로 시행하는 과정에서 법제도적으로 보완해야 할 내용이나 행정적으로 준비해야 할 문제는 없는가에 대해 새로운 고민이 시작되었다.

이 두 가지를 위해서는 복수노조 허용과 전임자 급여지급 금지에 대한 보다 근본적인 질문부터 출발할 필요가 있다고 생각한다. 13년간의 과정이 결국은 원칙과 현실을 모두 감안한 대안을 찾는 과정이었다면, 무엇이 원칙이고 무엇이 현실인가부터 좀 더 치밀하게 따지고 들어가야 한다. 즉, 우리가 (사업장 단위 복수노조 허용과 전임자 급여지급 금지라는) 새로운 제도를 왜 도입하려 했는지, 또 노사가 새로운 제도를 도입하는 것에 대해 무슨 우려가 그리 많은지에 대해 치밀한 그리고 설득력 있는 분석이 있어야 할 것이다. 지금까지 이러한 노력이 부족했기 때문에 타협안을 찾는데 너무 오랜 시간이 걸렸고, 또 이 순간에도 과연 새로운 제도가 현실에 안착될 수 있을까라는 고민이 남아있는 것이다.

이러한 문제의식 하에 먼저 2절에서는 '사업장 복수노조와 전임자 급여'에 관한 논의에서 반드시 고려되어야 할 핵심적 사항에 대해 정리해 보고자 한다. 짧은 글에 (또한 부족한 필자의 능력으로) 빠진 내용 없이 또 논리적으로 빈틈없이 정리할 수는 없겠지만, 앞으로 다른 논의를 촉발할 수 있을 것이라는 기대를 갖고 정리해 보고자 한다. 그 다음으로 2절에서 정리된 사항을 기반으로 그동안의 사회적 논의 과정을 정리·평가해 보고자 한다. 3절에서는 먼저 2009년 이전의 논의 과정, 즉 애초 1997년의 법제정 과정과 그 이후 2차례에 걸친 법 시행 유예 과정에서의 사회적 논의 내용을 정리할 것이다. 그 이후 금번 법 개정 과정에서의 논의를 정리해 보려고 한다. 2009년 이전의 논의 과정과 법 개정이 이루어진 2009년의 논의 과정을 구분하는 것은 과연 양자 간에 큰 차이가 있었는지, 혹은 무엇이 법 개정을 가능하게 만든 요소인지에 대해 어떤 시사점을 얻을 수 있을까라는 기대감 때문이다. 또한 3절에서 법 개정 내용에 대한 개괄적 평가도 포함될 것이다. 마지막으로 4절에서는 정부가 향후 준비해 나가야 할 사항을 제시하면서 글을 맺으려 한다.

2. 복수노조와 전임자 급여 논의에서 고려되어야 할 사항

1) 기본인식

사업장 단위 복수노조 허용과 전임자 급여지급의 문제에서 인식(판단)의 기초가 되어야 하는 것은 첫째, '원칙과 현실을 동시에 고려하는 균형적 시각'에서 접근할 필요가 있다는 사실이다. '13년간 유예되었다'라는 사실을 '원칙이 무시되었다'라고 인식할 수도 있지만, 달리 생각해 보면 '우리 현실에 맞지 않았기 때문이다'라고 생각할 수도 있는 것이다. 지난 13년간의 유예도 전자의 입장에서는 '노사단체 간 담합에 의해 원칙이 훼손된 과정'으로 볼 것이고, 후자의 입장에서는 '우리 현실에 맞는 해답을 찾아가는 과정'으로 볼 수 있을 것이다. 우선 원칙이라는 것이 누가 정한 원칙이고 무엇을 위한 원칙인가에 대해 따져 볼 필요가 있다. 또 새로운 제도의 도입이 현실에서 어떠한 결과를 가져올 것인가에 대해 고민해야 한다. 그래야 법 개정(새로운 제도 도입)의 현실가능성이 높아지고 부작용도 최소화할 수 있기 때문이다.

둘째, 복수노조 및 전임자 급여에 대한 노동법 개정의 목표가 (다른 국정분야도 그러하듯이) '국가경쟁력과 사회통합'이 되어야 할 것이다. '원칙과 현실의 조화'라는 것 자체가 목표가 될 수는 없다. 동일한 맥락에서 노동법 개정은 우리나라 노사관계가 합리화되고 협력적 관계로 전환되는데 도움이 되어야 할 것이다. 이것이 원칙을 논할 때나 현실을 논할 때나 판단의 기준이 되어야 한다.

우선, 지금의 분배게임 중심의 대립적 노사관계를 생산게임을 중시하는 협력적 노사관계로 전환하는데, 또 이념지향적·투쟁의존적 노동운동을 억제하는데 도움이 되는지를 판단할 필요가 있다. 또한, 우리나라 노사관계의 양극화 문제 해결에 도움이 되는 대안인가를 따져 보아야 한다. 상대적 고임금 계층인 대기업 정규직은 노동조합의 힘을 이용하여 더 많은 것을 얻어내려고 힘쓰는 반면에, 저임금 계층의 비정규직, 중소 영세기업 근로자들에게는 노동조합이 아예 없거나, 설사 노조가 있더라도 사측이 인정하려 하지 않는 경우가 많다[1].

셋째, 한국의 노동조합을 이해하는 시각에 따라 대안(혹은 해법)에 대한 판단(인식)에 큰 차이가 생길 수 있다. 하나의 시각은 주인-대리인 모형(principal-agent model)으로 보는 것이다. 조합원이 주인이고 노조 집행부는 대리인이며, 대리인인 집행부는 주인인 조합원의 의사를 반영하여 행동할 뿐이라는 것이다. 또 다른 시각은 지도자-추종자 모형

1 현장에서 법과 원칙이 지켜지지 않는 것도 한국 노사관계의 큰 문제점으로 지적할 수 있을 것이지만, 이것은 복수노조나 전임자 문제와는 직접적으로 큰 연관성이 없다고 봄. 원칙의 실종은 노동조합 탓이라기보다 정부 잘못 때문임. '원칙을 지키지 않는 것이 원칙을 지키는 것 보다 더 손해'라는 사실이 정립되어야만 원칙이 지켜질 터인데, 그동안 현실은 그 반대인 경우가 많았음.

(leader-follower model)이다. 노조 집행부가 리더로서 이끄는 대로 조합원은 따라간다는 것이다. 전자의 경우에는 조합원이 실질적인 의사결정자이고, 후자는 노조 집행부의 결정을 조직(노동조합)의 행동이 따라간다. 그런데 일반적으로 우리나라의 기업별 노조에서는 후자 보다는 전자의 모형에 의해 움직인다고 보는 것이 맞다고 생각한다. 단체교섭에서 노사의 교섭위원들 간에 합의가 이루어져도 그것은 잠정합의안일 뿐 조합원의 인준투표를 거쳐야만 하고, 이것을 통과하지 못할 경우 집행부가 총사퇴하는 것(즉 실질적인 집행부 탄핵의 결과)이 일반적인 현실이다. 또 파업기간 중 조합원의 분임토론에 의해 파업전략이 결정되는 것을 보아도 잘 알 수 있다. 현실에 대한 정확한 시각이 사업장 복수노조 허용이나 전임자 급여지급 금지가 가져 올 현장에서의 노사관계 변화를 예측하는데 도움을 줄 수 있을 것이다.

넷째, 노사관계의 불안을 어느 정도의 위기(혹은 위험)로 보는가의 차이도 중요하다. 새로운 제도를 도입할 경우, 초기에는 혼란이 있겠지만, 결국에는 또 다른 균형점에서 안정을 찾을 것이라는 주장을 할 수 있다. 그러나 그 과정에서의 이행비용(transition cost)이 지나치게 클 경우, 새로운 균형점으로 가기 전에 파국이 올 수 있다는 점도 지적될 수 있을 것이다. 기업 내 노사관계는 대표적인 위험(risk)관리의 영역이다. 노사관계가 잘 된다고 기업이 획기적으로 성장하는 것은 아니지만, 노사관계가 어그러질 경우 그 기업은 하루아침에 망할 수 있다는 사실에 유념하지 않을 수 없다.

2) 사업장 단위 복수노조 허용 관련 고려 사항

(1) 복수노조 허용의 당위성 및 비용과 관련된 고려사항

첫째, 사업장 단위의 복수노조를 왜 허용해야 하는 것일까? 먼저, 원칙론적 입장에서 보면, 단결권은 기본적인 권리(인권)이기 때문에 당연히 완전하게(예외 없이) 보장 되어야 한다. 그리고 이러한 권리는 국내적으로는 헌법에 의해 보장되고, 국제적으로는 ILO의 기준에 의해 정당화 된다. 법치국가에서 헌법은 반드시 존중되고 지켜져야 한다. 그러나 ILO기준은 헌법만큼 절대적인 것은 아닐 수 있다. ILO 협정을 비준하지 않았을 경우, 국제적 지위확보나 통상협상에서 불리한 처지에 놓일 수는 있을지 모르나, 그러한 경우도 외교적 노력으로 해결할 수 있는 것이므로[2] ILO기준은 반드시 지켜져야 하는 원칙이 되지 않을 수도 있다는 의견이 존재한다.

그렇다면, 현실론적으로는 사업장 단위에서 복수노조 허용으로 무엇이 좋아지는가? 혹은 복수노조를 허용하지 않을 경우 어떠한 문제가 존재할 수 있는가? 사업장 단위에서 복수노조가 금지되면 노조를 결성하고 싶은 종업원이 있어도 그러한 기회를 갖지 못할 수 있는데, 복수노조가 허용되면 이러한 문제가 원천적으로 해결될 수 있다. 사용자가 유령노조(혹은 휴면노조)를 만들어 다수 종업원이 원하는 노동조합을 결성하는 것을 방해하는 문제를 원천적으로 해결할 수 있다. 또한 기존 노조의 조직대상에 포함시켜 놓았으나, 실제적으로는 조합원이 없는 (혹은 극히 소수만 존재

2 미국과 캐나다도 복수노조는 허용하고 있지만 다른 이유로 (국내 현실에 적합한 노동법을 유지하기 위해서) ILO협약을 비준하지 않고 있으며, 통상협상에서도 ILO기준 위반사항이 근로조건 하락에 결정적으로 영향을 미친다는 사실이 입증될 때 심각한 장애요인이 됨.

하는) 직종의 근로자들이 자유롭게 별도로 '자신들이 원하는' 노동조합을 결성할 수 있다.

물론 이 경우에도 반드시 복수노조를 전면 허용하는 것만이 해법인가라는 의문을 제기할 수 있다. 만약 위와 같은 부당한 경우를 막을 수 있는 장치만 있다면 되지 않겠는가라는 주장이 (적어도 원칙론만 생각하지 않는다면) 가능하다. 실질적으로 활동하지 않는 노조, 노조 가입을 자유롭게 허용하지 않는 노조, 조직대상에 포함되어 있지만 조합원으로 가입해 있지도 않고 그들을 위한 활동(단체교섭 등)도 하지 않는 노동조합이 있는 경우 등에 한하여 복수노조를 허용하자는 대안도 나올 수 있다.

둘째, 복수노조를 허용할 경우 현실에서 어떠한 문제가 나타날 수 있는가? 복수노조 허용 시 가장 우려되는 문제는 노동조합의 난립, 또 이로 인한 노노갈등과 선명성 경쟁으로 인한 과격투쟁이다. 우선 현재 노조가 없거나 온건·합리적인 기업별 노조가 존재하는 사업장에서 과격투쟁을 지향하는 노동조합이 새로 설립될 경우, 교섭창구를 단일화를 전제하더라도 이 과정에서 강경투쟁을 약속하며 조합원을 선동할 가능성이 있다. 이 경우 현재의 온건·합리적인 노조도 선명성 경쟁 과정에서 요구수준을 높이거나 강경투쟁을 약속하는 등 부담이 커질 수밖에 없을 것으로 예상된다. 사측의 노무관리 능력이 뛰어날 경우 현장 종업원들의 동요가 그리 크지 않을 수 있다는 예측도 가능하나, 현재의 노동조합이 갖는 부담이 커지거나 현장 분위기가 상당부분 혼란스럽게 되는 것은 불가피하다는 의견도 매우 설득력이 높다.

현재 강경노조가 있는 사업장에서도 노노갈등으로 인한 선명성 경쟁이 일어날 가능성이 매우 높다. 노조내부에 여러 계파가 있기 때문에, 기업단위 복수노조 허용 시 이들 계파들 중 현 집행부 반대파에서 신규 노조를 결성할 수 있다. 이 때 신규 노조가 현재의 강경 집행부와는 달리 온건한 노선을 표방할 지 혹은 더 강경한 투쟁방식을 택할지는 경우(사업장)에 따라 다를 것이다. 그러나 교섭창구 단일화 과정에서 수적 우위를 점하기 위해서 (적어도 단기적으로는) 후자의 경우가 더 많이 나타날 것으로 보인다. 집행부가 조합원을 따라갈 수밖에 없는데, 현재의 노동조합이 강경노선을 택하고 있다면, 그것은 사측의 현장 노무관리 능력이 높다고 보기 힘들기 때문이다.

그리고 이러한 복수노조의 비용은 중소기업에서 더 심각할 것이라는 의견이 많다. 우선 중소기업의 경우 일반적으로 대기업 보다 사측의 노무관리 능력이 떨어지기 때문에, 현장에서 복수노조 간 경쟁이 일어날 경우 이를 철저한 현장 노무관리로 제어할 가능성이 낮다. 또한 중소기업의 경우 소수의 조합원만으로 과반수 확보가 가능하므로 임·단협 때마다 대표노조 쟁탈전 벌어질 수 있고, 이로 인해 노－노 갈등이 일상화될 것을 우려하는 의견이 많다.

셋째, 그렇다면 사업장 단위에서 복수노조 허용의 해법은 무엇인가? 먼저, 복수노조의 비용이 얼마나 큰지 현재로서는 정확하게 알 수 없다. 아직 실현되지 않은 현실이기 때문이다. 또 설사 그 비용이 심각하게 나타난다 하더라도 일시적인 현상일 뿐, 멀지 않아 새로운 제도에 노사가 적응하여 안정화될 것이라는 의견도 있다. 이러한 관점에서 볼 때, 복수노조의 비용은 너무 크게 걱정할 필요 없이 원칙대로 바로 허용하자고 주장할 수 있다. 그러나 이러한 의견에 대한 판단은 노사관계를 보는 시각에 따라 달라질 수 있을 것이다. 이행비용이 크다고 생각하고, 노사관계 불안이 기업경영에 미치는 영향을 위기(위험)로 보는 관점에서는, '원칙에 입각한 즉시 허용'의 입장을 선택하는데 신중할 수밖에 없을 것이다.

한편, 현실을 생각하여 복수노조는 계속 금지하고 가되, 복수노조 금지로 인한 단결권 침해가 분명하게 나타나는 경우(즉, 앞서 언급했듯이, 기존노조가 휴면노조이거나 자유로운 노조 가입을 허용하지 않거나, 조직대상에 포함되어 있는 근로자를 위한 실질적인 활동을 하지 않는 경우)에 한하여 예외적으로 허용하자는 주장을 생각해 볼 수도 있다. 그러나 이 주장의 결정적인 약점은 원칙에 정면으로 반한다는 것이다. ILO기준에 어긋나는 것은 어떻게 피해간다 하더라도 위헌의 소지가 크기 때문에 국가제도로 선택하기 어렵다는 비판을 피할 수 없다. 또한 원칙적으로 복수노조를 허용하되 조직대상이 중복되는 경우에는 이를 금지하는 예외 조항을 두고 있는 상황에서, 거기에 더하여 다시 예외조항을 두는 것은 입법체계상 불합리하다는 비판도 있을 수 있다.

결국 원칙적으로 복수노조 허용이 불가피하다면 단결권을 보장하되, 복수노조로 인한 비용을 최소화할 수 있는 보완장치를 강구하는 방향에서 해법을 찾는 방향을 모색할 수밖에 없다. 만약 이 때의 보완장치를 단결권 부분에서 찾는다면, 노조의 설립요건을 만들어 노조가 난립하는 것을 막는 방법이 있다. 예컨대, '조합원이 20인 혹은 종업원 10% 중 적은 수 이상' 의 경우에만 노조로 인정하는 것이다. 이 대안의 가장 큰 장점은 ILO 기준을 충족시킨다는 점이다[3]. 따라서 위헌의 소지도 피해 갈 수 있을 것이라는 판단이 가능하다. 그러나 과거 권위정부 시절인 5공화국에서 노조

3 ILO 결사의자유위원회는 노동조합 설립시 '최소인원수 규정'이 합리적인 방식으로 결정된다면 결사의 자유에 반하지 않으며 합리적 최소인원은 개별국가의 상황에 따라 달라질 수 있다는 입장(para. 287, ILO, 2006 참조)이며, 노동조합 설립시 '최소 20명 (산업별 노동조합의 경우는 30명)이 필요하다'는 규정이 결사의 자유 원칙에 위배되지 않는다고 판단(para. 285, para. 292, ILO 2006 참조).

설립요건을 두었다가 폐지된 적이 있었다는 사실이 약점이다[4].

한편, 단결권이 아닌 단체교섭권을 통해 보완장치를 강구하려는 해법이 바로 교섭창구 단일화 방안이며, 이 부분에 대해서는 아래(다음)와 같이 정리될 수 있다.

(2) 교섭창구 단일화의 필요성 및 방법과 관련된 고려사항

교섭창구 단일화는 사업장 단위에서의 복수노조 허용의 부작용을 막기 위한 장치이다. 여기에는 다음 2가지의 의미(혹은 목적)가 있다고 생각한다. 첫째, 사용자의 교섭비용을 줄여주기 위함이다. 복수노조 허용 이후 사용자가 모든 노조와 다 교섭해야 한다면, 교섭비용이 지나쳐서 기업경영에 지나치게 부정적인 영향을 미칠 것이다. 단체교섭권 보장도 중요하지만 기업의 경영권도 보호 받아야한다는 주장이다. 또 기업경영에 대한 심대한 폐해는 기업경쟁력 약화와 이로 인한 해고 및 도산으로 노동자들에게도 결코 유리하지 않을 수 있다는 주장도 설득력이 있다.

둘째, 복수노조는 허용하되 가능하면 노조가 난립하지 않고 하나로 통합될 수 있도록 유도하기 위함이다. 모든 노동조합이 제각기 교섭을 할 수 있다면 노동조합이 서로 통합할 유인을 갖기 어려울 것이다. 그리고 노조 난립이 지속되는 한, 아무리 사용자의 교섭비용을 줄여준다 하더라도, 노-노간 선명성 경쟁으로 인한 사업장의 혼란을 피하기 어려울 것이기 때문이다. 또한 노동조합 간 통합은 사용자뿐만 아니라 노동조합을 위해

4 우리나라 노동조합법에서도 1980. 12. 31 법제화되었다가(30명 이상, 또는 조직대상 1/5 규정) 1987. 11. 28 삭제된 바 있음.

서도 바람직한 방향이라고 판단될 수도 있다.

교섭창구 단일화 역시 위헌소지가 있다는 비판을 일부 받고 있다. 그러나 첫째, 위헌여부는 단체교섭권뿐만 아니라 경영권 침해 가능성도 동시에 고려하여 결정되어야 한다고 생각할 수 있다. 뿐만 아니라 둘째, 교섭창구단일화 방안을 어떻게 만드는가에 따라 단체교섭권 침해 부분이 최소화될 수 있다는 의견이 많다. 물론 大노조에게 독점권을 부여할 경우에는 위헌소지가 매우 크다. 그러나 소수노조가 부분적으로 교섭에 참여하는 비례대표제의 경우나 적어도 투표권 행사를 통해 간접적으로 교섭권을 행사하는 대표노조투표제의 경우에는 위헌시비를 피해갈 수 있다고 볼 수 있다.

한편, 교섭창구 단일화의 의무가 적용되는 범주를 어떻게 할 것인가에 대한 논란이 있다. 핵심은 조직대상이 중복되는 경우에 국한하여 교섭창구 단일화를 의무화할 것인가, 아니면 '1사1창구'의 원칙을 적용하는가의 문제이다. 첫째, 후자의 '1사1창구'의 원칙이 교섭창구 단일화의 목적에 더 부합한다고 볼 수 있다. 사용자의 교섭비용을 줄여주기 위해서는 한 사용자로 하여금 한번만 교섭하게끔 만들어주는 것이 맞다. 또 1개 기업 내에 직종별로 (조직대상을 달리하는) 다수의 노조가 존재하는 것 보다 1사1노조가 더 바람직하다면, 이를 유도하기 위해서라도 1사1창구 원칙이 필요할 것이다. 반면에, 직종별로 (조직대상이) 분리된 (다수)노동조합들이 존재할 경우, 조합원의 근로조건 수준 및 결정방식이 상이하여 다른 협약이 적용되는 것이 더 바람직한 경우가 될 수 있음에도 불구하고, 1사1창구를 원칙으로 하는 것은 과도한 규제라는 주장도 가능하다. 또한 이미(현재)같은 기업 내에서도 조직대상이 분리된 노동조합들은 각자 교섭하고 있는데, 이 경우에도 교섭창구 단일화를 강제할 경우 노동조합의 반발이 클 것이라는 지적도 있다.

둘째, 그렇다고 교섭창구 단일화를 조직대상이 중복되는 경우로 국한하는 것은 교섭창구 단일화의 목표인 사용자의 교섭비용 절감, 노조간 통합유도를 기대하기 어렵다. (조직대상이 중복되는) 노동조합들이 처음에는 교섭대표가 되기 위해 경쟁하겠지만, 나중에는 노조간에 조직대상을 분리하기로 담합하여 교섭창구 단일화를 할 필요 없이 각자 독자적인 교섭권을 확보하려 할 것이다. 그리고 결국에는 직종별로 노조가 난립하고 사용자도 모두 교섭해야 하는 상황을 피할 수 없을 것이다.

교섭창구 단일화 방법과 관련해서는 첫째, 그동안 가장 많이 논의되었던 '대표노조투표제'의 경우, 대표노조 하나에게만 교섭대표권을 주기 때문에 노조간 통합을 유도할 수 있고 단체교섭 과정에서의 노노갈등을 피할 수 있다는 장점이 있다. 반면에 교섭대표노조가 소수노조를 과연 제대로 대변하겠는가 라는 의문이 제기될 수 있고, 투표과정에서의 노노갈등과 이를 관리하기 위한 노동행정비용이 클 수밖에 없다는 단점이 있다. 한편, 둘째, 비례대표제의 경우, 위헌소지가 가장 적고 투표과정 관리 등의 행정비용을 피할 수 있다는 장점이 있는 반면에, 소수노조도 교섭에 참여하게 됨에 따라 노동조합간 통합을 유도하기 상대적으로 어렵고, 단체교섭 과정에서 노노갈등이 발생하여 교섭 자체가 난항을 거듭할 수 있을 가능성, 결국 실무교섭에서는 모든 노조와의 별도 교섭이 불가피할 가능성 등으로 사용자의 교섭비용이 (창구단일화에도 불구하고) 여전히 클 수밖에 없다는 단점이 존재한다.

3) 전임자 급여지급 금지 관련 고려 사항

(1) 제도 개선의 목표

전임자 급여지급 금지와 관련된 노사 간의 갈등도 표면적으로 보면 원칙론과 현실론간의 대립인 것으로 보인다. 사용자의 전임자 급여지급을 금지하는 것이 무노동 무임금의 원칙과 국제적 관행에도 부합한다는 주장이 원칙을 강조한 것이라면, 기업별 노조가 주종을 이루고 있는 우리나라에서 전임자 급여지급 금지가 현실화될 경우 노동조합이 무력화될 것이라는 주장은 현실을 대변하는 주장이다. 물론 전자는 경영계, 후자는 노동계의 주장이다. 그러나 전임자 급여지급과 관련된 원칙적 주장은 '복수노조 허용'에서의 원칙론과는 다르다. ILO기준과 같은 국제적 기준이 있는 것도 아니고 오히려 자율적 협상이 국제적 기준에 부합한다는 측면이 있다. 또한 우리나라에서만 찾아 볼 수 있는 정도로 국제적 관행에 어긋나는 것도 아니라는 의견이 많다.

따라서 본고에서는 전임자 급여지급의 문제가 과연 우리나라 노사관계의 병폐인 대립적(투쟁적) 노사관계와 노사관계 양극화의 해결에 도움이 되고, 일부 노동운동의 정치적·이념적 투쟁을 제어할 수 있는지에 대해 초점을 맞추어 논의하고자 한다. 즉, 전임자 급여지급 문제의 해법을 도출함에 있어 가장 중요하게 고려해야 할 사항은 그러한 제도개선의 목표가 무엇인지를 돌아보고 그 목표달성에 도움이 되는 방향에서 찾아야 할 것이다.

이제 전임자 급여지급 금지와 관련하여 몇 가지 경우의 수를 고려하여, 각각의 경우 현실에서 어떠한 상황이 벌어지고, 또 그것이 우리가 전제한 제도개선의 목표를 달성하는데 어떠한 효과를 미칠 것인지 따져 보고자 한다.

(2) 전임자 급여지급 관련 제도의 효과

첫째, 제도적으로 사용자의 전임자 급여지급이 전면 금지되고 실제로도 전임자 급여를 전적으로 조합재정에서 조달하게 되는 경우이다. 전임자의 수는 분명 대폭 줄어들 것이다. 또 정치적 노동운동을 제어하는 데에는 도움이 될 수 있을지 모른다. 그러나 대립적 노사관계 완화와 노사관계 양극화 해결에는 별 도움이 안 되거나 오히려 문제를 더 악화시킬 것이라는 주장이 있다. 대립적 노사관계의 근본적 원인은 (주인-대리인 모형을 상기해 볼 때) 전임자 때문이기 보다 사용자의 현장 노무관리 능력의 부족 때문이라고 볼 수 있다. 또 전임자가 급여에서 사용자로부터 독립적으로 되면, 노사간의 관계가 더 대립적 관계로 갈 수 있다는 의견도 있다. 특히 현재 기업별 노조와 협력적 관계를 갖고 있는 사업장에서는 이러한 부정적 영향이 더 크게 나타날 수 있을 것이다. 또한 조합재정의 차이로 인해 대·중소기업간 노조전임자의 격차가 유지될 것이므로 노사관계 양극화 개선에 별 도움이 되지는 않을 것으로 보인다.

둘째, 제도적으로는 사용자의 전임자 급여지급이 전면 금지되었으나, 실제로는 그 효과가 대기업과 중소기업 간에 상이하게 나타나는 경우이다. 첫째의 경우보다는 훨씬 더 현실 가능성이 높은 시나리오로 생각된다. 상당수 대기업은 결국 노조의 힘에 밀려 편법으로라도 전임자 급여를 지급할 수밖에 없을 것으로 보는 것이다[6]. 예컨대, 단체협약 상에는 전임자

6 전임자 급여지급을 사용자의 부당노동행위로 처벌하는데 사용자가 어떻게 전임자 급여을 줄 수 있겠는가라는 반론이 있을 수 있는데, 사용자의 부당노동행위는 노조가 고발해야만 처벌할 수 있는 데 노조가 과연 고발할 것인가의 문제가 있음.

급여를 안 주는 것으로 해 놓고 이면합의로 전임자 급여를 지급하는 편법, 조합비 인상분만큼 사용자에게 급여 인상을 요구하고 그 조합비 재원으로 전임자의 급여를 지급하는 편법[7], 단체협약에 유급 노조 활동 시간을 부장받아 실질적인 유급 전임자 활동을 보장받는 편법 (즉, '공식적인 전임자'는 대폭 줄지 모르지만, 단체협약에 유급 노조활동시간을 활용해 노조 전임활동을 하는 '사실상의 전임자'가 대폭 늘어나는 경우) 등이 예상된다. 반면에 (지금도 노조의 힘이 상대적으로 약한) 중소기업의 경우에는 전임자 급여지급이 실제로도 금지되면서, 대·중소기업간 전임자 수 격차는 지금 보다 더 크게 벌어질 가능성이 있다. 그 결과 노사관계의 양극화 현상은 지금 보다 더 심해질 것으로 예상된다. 또한 중소기업이 그 돌파구로 상급단체 혹은 산별노조에 전적으로 의존하려 할 가능성이 크다. 그 결과 외부세력 개입으로 해당기업의 노사관계는 더욱 악화될 것이고, 상급단체간 조직경쟁에 기업이 희생양이 될 수 있다. 결국 대립적 노사관계도 더 악화시킬 가능성이 크다.

셋째, 그렇다고 전임자 급여지급을 지금처럼 완전한 자율협상의 결과에 맡겨 놓는 경우에는 먼저 전임자의 수가 과도한 지금의 현실을 고칠 수 없다. 현재 전임자의 수가 과도하게 많은 것은 노동조합이 추가 전임자를 요구하더라도 그것에 따른 노조의 한계비용이 없기 때문이다. 만약 전임자 급여의 일부라도 조합재정에서 급여를 부담한다면 추가 전임자에 대해 노동조합도 비용을 부담하는 부분이 생기고 그에 따라 노조의 전임자 수 증가 요구가 제어될 수 있을 것이다. 그러나 자율교섭의 경우에는 노사간

7 이 경우, 형식적으로만 보면, 제도적으로나 실제적으로 전임자의 임금을 조합재정이 스스로 조달하는 것으로 분류될 수 있음.

힘 관계에 따라 전임자의 수가 결정될 것이고, 그 결과 대기업에서 과도하게 많은 전임자가 존재하는 지금의 문제를 전혀 해결할 수 없을 것이다. 그리고 이렇게 전임자의 수가 지금처럼 계속 많게 될 경우, 상급단체에 파견되는 전임자의 수도 줄어들지 않을 것이고 정치적 노동운동도 제어하기 힘들어진다.

결국 현재 방식을 그대로 유지하는 것은 답이 아니고, (제도 개선을 통해) 전임자 급여지급에 대한 일정부분 규제를 가할 수밖에 없다. 그런데, 그리고 그것의 목표는 첫째, 대기업의 전임자의 수를 지금 보다 크게 줄이고 사업주가 지급하는 급여를 받고 상급단체에서 활동하는 것을 더 이상 허용하지 않음으로써, 정치적·이념적 투쟁중심의 노동운동을 제어할 수 있어야 한다. 둘째, 중소기업의 노조활동이 약화되는 것을 막음으로써 노사관계 양극화와 대립적 노사관계가 더 심화되는 것을 방지할 필요가 있을 것이다.

3. 복수노조 및 전임자 급여 관련 법개정 관련 사회적 논의 과정

1) 2009년 이전의 사회적 논의 과정의 정리 및 평가

2009년 이전의 사회적 논의 과정을 요약하면, 1997년 당시 법 제정 과정에서의 논의 과정과 (복수노조 허용과 전임자 급여지급금지가 유예된) 그 이후의 논의 과정 사이에서 차이가 있다. 먼저 복수노조 허용과 관련해서는, 그 자체를 허용할 것인가에 대해서 1997년 법 제정 당시에는 많은 논의가 있었으나, 그 이후에는 내용적으로는 단결권 완전보장을 기정사실화 하고 그 시행을 유예하는 논의만 있었고, 제도개선과 관련하여서는 교섭창구 단일화에만 집중하여 논의가 전개되었다. 또한 전임자 급여지급은 법제정 당시에는 전면 금지되었으나, 그 이후의 논의는 전임자 급여지급을 일부 인정하는 방향에서 진행되었다.

(1) 1997년 법개정 당시의 논의 과정

복수노조와 전임자 급여에 관한 첫 번째 사회적 논의의 장은 김영삼 정부의 노사관계개혁위원회(이하 노개위) 1기 (1996.5.~1997.3.)이다. 여기서의 논의 결과는 표 2-1로 요약될 수 있다.

표 2-1 노사관계개혁위원회 1기의 논의 내용

최초 공익위원안
[제1안] 복수노조를 원칙적으로 허용하되, 교섭창구를 단일화하도록 하며, 교섭창구 단일화의 방법은 조직대상이 중복되는 다수의 노조가 존재하는 경우, 노동조합 측에 교섭단일화 의무를 부과하고, 단일화하지 못하였을 경우 사용자측에서는 교섭을 거부할 수 있도록 한다. ※ 이 안은 노조전임자 급여문제에 관한 제1안(참고: 사용자부당노동행위로 규제)과 연계하여 논의되어야 하며 기업별 복수노조가 허용될 경우에는 노노분쟁의 해결, 단체협약의 경합, 유니온숍 협정의 효력, 노사협의회 근로자위원 위촉 등의 문제를 해결하기 위한 별도의 보완조치를 강구할 필요가 있다.
[제2안] 초기업적 차원에서는 전면 허용하되 사업장 차원에서는 일정한 제한을 가하도록 한다. 사업장 차원에서의 제한규정의 예는 다음과 같으며 노조전임자 급여문제에 관한 제2안(참고: 쟁의행위 금지로 규제)과 연계하여 논의하도록 한다. ※ 하나의 사업 또는 사업장 내에 노동조합이 이미 설립되어 있는 경우에는 다음 각호의 1에

해당하는 사유가 발생할 때에 한하여 그 노동조합과 조직 대상이 중복되더라도 새로이 노동조합을 설립할 수 있다. ① 기존의 노동조합이 최근 1년간 노동조합으로서의 활동을 하지 않는 경우 ② 기존의 노동조합이 당해 사업 또는 사업장의 근로자의 노동조합 가입을 거부한 경우
노동계와 경영계의 입장
한국노총은 기업단위까지 전면허용과 단체교섭시는 배타적 교섭제도를 도입 교섭창구 단일화 주장했고, 민주노총은 상급단체에서만 복수노조를 허용할 것을 주장했다. 이에 대해 경영계에서는 처음에는 '상급단체에 한하여 허용'하겠다는 입장을 유지하다가 노조전임자의 임금지급 중지를 전제로 '기업단위 노조까지 허용하는 것'으로 변경
최종 공익위원안
– 사업장 단위 복수노조를 교섭창구 단일화를 전제로 전면 허용하되, 일정기간 유예. – 전임자 급여지급을 사용자의 부당노동행위로 규정하고 일정기간 유예 → '노조 재정자립 원칙 선언적 규정' 및 '추후 복수노조 전면 허용시 구체적 보완방안 강구'로 다시 수정

자료: 이철수(2009)의 2쪽의 내용을 재인용하고 24쪽의 내용을 정리하여 작성

사업장 단위에서의 복수노조 허용과 관련하여서는, 첫째, (최초 공익위원안 중 제2안이기는 하지만) 복수노조를 제한적인 경우에만 허용하는 대안을 제시했다는 사실이 특기할 만하다. 그리고 그 제한적인 경우를 휴면(혹은 유령)노조와 노조가입을 거부하는 등 '실질적으로 단결권이 침해되는 경우'로 정의하였다. 사업장 단위에서 복수노조를 제한적으로 허용하여 노조난립으로 인한 비용발생을 제어하되, 복수노조 금지로 인한 단결권 침해의 문제를 부분적으로나마 해결해 보려는 대안으로 판단된다. 또 이와 관련하여 민주노총이 당시에는 상급단체에 국한하여서만 복수노조를 허용할 것을 주장했다는 사실이 흥미롭다. 둘째, 사업장 단위에서 복수노조를 전면 허용 시에는, 반드시 교섭창구 단일화를 전제로 하였다는

것이다. 최초·최종 공익위원 안 모두 그러하고, 한국노총도 이에 찬성을 하였다.

한편, 전임자 급여지급과 관련하여서는 첫째, 사용자의 전임자 급여지급 금지를 기본 전제로 하였고 (최종 공익위원안에서도 선언적이기는 하지만 재정자립의 원칙은 명문화), 둘째, 그 규제 방법으로는 '사용자의 부당노동행위로 규정'하여 강력하게 규제하는 방안과 '쟁의행위 금지'를 통해 약하게 규제하는 방안을 모두 검토하였다. 그런데 여기서 매우 흥미로운 사실은 '사업장 단위 복수노조 허용 방안과 전임자 급여지급 금지 규제방식이 서로 연계'되는 경향이 있었다는 점이다. 최초 공익위원안을 보면, 복수노조를 전면 허용하는 안과 전임자 급여지급을 사용자의 부당노동행위로 규제하는 방안이 연계되어 있었고, 복수노조를 제한적으로 허용하는 안과 전임자 급여를 이유로한 쟁위행위를 금지하는 방안이 연계되었다. 즉, 복수노조 허용의 정도에 따라 전임자 급여지급 금지 규제의 정도를 결정한 것이었다. 최종 공익위원안에서도 복수노조 전면 허용시에 전임자 급여지급 금지를 시행한다는 암묵적 연계가 있는 것을 알 수 있다. 즉, '처음에는 선언적 규정만 했다가 복수노조가 전면 허용될 시에 그 구체적 방안을 강구하는 것'을 공익위원안으로 채택한다. 또 이와 관련하여, 경영계가 사업장 복수노조 허용을 반대해 오다가 전임자 급여지급 금지를 전제로 찬성 입장으로 전환한 것도 흥미로운 부분이다.

그러면 왜 사업장복수노조 허용과 전임자 급여지급 금지가 연계되었을까? 한 가지 생각해 볼 수 있는 이유는 노사간 타협의 목적이다. 그러나 좀 더 합리적인 이유를 찾아보면, 첫째, (노조가 힘의 우위에 있을 경우) 사용자의 과도한 부담이다. 복수노조 허용 이후 기업내 노조가 난립할 경우 (그러면서도 전임자 급여지급을 금지하지 않고 자율적 협상의 영역에 그대로 두게 되면) 모든 노조가 전임자를 요구하며 사용자를 압박할 경우 사용자가 버티기 힘들어 지고 전체 전임자 수는 크게 늘어날 것이기 때문이다. 둘째, (반대로 사용자가 힘의 우위에 있을 경우) 사용자의 부당노동행위의 가능성이다. 사용자가 기업내 여러 노조 중에서 차별하여 전임자 급여를 지원할 경우 노조간 공정한 경쟁을 기대할 수 없게 되고, 사용자의 입김이 노조활동에 영향을 미칠 수 있기 때문이다.

(2) 법 개정 이후의 논의 과정

1997년 사업장 단위 복수노조 허용과 전임자 급여지급 금지를 규정하는(단, 5년간 시행유예) 법 개정이 이루어진 이후 수차례 사회적 논의 과정이 있었으며(2차, 3차에 걸친 재유예 포함), 그것을 정리한 것이 표 2-2다. 여기서는 첫째, 한국노총과 경총간의 합의로 시행을 2차례 더 유예한 것은 (특별한 내용을 담고 있지 않으므로) 표 2-2 에 포함시키지 않았다. 둘째, 시행유예를 합의한 경우를 제외하고는, 법시행의 구체적 내용과 관련하여서 노동계와 경영계가 의견합치를 본 적이 없기 때문에, 공익위원들이 제시한 내용을 중심으로 정리하였다. 노동계는 줄곧 복수노조를 허용하더라도 (교섭창구 단일화 없는) 자율교섭을 주장하였고, 전임자 급여지급 금지 그 자체에 대해 반대하였다. 한편 경영계는 (약간의 내용 차이는 있으나) 교섭창구 단일화가 전제된 복수노조 허용을 주장하였고, 전임자 급여지급을 당시 법 그대로 시행하자는 입장이었다.

표 2-2 1997년 법제정 이후의 사회적 논의 과정

노개위 2기 공익위원안 (1997. 4.-1998. 2.)
〈교섭창구 단일화〉 - 창구단일화의 결정단위: 조직대상의 중복여부와 관계없이 하나의 사업 또는 사업장(※다수노조의 경우에도 단일화) - 교섭대표권자의 결정: 과반수 대표 노조 → 노조간 자율적 단일화 → 조합원 선거를 통해 과반수 지지를 받는 대표노조 선정
노사정위 공익위원안 (1999. 12) → 정부입법안으로 연결되었으나 국회종료로 자동폐기
〈교섭창구 단일화〉 - 창구단일화의 결정단위: 노개위 2기 공익위원안과 동일 - 교섭대표권자의 결정: 노조간 자율적 단일화 → 과반수 대표 노조 → 대통령령으로 결정 (※노개위 2기안과의 차이점: 자율이 먼저, 구체적 방법을 법이 아닌 대통령령으로 결정) 〈전임자 급여지급〉 - 대통령령이 정하는 전임자수를 초과하지 않는 범위 내에서 노사합의에 의하여 전임자 급여를 지급할 수 있도록 허용. - 노동조합은 전임자의 급여지급을 목적으로 쟁의행위를 할 수 없음을 명시하고, 현행법 제24조 제2항 및 제81조 제4호 전임자 급여관련 규정은 삭제.
노사정위 노사관계소위 공익위원안 (2000. 10)
〈교섭창구 단일화〉 - 창구단일화의 결정단위: 하나의 사업 또는 사업장 (단, 조직대상이 실질적으로 중복되지 않은 경우 또는 근로자의 임금·근로시간 등 근로조건이 유사·동일하지 않은 경우는 예외) (※다수노조의 경우에는 단일화 의무 없음) - 교섭대표권자의 결정: 노조간의 자율적 조정 → 조합원 선거를 통해 과반수 지지를 받는 대표노조 선정
노사관계제도선진화 연구위원회안 (2003. 5)
〈교섭창구 단일화〉 - 교섭대표권자의 결정 (1안) 노조간 자율적 단일화 → 과반수 대표 노조 → 투표에 의한 과반수득표 노조 (2안) 노조간 자율적 단일화 → 조합원수 비례대표제

〈전임자 급여지급〉
- 조합원수에 따르되 역진적 비례의 원칙에 의해 결정된 상한선 범위 내에서 노사합의에 의하여 전임자 급여를 지급할 수 있도록 허용.

자료: 이철수(2009)의 내용을 중심으로 재정리

표 2-2 를 보면, 교섭창구 단일화와 관련하여서는, 첫째, 모든 공익위원 안에서 창구단일화 원칙이 흐트러진 경우가 없다. 그리고 구체적 방식에서도 처음의 노개위 2기안과 큰 차이 없이 그 틀 안에서 약간의 변화만 있을 뿐이다. 둘째, 창구 단일화의 결정단위는 조직대상이 중복되는 경우로 한정하는 방안과 조직대상의 중복과 무관하게 하나의 사업장 내에서는 창구 단일화 되어야 한다는 방안으로 나누어진다. 전자의 입장에 선 것이 2000년 노사정위 노사관계소위 공익위원안이며 후자의 입장에 선 것이 노개위 2기 공익위원안과 1999년의 정부입법안인데, 후자의 경우가 더 많았다. 셋째, 교섭대표권자 결정방식에서는 일관되게 대표노조투표제 방식이 공익위원안으로 제시되고 있다. 다만, '자율적 단일화'와 '과반수 대표 노조의 배타적 교섭권 인정'간의 순서 차이, 과반수 대표 노조가 있는 경우에도 투표를 거칠 것인지 여부, 배타적 교섭 노조 선정 방법을 법에 명문화할 것인지 대통령령으로 할 것인지 정도의 차이만 있을 뿐이다.

한편, 전임자 급여와 관련하여서는 1997년의 법개정 당시와 다소 큰 차이가 나타났다. 즉, 법개정 당시에는 전임자 급여지급의 전면 금지를 명문화하고 그것을 규제하는 방식에서만 강약의 차이가 있었으나, 그 이후의 논의 과정에서는 '상한선 범위 내에서 인정'이라는 현실타협적인 안이 공익위원안으로 제시되었다.

2) 2009년 법개정 과정에서의 사회적 논의 및 법개정 내용 평가

(1) 사회적 논의 경과와 의미

2010년 법 시행을 앞두고 2009년에는 법 개정을 추진하기 위한 진지한 사회적 논의가 이루어졌다. 첫 번째의 의미 있는 사회적 논의 과정은 경제사회발전노사정위원회 노사관계선진화위원회(08.10.29~09.7.20)이었다. 노사합의를 도출하지는 못하였으나, 공익위원들간의 합의안을 도출한 것은 큰 의미가 있었다. 그 직후 공익위원안을 중심으로 노사정위내에서 고위급 회의를 가동하였으나 한국노총의 탈퇴로 얼마 지나지 않아 종료되었다. 두 번째, 노사정 대표간의 합의 도출이다. 먼저 10.29~11.25간 노사정 6자회의를 운영하였으나 합의 없이 종료되었다. 그러나 곧바로 짧은 기간에 한국노총, 경총 및 노동부간 실무회의와 대표자회의를 거쳐 12월4일 드디어 노사정 합의안을 도출한다. 이 합의안은 국회로 넘어가 한나라당안(12월8일)의 기초가 된다. 세 번째, 국회에서의 법개정 통과다. 12월22일 전임자·복수노조 관련 개정 법안들이 국회 환노위에 상정된 이후, 우여곡절 끝에 12월30일 환노위 의결을 거쳐 새해 1월1일 오전 2시에 본회의 의결로 법개정안 통과되었다.

이번 사회적 논의 과정은 과거와 다소 다른 양상을 보였는데, 그것은 정부의 매우 강경한 태도 때문이었다. 현 정부는 지난 13년간 유예되어 온 법을 그대로 시행하는 것이 쉽지 않음에도 불구하고, '선시행-후보완'의 강수를 놓았다. 이러한 정부의 초기 입장은 다음 몇 가지 이유 때문이었던 것으로 분석된다, 첫째, 근본적으로 정부(특히 경제팀)는 '전임자 급여지급 금지의 실익'이 엄청나게 크다는 판단을 하고 있었던 것 같다. 이 기회를 놓치면 전임자 급여지급을 금지할 수 있는 기회가 다시는 없다고 판단하고, 그것이야 말로 가장 중요한 노동개혁으로 생각한 것 같다. 둘째 다시 한 번 시행유예의 옵션은 받아들이기 어렵다고 판단한 것으로 보인다. 정무적 측면에서도 이 문제를 다시 유예하면, "비정규직 문제도 해결 못하고 전임자 문제도 해결 못하면 현 정부는 노동개혁에서 무엇을 할 수 있는 것이냐"라는 비판을 우려했던 것으로 추측된다. 셋째, 국회에 대한 불신으로, 정부안을 만든다 하더라도, 국회에서의 논의 과정에서 정부안이 수정될 것이고, 이 경우 전임자 급여지급 금지 부분이 노동계의 로비로 크게 훼손될 것을 우려한 것으로 추측된다. 설사 정부안을 '교섭창구 단일화'만을 중심으로 (즉 전임자 급여지급금지는 그대로 시행) 입법예고 한다하더라도 이러한 결과는 마찬가지라고 생각하는 듯했다. 넷째, 4대강 예산 등으로 2009년 정기국회에서 야당과 전쟁을 치르는 것이 불가피하다고 판단하고, '복수노조 – 전임자' 입법까지 추진하여 戰線이 확대되는 것을 피하고자 한 것으로 추측된다.

한편, 이러한 정부의 강수가 옳고 그르고를 떠나서 노사정 합의를 도출하는 데에는 큰 기여를 한 것으로 분석된다. 결국에는 원칙과 현실을 동시에 고려한 해법의 도출이 불가피했고, 그럴 경우 중간영역에서 대안을 찾아보려고 노력할 수밖에 없으며, 중간영역의 대안은 현실에서 직접 부닥쳐야 하는 노사 당사자, 그리고 노동정책을 책임지는 정부와의 합의를 통해 도출하는 것이 가장 바람직했다. 여기서 정부의 '선시행 – 후보완' 입장 표명은 노사간 협상의 BATNA(Best Alternative to Negotiated Agreement, 즉 협상실패시 협상 당사자인 노사가 얻을 수 있는 대안)가 '법대로 시행'이 될 수밖에 없었고, 이것은 노사 당사자로 하여금 어떻게든 협상을 통해 합의점을 찾게끔 강하게 유도할 수 있었다.

(2) 논의결과 및 법 개정 내용에 대한 평가

2009년에 있었던 3번의 중요한 사회적 논의 과정에서 나온 결과(합의내용)를 정리한 것이 표 2-3 이다. 첫째, 사업장 단위 복수노조 허용의 시행시기가 다시 연기되었다. 또 다시 유예되었다고 비판적으로 볼 수도 있지만, 법 개정 없이 무작정 유예했던 과거의 경우와는 다르기 때문에, 이번에는 약속된 시점에 반드시 시행해야만 할 것으로 보인다. 그리고 산업현장에서도 노사 모두에게 복수노조 시대를 준비하기 위한 준비기간이 필요한 것 또한 사실이다. 노동계는 다양한 직종을 모두 아우르는 노조 조직 활동을 통해, 복수노조 허용 이후 직종별로 노조가 난립하는 것을 노동조합 스스로 해결해 나가는 노력이 필요하다. 또한 사용자도 공정한 인사관리, 충실한 고충처리 등을 통해 사업장내 노노갈등 및 노사갈등의 소지를 없애는데 더 많은 시간과 노력을 기울일 필요가 있다고 본다.

둘째, 교섭창구 단일화 방안이 확정되었다. 먼저 창구단일화 결정단위에서는 '1사1창구' 원칙이 적용된다. 이것은 3번의 사회적 논의 과정에서 줄곧 동일한 내용으로 합의된 것이며, 지난 13년간의 몇 번의 논의 과정에서도 공익위원 안으로 채택된 것이었다. 다만 이 원칙의 실효성에 의문을 제기할 수는 있을 것이다. 만약, 직종별로 (조직대상이) 분리된 노동조합들이 존재할 경우, 이들은 교섭단위 분리 신청을 할 가능성이 크고, 노동위원회가 이를 받아들일 가능성이 있을 것으로 예상된다. 그럴 경우, 조직대상이 중복되어 있는 노조들도 담합을 통해 조직대상을 분리하려할 것이고, 사업장내 노조가 난립하고 이들과 모두 교섭해야할지도 모르는 상황으로 귀결될지 모른다.

한편, 교섭대표권자 결정방식은 노사정위 공익위원들은 조합원 투표에 의한 방식을 제안하였으나, 결국에는 비례대표제를 채택하였다. 앞서 양자 간의 장·단점을 비교한 바대로, 비례대표제가 도입될 경우(위헌소지를 확실하게 피하고 투표과정 관리 등의 행정비용을 피하기 위했던 것으로 이해는 되지만), '사용자의 교섭비용을 줄여주고 노동조합간 통합을 유도한다'는 교섭창구 단일화의 2가지 목표 중 어느 것 하나 달성하기 어렵게 된다. 물론 노조난립으로 인한 혼란을 막기 위해 조합원 10%를 확보하지 못한 노동조합의 창구단일화 과정에 참여하지 못하도록 한 것은 의미가 있다.

셋째, 전임자 급여지급은 원칙적으로 금지되었고 대신 타임오프제가 도입되었다. 그러나 타임오프란 것으로 포장만 되었지, 사실상은 전임자 급여지급을 상한선 범위 내에서 허용한 것으로 보아야 한다. 앞서 언급했듯이, 전면 금지가 실효성을 갖기 어렵고 또 바람직한 결과를 가져오지도 못하기 때문에, 상한선 이내에서 전임자 수를 확실하게 제어할 수 있다면, 성공적인 제도개선이 될 수 있다고 생각한다. 그러한 의미에서 볼 때, 국회 논의 과정에서 상한선 이상의 전임자를 요구하는 노조에 대한 처벌조항이 삭제된 것은 문제가 있다고 생각한다.

표 2-3 2009년 법개정 과정 사회적 논의결과의 핵심내용

쟁점		노사정위 공익위원안 (09. 7. 20)	노사정 합의안 (09. 12. 4)	국회통과 법개정안 (10. 1. 1)
복수노조 허용시기		-	2012년 7월	2011년 7월
교섭창구 단일화	창구단일화 결정단위	1사1창구 원칙 (노동위원회 판정에 의해 교섭단위 분리 가능)	1사1창구 원칙	1사1창구 원칙(노동위원회 판정에 의해 교섭단위 분리 가능)
	교섭대표 결정방식	자율적 단일화 → 투표에 의해 과반수 득표 노조 선정 (※ 공정대표의무)	시행령에서 결정 (※공정대표의무)	자율적 단일화→과반수 대표 노조 → 공동교섭대표단 (조합원수 비례원칙 적용) (※ 10%이상 조합원 확보노조만 교섭대표단 참여, 공정대표의무)
전임자 급여지급	타임오프제 적용범위	- 고충처리 - 단체교섭 관련 - 노사공동기관 활동 및 노사협의 - 산업안전보건 - 권리구제기관에 참석 - 기타 노사관계의 원활한 운영을 위하여 대통령령으로 정한 업무	- 교섭·협의, - 고충처리, - 산업안전 등 관련 활동 등 (※ 자세한 것은 시행령)	- 교섭·협의, - 고충처리, - 산업안전 활동 - 건전한 노사관계 발전을 위한 노조 유지·관리업무
	상한선 설정 여부	명시적 언급 없음	설정 (시행령)	- 설정(「근로시간 면제심의위원회」에서 결정 →노동부 장관고시) - 상한선 이상 주장을 위한 쟁의행위 금지
	시행시기	명시적 언급 없음	2010년 7월	2010년 7월
	중소기업 재정지원	300인 미만 사업장	-	-

자료: 경제사회발전노사정위원회(2009)와 노동부(2010a)에서 재정리

4. 맺음말

법개정은 완료되었지만, 앞으로도 사회적 논의가 더 필요한 부분이 남아 있다. 가장 핵심적인 것 몇 가지만 제기하고 이 글을 맺고자 한다. 첫째, 비례대표제의 단점을 보완할 수 있는 방안이 추가적으로 강구되어야 할 것이다. 특히 교섭대표단내에서 노노갈등으로 협상이 타결되지 못하고 지지부진되는 것을 막기 위한 장치가 필요하다. 이와 관련해서는 스페인의 제도가 참조해 볼 만하다. 즉, 노-노 갈등으로 인한 교섭지연을 막기 위해, 노사 각각의 교섭위원 중에서 과반수 찬성을 얻을 경우 협약이 체결된 것으로 인정하는 것이다. 즉, 노측(사측도 물론이지만) 교섭위원들 간에 이견이 있더라도 과반수의 교섭위원이 동의하면 협약이 체결될 수 있도록 한 것이다.

둘째, 빠른 시기 안에 새로운 제도의 성공적인 정착을 위해 정부차원에서 행정적·정책적으론 준비해야 할 사항들을 제시해 보고자 한다. 우선 타임오프제 시행 준비가 시급하다. 우선 타임오프 한도 설정 기준 및 시행효과를 분석하는 작업이 당장 시작되어야 한다. '조합원 규모별 한도'를 결정해야 하는 것이 가장 중요한 과제인데, 한도설정의 합리적인 기준의 원칙과 시행 후에 현장에서 일어날 수 있는 상황을 미리 분석할 필요가 있다[8]. 법 부칙에 4월30일까지 면제한도를 심의의결 하도록 규정되어 있기 때문에 정말 시급한 문제이다. 또한 근로시간면제제도 심의위원회가 효율

8 09.12.4 노사정 합의에서 공동실태조사를 토대로 규모별 한도를 정하기로 한 바 있으나, 실태조사 방법에 대한 이견으로 정상적인 조사가 난항에 부딪힐 것이 우려됨.

적으로 운영될 수 있도록, 회의 운영방식, 결정 절차 등에 대해 구체적인 원칙을 정하고 이를 시행령에 반영할 필요가 있다.

한편, 복수노조 허용 및 교섭창구 단일화 시행과 관련된 준비사항으로서, 복수노조 허용 시 나타날 수 있는 신규노조 설립 가능성, 현장 노사관계의 변화 등 법 시행 후의 실제 상황(효과) 에 대한 예측 조사가 필요하다. 이러한 조사(연구)를 통해, 복수노조 시행에 따른 노사관계 불안요인을 사전에 파악하고, 안정적인 노사관계 제도 정착을 위한 정책 과제를 도출하기 위함이다. 또한 교섭창구 단일화 과정 및 공동교섭대표단내에서 발생할 수 있는 각종 분쟁발생 요인을 사전에 파악하여, 이에 대한 절차 등의 사항도 시행령에서 준비 할 필요가 있다. 특히 '소수노조의 권리 침해를 막기 위한 공정대표 의무'와 관련하여, 명확한 기준을 설정하는 방안이 검토되어야 할 것이다.

참고문헌

경제사회발전노사정위원회(2009), 『노사관계선진화위원회 활동보고서』

노동부(2010a), 「노조법 개정 설명자료 – 노조전임자·복수노조 법개정 내용」

노동부(2010b), 「노동조합 및 노동관계조정법 시행령 개정안」

노사관계개혁위원회(1998), 『노사관계 개혁백서』

노사정위원회(2000), 「1999 노사정위원회 활동현황」

이종훈(2008), 「스페인 노사관계의 현황과 시사점」, 미발표원고

이종훈(2006), 「경제선진화와 노사관계」, 김병국 외 2인(편), 『경제를 살리는 민주주의』, 동아시아연구원

이종훈·이인재(2008), 『노사관계 선진화의 중기적 과제 연구』, 국회 입법 조사처

이철수(2009), 「복수노조 · 전임자 문제를 둘러싼 사회적 대화의 과정과 결과」, 한국노사관계학회 2009년 추계정책토론회 『이명박 정부의 노동정책: 새로운 패러다임의 가능성과 한계』의 발표논문

ILO(2006), Freedom of Association: Digest of Decisions and Principles of the Freedom of Association Committee of the Governing Body of the ILO,(5th ed.), International Labour Office

제3장_ 복수노조 시행에 대한 기업의 준비실태와 과제

장상수 · 이정일

1. 문제 제기

지난 13년간 논란을 거듭해 오던 복수노조와 노조전임자 급여지급 금지의 구체적 시행 일정이 확정되었다. 복수노조는, 1년 6개월의 준비기간을 두어, 2011년 7월 1일부터 시행될 예정이다. 이 기간 동안에 글로벌 무한경쟁시대를 헤쳐 나갈 시행령과 시스템을 마련하여야 할 과제가 남은 것이다.

그동안의 논의 과정을 되돌아보면, 특히 복수노조 시행과 관련해서는 예견되는 각종 문제나 갈등의 해소, 즉 노사관계의 안정적 질서 형성이라는 측면보다는 헌법상 권리인 단결권과 단체교섭권 보장에 초점이 맞추어져 온 실정이다. 실제로 2010년 1월 1일 국회를 통과한 개정 노동조합 및 노동쟁의조정법에서도 복수노조와 관련하여 창구단일화 방법, 기본단위, 교섭대표 지위 등 창구단일화 실행방안에 대해서만 규정하고 있다.

복수노조에 대한 기존 논의에서 가장 부족한 부분은 복수노조 도입으로 인해 발생하는 비용과 폐해에 대한 분석이다. 국내의 일부 논문에서는 외국 사례를 소개하면서 복수노조 시행 이후의 변화 상황을 전망하고 있다.

정주연(2005)은 영국의 복수노조 경험을 사례로 제시하면서 영국에서는 경제적 호황기에는 복수노조가 하나의 작업장에 다양한 직종의 노동조합들이 경쟁적으로 임금을 인상시키는 등 강점을 발휘하였으나, 산업경쟁력이 하락하기 시작한 1960년대 후반부터는 오히려 경제적 부담으로 인식되고 있다고 지적한다.

김삼수(2006)는 일본의 복수노조 경험을 사례로, 복수노조는 주로 조합 분열에 의해 성립되었고, 조합분열 과정에서 경영협조 노선의 제2조합이 다수파 조합으로 성장하게 된 특징이 있다고 지적한다. 그러나 한국의 기업별 조합은 블루칼라 중심이어서 화이트칼라가 배제되어 있고, 현장감독자층이 리더십에서 배제되어 있기 때문에 일본식으로 변화하기에는 일정한 한계가 있을 것으로 예상하고 있다.

그러나 복수노조에 대한 충분한 준비 없이는 혼란에 빠질 것으로 전망하는 논문은 소수에 불과하다. 조준모(2006)는 교섭방식의 문제, 기업별 노조와 산별 노조의 충돌 문제, 전임자 급여, 단체교섭의 노동조합측 당사자의 지위, 쟁의행위 찬반투표의 대상, 조합비 일괄공제 등 산적한 제반 문제들에 대한 명백한 해결방안 없는 복수노조 허용은 노사관계를 악화시킬 소지가 많다고 주장한다.

전인(2009)은 대기업 사업장에서 다양한 복수노조의 출현은 단체교섭제도의 선택과 정착 과정에서 상당한 정치적 투쟁을 보여 줄 것이며, 집단간 상이한 이해관계로 인해 현장 노사관계가 혼란과 내홍을 겪을 가능성이 있고, 10년 넘게 연기되었으나 논의 수준은 법과 제도에 국한될 뿐 실제 현장에 대한 고려는 상당히 미진했다고 분석하면서 부정적 파급효과를 감안한다면 비난을 감수하더라도 이행 시기를 연기하는 것이 필요하다고 주장한다.

따라서 본고에서는 복수노조 시행이 노사관계 시스템을 어떻게 변화시키고 영향을 줄 것인지를 전망하고, 나아가 기업현장의 의견을 바탕으로 기업들이 복수노조 시행에 어느 정도나 준비가 이뤄지고 있는지를 살펴봄으로써 합리적이고 선진화된 노사관계 구축을 위해 필요한 법제도 및 기업 차원에서의 어떠한 준비가 필요한지를 제시하고자 한다.

2. 복수노조 도입이 기업에 미칠 영향

먼저 기존 노조의 분열과 신규노조 설립이 확산될 가능성이 높다. 복수노조 허용시 기업 노조의 절반 정도가 분열될 것으로 예상된다. 한국노동연구원 사업체패널 388개 사업장 설문 결과에 의하면 인사담당 및 근로자대표 43.8%가 자신의 '사업장에 복수노조가 출현할 것'이라고 응답한 바 있다. 무작위 추출한 106개 사업장의 28%, 현대중공업 조합원 1,500명의 77%가 기존 노조의 분열을 예상[1]하였다.

이처럼 노조 설립이 확산될 경우 1980년대 말에 버금가는 조직화 붐이 일어날 것으로 전망된다. 우리나라의 노조 조직률은 1989년 19.8%의 최고점 이후 2008년 10.5%로 하락 추세이나, 2010년 복수노조 허용 이

1 전인(2009.4), "복수노조 허용에 따른 현장 노사관계의 도전과 기회: 대기업 경제주의 노동조합의 의식조사 사례 중심", 노동정책연구, 한국노동연구원

후에는 반전될 것으로 전망된다. 일부에서는 20~30% 이상으로 급속히 높아질 것으로 전망하기도 한다.

앞서 살펴본 한국노동연구원의 설문조사에서는 무노조 사업장의 노무담당 및 근로자대표의 약 30%가 복수노조 허용시 해당 사업장에 노조가 설립될 것이라고 응답하여 노조없는 기업에서 더욱 노사관계가 불안해질 것으로 예상된다. 유노조 사업장도 기존 노조에서 소외되던 조/반장(36.7%), 사무직(34.1%), 중간관리자노조(19.7%), 비정규직노조(34.2%) 등이 신설될 것이라고 응답하고 있다.

실제로 인도네시아는 1997년 복수노조 허용 後 2년 만에 노동조합 수가 2배 이상 증가하고, 40개의 전국노총이 결성되었으며, 2004년까지도 상급노조 86개, 노사기구 7,866개, 노사정기구 296개가 존재하는 등 노사관계의 복잡화 현상이 빚어진 바 있다.

둘째는 노노간의 주도권 다툼이 격화되어, 선명성 경쟁과 갈등이 증폭될 것이다. 각 노조들의 경쟁적 근로조건 요구, 강경투쟁은 기업의 부담과 사회적 비용 증가로 연결되고, 타 노조에 대한 비난과 공략, 조합원 탈퇴 압박 등 노동조합이 근로자의 노동삼권(勞動三權)을 오히려 제약하거나 침해하는 사례도 증가할 것으로 전망된다. 미국은 노조에 의한 부당노동행위도 법으로 규정하여 금지하고 있으나, 우리나라는 그러한 규정이 없어 노조에 의한 부당노동행위를 제재할 방법이 없다.

노노간 갈등이 심화되면 글로벌 기업도 심각한 경영상 어려움에 봉착할 수 있다. 1970년대 세계 6위, 영국 최대의 자동차회사였던 브리티시 레이랜드는 17개 노조의 경쟁적 임금인상 요구와 분규에 시달리다 1992년 도산 후 분할 매각된 바 있다. 이 회사의 회장을 역임했던 에드워드씨는 자신의 회고록에서 브리티시 레이랜드에서 발생한 노사분규의 99%가 노

노갈등에 기인한다고 술회하고 있다.[2]

미국의 팬암 항공 역시 노선조정, 자산매각 등의 경영혁신 노력에도 불구하고, 고용안정과 근로조건 개선만을 고집하던 5개 노조와의 갈등으로 1991년 12월 파산하였다. 일본의 三菱長崎조선소는 1960년대 공산당, 사회당 계열의 제1, 제2 노조에 대항하기 위해 제3의 어용노조를 설립하였으나 노노간 대립, 권리남용 행위만을 촉발하는 결과를 낳았다. 노무관리 비용이 급격히 증가되는 가운데, 회사는 승진, 처우 등에서 조합원을 차별하는 부당노동행위를 지속하고, 노조들은 서로 노조원 빼오기, 감시 등을 자행하기도 하였다.

우리나라의 경우, 노동현장의 과거 행태로 볼 때, 정치화의 가능성은 매우 높다. 따라서 복수노조가 시행되면, 상당기간에 걸쳐서 노노관계(勞勞關係)는 치유보다 갈등의 방향으로 진전될 것으로 예상된다.

조준모·이강국(2006)의 연구에서는 직종 등 경제적 이해관계의 차이로 복수노조가 설립된다는 응답은 36%에 그치고, 오히려 72%가 활동노선, 상급단체, 주도권 다툼 등 이데올로기에 의한 분열이 예상된다고 분석하였다.[3] 이념적 분열 상황에서는 단체협약, 근로조건 등 개별 사안에 대한 합리적 협의나 합의를 기대하기는 곤란해진다. 즉, 상급노조뿐만 아니라 현장까지 정치화되어 불필요한 갈등이 격화, 고착화될 위험이 높다.

셋째는 노사관계 비용의 급격한 증가가 우려된다.[4] 2005년 2조 8,545억 원으로 파악된 노사관계 비용은 임금, 물가, 산업규모의 변화를 감안하지 않고도 약 2.3조~5.7조 원(81%~200%) 규모로 증가할 것이

2 Edwards M(1983), Back From the Brink. Collins.

3 조준모·이강국(2006.9), 『복수노조 허용 등이 기업경영에 미치는 영향 및 경제적 효과 분석』, 노동부

예상된다(조준모·이강국, 2006).

현재 노조가 있는 사업장에서는 기존노조 분열, 신규노조 설립으로 약 21%인 6,073억 원의 노사관계 비용이 증가할 것이며, 노조가 없는 사업장에서의 신규노조 설립 등으로 전체 조직률이 16%~30%까지 증가할 경우 노사관계 비용은 약 1.7조~5.1조원 증가할 것으로 예상된다.[5] 이 비용은 전체 기업체에 균등하게 배분되는 것이 아니라, 분쟁 사업장에서 집중적으로 발생하는 바, 해당 기업에는 막대한 부담으로 작용할 것이다.

복수노조로 인한 교섭 난항, 쟁의 증가, 2005년 이후의 산업규모 증가 등을 감안하면 기하급수적인 비용 증가가 예상된다. 현대차 등 대규모 사업장의 노사혼란이 발생할 경우, 손실은 추산 자체가 어려울 수 있다.[6]

한편, 전임자 급여 금지를 법으로 강제하더라도 노동 현장에서 실효를 거두기는 어려워 보인다. 따라서 비용감소 효과가 기대에 훨씬 미치지 못할 수도 있다. 전임자 급여금지가 이뤄지더라도 노조에서는 노조전임자를 노사협의회 근로자위원으로 선임하여 급여를 계속 지급받거나, 조합비 인상분만큼 임금을 추가로 인상하거나, 이면계약을 통해 급여 보전을 받는 등 다양한 방법이 활용될 수 있기 때문이다.

또한 전임자 급여지급을 부당노동행위로 규정하더라도 부당노동행위 구제신청권자인 노조가 이를 신청하지 않으면 사문화(死文化)될 수도 있

4 노사관계 비용은 기업이 노조를 상대하면서 소요되는 비용을 총괄하는 의미이다.
- 관리비용 : 전임자 급여, 사무실 경비 등 노조활동 편의제공 지원금
- 교섭비용 : 노사 교섭위원의 교섭 시간에 대한 유급 인정분
- 쟁의비용 : 쟁의행위로 인하여 발생한 생산 차질액

5 한국노동연구원 사업체패널 설문결과 등을 활용, 기업규모 감안하여 추산한 것이다.

6 쟁의비용 계산기준인 2005년도 근로손실일수 86만일은 최근 5년 평균의 92%로 적은 편으로 실제 비용은 더 커질 수 있다.

다. 타임오프제도 또한 운영 여하에 따라서는 합법적 전임자 급여지급의 다른 형태에 불과할 수 있다. 오히려 활동시간을 관리하는 노조위원장의 권한이 강화되고, 소수노조에도 유급시간을 부여하게 되어 비용이 증가하는 경우도 발생할 수 있다.

보다 심각한 문제는 복수노조 시행에 따른 현장의 혼란 및 노사관계 비용의 증가 현상이 상당기간 지속될 것이란 전망이다. 노사관계 혼란은 최소 2~5년간 지속될 것으로 예상되며, 5년이 경과하여도 비용은 약 22%의 감소에 그칠 것으로 전망되고 있다.[7]

1987년 민주화운동 이후 10년, IMF 이후 10년에도 노사관계 성숙도는 크게 달라지지 않았던 바, 향후 10년에도 큰 변화를 기대하기는 쉽지 않을 것으로 보인다.

넷째는 교섭 혼란 및 부당노동행위 부담이 크게 늘어날 것이라는 점이다. 노조들 사이에 세력 과시나 선명성 경쟁으로 노사간 협상에서 요구조건의 에스컬레이터나 교섭상 혼란, 협상기간의 장기화 등의 문제가 야기될 수 있다. 예컨대 요구사항을 다른 노조의 요구조건에 추가적으로 얹어 보태는 「레이스식 교섭」관행이 나타날 경우, 교섭이 장기화되고 회사측 비용부담도 증가할 수밖에 없다.

과거 INI스틸의 경쟁적 교섭 요구 사례가 그 대표적인 예이다.[8] 2000년 강원산업 인수 후 사업장별 노조 운영으로 단체교섭도 각기 따로 실시해야만 했으며, 2003년 교섭 시에는 상대방 노조의 요구수준에 덧붙이는 방식을 추구하여 교섭이 더욱 어려운 상황으로 치닫고 회사의 부담

7 조준모 · 이강국(2006), 『복수노조 설립 등에 따른 사업장 제비용 변화에 관한 연구』, 노동부

8 노사정위원회(2003.8.26), 제93차 노사관계소위원회 회의 발제자료 참조

도 크게 늘어날 수밖에 없었다.

그림 3-1 INI스틸의 복수노조 상황에서의 교섭과정

인천노조		포항노조		인천노조		포항노조
임금 11% 인상	⇨	+ 성과급 450%	⇨	+ 성과급을 일시급으로	⇨	+ 회관건립, 채용확대

복수노조가 시행되면, 노사관계 구조가 현재보다 더욱 일대다(一對多)의 관계로 변화함에 따라 교섭체제 또한 복잡해 질 수밖에 없다. 기업 내에 복수노조가 생기면 '합리적인 다수'보다는 '투쟁적인 소수'가 주도하는 현 노사관행의 문제점이 그대로 재현될 우려도 높은 편이다. 복수노조는 이념면에서 근시안적이고 목표나 비전이 빈약하고 분파주의적인 이념과 행동이 지배적일 것으로 예상된다.[9]

교섭창구 단일화를 이루기 위해 일단 노조간 자율적 합의를 우선하는 방식은 또 다른 노노간의 갈등 및 혼란을 야기할 수 있다. 자율적 합의에 의한 단일화방식은 종국에는 조합원수 비례로 결정될 가능성이 높다. 조합원 비례 방식은 각 노조간 의견차이로 인해 교섭과정이 장기화될 뿐만 아니라 노조간 갈등만 심화시킬 수 있다. 또한 교섭 지연 및 결렬로 인해 교섭에 따른 손실이 증가하게 되고, 이러한 손실은 그대로 기업의 부담으

9 정주연(2006). "복수노조가 노사관계에 미치는 영향-해외사례를 중심으로(영국)". 『민주노총 정책연구원 토론회 자료집』

로 전가될 수밖에 없다. 복수노조 시행 후 교섭 횟수나 시간이 어느 정도 증가할 것인가에 대한 설문에서도 5~30% 이상 증가할 것이라고 응답이 높게 나타났다.[10]

단일 노조체제인 현재도 평균 교섭횟수는 9.6회, 소요기간은 89.3일로 일본에 비해 두 배 이상 소요되고 있어 향후 복수노조 하에서 교섭비용 증가는 불가피할 것으로 보인다.[11] 일본은 약 50%가 4회 이상의 교섭에도 불구, 30일 이내 마무리하고 있어 우리나라와 매우 대조적이다. 교섭기간 장기화는 기업의 경영전략 수립을 지연시켜 급변하는 글로벌 시장에서의 기회선점(機會先占)을 어렵게 하고, 노사간 불신과 갈등을 증폭시키는 결과를 초래할 수 있다. 해외시장 의존도가 높은 기업일수록, 앞으로는 안정적 노사관계의 유무가 국제경쟁력을 결정하는 핵심적 요소가 될 수 있을 것이다.

또한 하나의 사업장에 노조가 많을수록 부당노동행위 제소 사례도 증가하여 기업 경영에 부담이 커질 수 있다. 노조 규모나 교섭력 차이에 따른 합리적 차이까지도 부당노동행위 문제로 비화되고 사회적 비난으로 이슈화될 수 있다. 사용자측에게는 노조간 차별을 하지 않을 의무가 부과됨에 따라 이러한 의무이행과 관련, 기업 행동에 많은 제약이 불가피하다. 노조가 증가하고, 교섭체계가 복잡할수록 부당노동행위에 대한 해석상 논란이 가중되어 이와 관련된 제소행위가 폭주할 수 있다.

부당노동행위 제소로 곤욕을 치룬 일본의 닛산(日産)자동차[12]의 사

10 조준모·이강국(2006.9), '복수노조 허용과 창구단일화 방안이 노사관계, 기업경영에 미치는 영향 및 경제적 효과 분석', 노동부 수탁연구과제

11 조준모 외(2008.9). '단체교섭비용 실태분석과 국제비교 연구' 노동부 수탁연구과제

12 전명숙(2006.5), '복수노조 환경하의 노사관계 연구', 한국노동연구원

례는 우리에게 많은 것을 시사한다. 1977년, 닛산자동차는 회사의 잔업실시 계획에 반대한 소수노조에 대해 시간외 근무를 시키지 않자, 소수노조는 다수노조보다 임금을 적게 받았다며 소송을 제기하였다. 법원에서는 소수노조를 약화시키려는 의도로 인정, 부당노동행위로 판정하였다. 1990년에는 다수노조와는 본사 회의실에서 임원과 교섭하였으나, 소수노조와는 회사 밖의 복지회관에서 총무부장이 참석하여 교섭하였다는 것을 차별 이유로 소송을 제기하였고, 회사는 성실교섭 의무를 위반하였다는 취지에서 부당노동행위로 처벌을 받았다.

다섯째는 글로벌 기업의 경쟁력 약화가 우려된다는 점이다. 무한경쟁 상황에 노출되어 있는 글로벌 대기업은 치명적 경영위기에 봉착할 수 있다. 노조의 경영권 개입 등으로 구조조정 차질, 의사결정 지연 등의 사태가 발생한다면 경쟁역량의 유지 및 강화에 걸림돌로 작용할 수 있다. 특히 의사결정과 경영전략 실행의 적정시기를 놓치게 되면 돌이킬 수 없는 파국을 맞을 수도 있기 때문에 우려감이 더욱 높다.

[사례] 피아트자동차의 고용조정 반대 파업

- 피아트에는 상급단체의 분열이 그대로 반영되어 10개 이상의 노조가 존재
- 2002년 14.6억 달러의 적자를 기록한 피아트는 구조조정을 추진하려 했으나, 복수노조들의 소모적 대립으로 구조조정의 시기를 놓침
  - 1차 구조조정안에 일부 노조는 동의했으나, 최대 노조는 반대하여 파업(9월)
  - 2차 인력감축안에 대해 사내 3개 노조가 연대 파업(10월, 11월)
  - 3차 조정안에 대해서도 3개 노조가 거부하면서 파업을 전개(1월, 2월)

(이병훈. 2003.4.10. "이탈리아 자동차산업의 최근 노사관계동향.")

인력구조가 매우 슬림화되면서 개인이 생산이나 경영에 미치는 영향력은 더욱 커지고 있으나, 대체근로(代替勤勞)가 법으로 금지되고 있어 파업발생 때는 민간부분은 대응책이 크게 제한될 수밖에 없다.

특히 제조업체의 일괄공정생산시스템에서는 일부 공정에서 소규모 점거 파업이 발생하더라도 전체 공정 흐름이 정지되고 생산의 중단마저도 불가피해진다. 이로 인해 1차, 2차, 3차 하청 또는 협력업체들의 연쇄 피해가 발생할 수 있다. 실제로 현대자동차의 경우, 2003~2005년 노조의 파업으로 377개 부품업체가 1조 2천억 원의 손실을 기록했다.

최근 생산주기(product life cycle)가 짧아지고, 신제품 출시가 줄을 잇는 글로벌 무한경쟁 속에서 연구개발직이 노조를 결성하여, 수개월의 파업을 벌인다면 해당 산업의 쇠망까지 우려된다. 실제로 세계적 전자회사인 A사의 경우, 2008년 말 현재, 연구개발(R&D) 인력이 전체 인력의 약 40%를 넘어서고 있어 전통적 제조업과는 인력구성 측면에서 확연히 다른 양상을 보이고 있다. 이는 국내 전자업체의 공통적 현상일 것이다. IT·전자제품의 수출 비중이 크다는 점을 감안할 때, 연구개발부문의 노사관계는 국가경제 전체의 성장률에도 적지 않은 영향을 미칠 것이다.

복수노조 허용으로 노동운동이 더욱 활성화되면, 중소기업은 대기업보다 더 큰 영향을 받을 것으로 보인다. 복수노조 제3차 유예를 앞둔 2006년 현재, 노조기업의 52%, 무노조기업의 29%가 복수노조 시행 후 사업장 내에 복수노조가 생길 것으로 예측하였다.[13]

2007년 기준, 50인 이상 300인 미만의 중소기업 중 노조기업은 7.9%에 불과해 상급단체들이 미조직 중소기업부문에서 세력 확보경쟁을

13 전명숙(2006.5), '복수노조 환경하의 노사관계 연구', 노동위원회 정책연구

벌일 가능성도 있다. 특히 중소기업은 노사관련 전문가 부족, 대응역량 및 경험 부족 등으로 노사문제가 발생할 경우 상황은 더욱 어려워질 수 있다.

복수노조 하에서 각 노조들이 영향력의 확대, 교섭대표권의 확보를 위하여 조합원수 쟁탈 경쟁을 벌일 경우에는 사업장의 조직문화는 불신과 갈등의 구도로 바뀔 수 있다. 노조들간에 지나친 조직화 경쟁이 벌어진다면 중소기업의 강점인 가족적 경영관행의 붕괴도 예상해 볼 수 있다. 특정 노조가 영향력 증대를 위해 산별노조에 가입할 경우 양상은 더욱 복잡해지고 강성화되며 교섭기간 또한 장기화될 가능성이 높다. 특히 전임자 급여지급 금지로 노조활동이 제약된다면 여러 가지로 여건이 불비한 중소기업 노조는 산별노조를 선택할 수밖에 없을 것이다. 산별노조와의 교섭에서 전문성 미약하고 경험이 일천한 중소기업 경영진들은 속수무책의 상황으로 몰릴 수가 있다.

복수노조의 시행은 인적자원관리나 노사관계 시스템 측면에서도 상당한 변화나 영향이 예견된다.

첫째 인사제도 운영상의 어려움 가중이 우려된다. 승진, 승격, 평가 등의 제도 운영시, 복수노조 조합원간 차별 논란이 발생할 수 있다. 단수노조 체제에서도 노조원과 비노조원과의 차별 문제는 현장의 이슈인 바, 복수노조들의 조직화 경쟁이 치열한 상황에서 각 조합들은 소속 노조원들의 평가, 승진 등에 대해 민감하게 반응할 것으로 예상된다.

상대적으로 승진 비율이 낮은 노조에서 결과에 대한 입증을 요구할 경우, 일반적으로 상대평가를 시행하는 기업들이 다른 직원들의 개인정보를 보호하면서 이를 입증한다는 것은 현실적으로 그리 용이하지 만은 않다.

물론, 회사의 대응자세 여하에 의하겠지만, 인사의 중핵인 평가 역시 노조의 영향력으로부터 자유롭지 않거나 공정성을 잃을 여지도 있다. 회사가 노조의 압력, 부당노동행위 제소 위협 등을 지나치게 의식할 경우, 개인의 역량과 성과에 따라 공정해야 할 평가가 노노간, 노사간 정치 지형에 따라 왜곡될 우려가 크다. 자칫 노조간 안배나 나눠먹기, 돌려먹기 식으로 평가가 왜곡될 경우 직원들의 동기유발, 업무몰입 약화 등으로 이어져 조직 경쟁력이 크게 손상될 것으로 예상된다.

둘째, 인사발령 등 인사권이 크게 제한될 수도 있다. 현재 상당수 기업의 단체협약에는 노조 간부 또는 조합원 다수의 인사발령은 사전에 노조와 합의 또는 협의하도록 규정하고 있다. 만약, 복수노조 허용으로 노조 간부 수가 늘어날 경우에는 인사권 행사에 있어서 더욱 큰 제약을 받게 될 것으로 전망된다.

셋째, 기존 단체협약 조항의 무효화 등을 둘러싼 노사갈등이 증폭될 수 있다. 인사, 경영권을 제약하는 단체협약 조항은 폐지하거나 신사협정으로 간주하여, 이의 위반이 행위의 효력에 영향을 미치거나 단체행동의 사유가 되지 않아야 한다. 신생 노조가 기존 노조와 동일하게 사전 협의를 요구할 경우, 이를 사용자가 거부하는 것이 노조 차별대우에 해당하는지에 대한 명확한 지침도 필요하다.

넷째, 노사협의회 운영에 대한 제약이 우려된다. 노사협의회 근로자위원 선임방법에 대한 재검토가 필요하다. 현행 근로자참여 및 협력증진에 관한 법률의 규정은 과반수 노조에 3~10명의 노사협의회 근로자위원 선임권을 전적으로 부여하도록 하고 있다.

복수노조 중 과반수 노조가 없을 경우, 근로자위원 선임규정이 필요할 것이다. 교섭창구 단일화 절차를 거쳐 교섭권을 확보한 노조가 전적으로 노사협의회 위원을 선임하거나, 별도의 선거를 통해 노사협의회 사원측 위원을 선출하는 방안 등을 위원선출절차를 미리 설정해 두어야 할 것이다.

자칫하면 노사협의회가 또 다른 노노간 갈등의 장이 될 우려도 높다. 왜냐하면 노사협의회는 노조와는 별도인 경영참여적 기구인 바, 각 노조들이 참여 정도를 놓고 대립할 가능성이 크기 때문이다.

현재 다수노조가 병존하는 국민건강보험공단 등의 사업장에서는 대부분 각 노조별로 다수의 노사협의회를 운영[14]하고 있는 사례도 주목할 필요가 있다. 과반수 노조가 근로자위원 선임권을 전적으로 행사할 경우 노조간 갈등이 발생하는 사례도 예상할 수 있다. 2007년 산도브레이크(주)의 과반수 노조가 근로자위원 선임권을 행사하자, 소수노조에서 정기 노사협의회를 실력으로 저지한 사례 등을 참조할 필요가 있다.

다섯째, 노조 차별의 기준이 불명확해 기업의 대응시 혼란과 부담이 가중될 수 있다. 단체협약의 채무적 부분에 대한 노조간의 차이 발생은 불가피하다. 임금, 근로조건 등 규범적 부분은 교섭창구 단일화를 통해 해결이 가능하나, 노조활동 인정시간, 전임자, 사무실 지원 등의 채무적 부분의 차이는 필연적으로 발생할 수밖에 없다.

신생(新生) 노조는 기존 노조가 협상과 합의로 이룬 노조 지원 사항을 동일하게 요구할 것으로 예상되는 바, 사용자가 이를 거부하는 것이 차별 대우인지 여부가 문제이다. 이를 차별로 인정할 경우 신생노조의 무임승차 및 기업의 과도한 부담이 발생할 수 있다. 조합원 수에 비례하여 결정한다고 하여도 신생노조의 무임승차 논란은 여전히 남게 되며, 소수노조가 난립할 경우 사무실 지원 등의 기업 부담이 증가할 수 있다. 기존 노

14 김수복 외(2007.11), '복수노조 병존사업장의 노사관계 실태에 관한 연구', 노동부 정책연구.

조는 조합원 수가 줄어들어도 그 권리를 보장받고 신생노조에 대한 기업의 추가 부담만이 늘어날 것이며, 이러한 구조는 노조의 파편화를 더욱 부추기는 환경으로 작용할 전망이다. 현행 다수노조 사업장의 경우, 사용자는 노조들과의 갈등을 피하기 위해 기존 노조의 전임자는 유지하고, 신생노조의 전임자를 추가로 인정하는 경우가 대부분[15]이기 때문이다.

3. 복수노조 도입에 대한 기업의 준비 실태[16]

복수노조의 도입에 따른 영향 및 준비 실태를 파악하고자 산업현장의 인사노무 팀장 및 임원을 대상으로 설문조사를 실시하였다. 조사는 2009.9.8~9.18일간에 걸쳐서 주요 산업별 50인 이상 기업 450개를 대상으로 인터넷을 이용해 자기기입식 및 자동응답방식으로 실시하였으며, 응답 기업은 106개 기업이었다.

응답기업의 노조유무로 살펴보면 유노조기업 81개사(76%), 무노조기업 25개사(24%)이다. 종업원 규모별로는 1,000인 이상 79개사(75%), 1,000인 미만 27개사(25%)이며, 업종별로는 전기전자 12개사(11%), 화학 15개사(14%), 기계조선 10개사(9%), 금융 13개사(12%), 서비스 19개사(18%), 공공부문 및 기타 23개사(22%) 등이다.

15 김수복 외, 전게서 참조.

16 본 실태분석은 민간 및 공공기업의 인사노무팀장을 대상으로 복수노조 도입에 따른 노사관계 변화의 전망과 영향, 현재 복수노조 대응 준비상황, 그리고 법제도 정비의 필요성과 시급성 등을 설문조사를 통해 조사 및 분석을 실시하였다.

복수노조 도입에 따른 신규노조 설립 가능성을 묻는 설문에 대해서는, 2010년에 복수노조가 허용되면, 다수 회사(63%)가 '새로운 노동조합이 설립될 것'이라고 응답하였다. '새로운 노조가 설립되지 않을 것'이라는 응답은 22.6%에 그쳤다. 유노조기업(65%)이 무노조기업(56%)보다 신규노조 설립 가능성을 더 높게 인식하고 있는 이는 기존 노조의 분열이나 신규노조 설립 가능성을 크게 우려하는 것으로 분석된다. 한편, 1,000인 이상 기업의 70%, 1,000인 미만 기업의 44%가 노조 수의 증가를 예상하고 있어, 기업규모가 클수록 다수 노조의 출현 가능성이 높은 것으로 나타났다.

종합하자면, 복수노조 허용에 따른 신규노조의 설립 가능성은 유노조기업, 대규모 기업일수록 높게 인식하고 있는 것으로 나타났다.

이러한 결과는 종래의 여타 조사결과에 비해서 신규노조의 설립 가능성이 더욱 높게 나타났다는 점에서 차이를 보인다. 노동부 조사에서는 복수노조가 허용될 경우 새로운 노조가 설립될 것이라고 응답 비율이 전체 응답자의 26%, 인사노무 담당자조차도 28.4%에 그쳤다. 한국노총이 2008년 12월에 사용자 500명을 대상으로 실시한 '노조전임자 및 복수노조관련 사용자 의견조사'에서는 응답자의 45%가 '새로운 노조가 설립될 것이다'고 응답하였다. 이러한 결과는 본 연구의 설문조사 응답자들이 주요 기업의 인사노사담당 팀장 및 임원급이기 때문에 조직 내부의 여러 사정을 종합적으로 고려할 수 있어 노조설립의 가능성을 더 높게 인식한 결과로 판단된다.

표 3-1 복수노조 허용시 새로운 노조 설립 가능성(%)

구 분		노조 수 증가 예상	노조 수 증가 없음	모름
전 체(106)		63.2%	22.6%	14.2%
노조 유무	유	65.4%	23.5%	11.1%
	무	56.0%	20.0%	24.0%
종업원 규모	1,000인 이상	69.6%	19.0%	11.4%
	1,000인 미만	44.4%	33.3%	22.2%

이어서 복수노조 도입에 따른 노사관계 변화 여부를 물어보았다. '많은 혼란과 갈등이 발생할 것이다'는 응답이 43%, '다소 혼란이 있을 것이나 곧 안정될 것이다'라는 응답이 53%를 차지하여 '크든 작든 간에 혼란이 발생할 것'이라고 응답이 95%를 차지하였다.

표 3-2 복수노조 도입으로 인한 노사관계 변화 전망

	응답자	수비율(%)
많은 혼란, 갈등 발생할 것	45	42.5
다소 혼란이 있으나 곧 안정될 것	56	52.8
혼란이나 갈등 거의 없을 것	4	3.8
모르겠음	1	0.9
합 계	106	100.0

노조가 있는 기업의 경우, '많은 갈등이 발생할 것'이라는 반응(36%)보다 '다소 혼란은 있을 것이나 곧 안정될 것'이라는 반응(59%)이 많았

다. 그러나, 무노조 기업의 경우는 응답비율이 반대(64% > 32%)로 나타났다. 이러한 응답 결과는, 유노조기업의 경우 노조에 대한 관리 경험이 있으나, 무노조 기업의 경우는 노조경험이 없어 대응에 어려움이 있음을 반증하는 것이라 할 수 있다.

한편, 규모별로는 1,000인 이상 기업의 경우 '많은 갈등이 발생할 것'이라는 반응(47%)이 비교적 높은 편이었으나, 1,000인 미만 기업의 경우는 29.6%에 그쳤다. '다소 혼란은 있을 것이나 곧 안정될 것'이라는 응답은 1,000인 이상(51%)기업보다 1,000인 미만(59%)기업에서 다소 높게 나타났다. 중소기업의 경우 노사관계의 불안정성이 장기화되는 것은 기업생존과 직결되므로 노사 모두 혼란의 장기화를 원하지 않기 때문으로 판단된다. 1,000인 이상 기업에서 '갈등발생 가능성'을 높게 보는 이유는 조직의 분화, 이익계층의 다양화, 근로조건 다양화 가능성 등이 높은 데서 기인하는 것으로 보인다.

복수노조를 허용하였을 때에 예상되는 문제점(복수응답)은 다음과 같다. 첫째, '노노 갈등 및 선명성 경쟁'(70%)을, 둘째로는 '교섭시스템 불안정'(52%)을, 셋째는 '노사관계 비용의 급격한 증가'(42%)를 지적하고 있다.

노조 유무에 따른 복수노조 허용의 문제점에 대한 인식은 약간 상이하게 나타났다. 유노조기업은 '노노갈등 및 선명성 경쟁'(79%), '교섭시스템 불안정'(61%), '노사관계 비용 급증'(44%)의 순으로 지적하고 있는 반면, 무노조기업은 '노노갈등 및 선명성 경쟁'(54%), '노사관계 비용 급증'(42%), '기업의 생산차질 및 전략수립 지연'(42%), '교섭시스템 불안정'(33%)의 순으로 나타났다.

이처럼 노조 유무에 따라 차이를 보이는 것은 무노조기업의 경우 노조와의 교섭, 노조 응대 등에 대한 경험이 적어 상대적으로 어떤 문제가 나타날지 예측이 어려워 파업이나 갈등이 발생하면 그에 따른 경영 차질이나 비용 증가가 불가피할 것으로 여긴데서 기인한 것으로 보인다.

그림 3-2 복수노조 허용에 따른 예상 문제점(복수응답 2가지 선택)

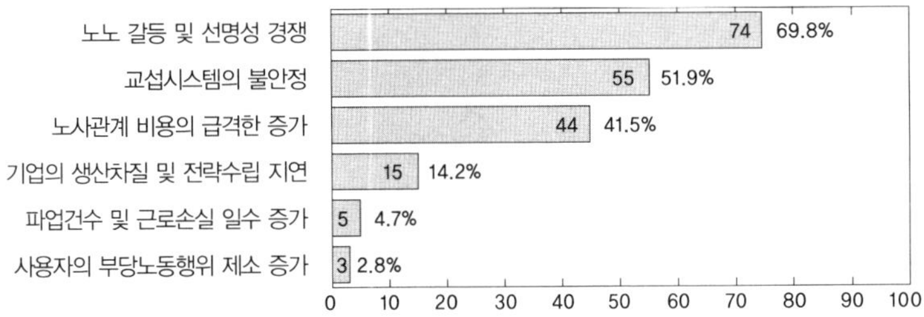

기업 규모별로도 다소 상이한 결과를 보였는데 1,000인 이상은 '노노 갈등 및 선명성 경쟁'을 가장 큰 문제점으로 지적한 반면, 1,000인 미만은 '교섭시스템 불안정'을 지적하였다. 특히 1,000인 미만은 노노갈등 및 선명성 경쟁도 우려되지만, 교섭시스템의 불안정이 무엇보다 우려되는 부분으로 지적해 교섭시스템 구축 프로세스의 법제화 필요성이 있음을 반증하는 것으로 보여 진다.

한편, 경제 회복, 국제경쟁력에 미치는 영향에 대해서는 응답자의 64%가 '복수노조 도입으로 인한 혼란발생 시, 경제회복 속도가 상당히 지연될 것이다'라고 답변하고 있다. 특징적인 것은 복수노조 시행이 국민경제에 부정적 영향을 미칠 것이라는 예측이 노조기업(59%)보다 무노조기업(80%)에서 훨씬 높게 나타났고, 중소기업보다는 대기업에서 위기감이 더 높게 나타났다는 점이다. 교차분석을 통해 복수노조로 인한 노사관계 혼란 증가의 인식과 국민경제에 미칠 부정적 영향 인식간의 관계를 살펴본 결과, 복수노조로 인한 노사관계 혼란 발생 가능성이 높은 기업일수록 복수노조가 국민경제에 미칠 부정적 영향이 클 것으로 인식하고 있다.

표 3-3 복수노조 허용에 따른 예상 문제점(기업규모별)

예상 문제점	1,000인 이상	1,000인 미만
노노 갈등 및 선명성 경쟁	76.6%	62.5%
노사관계 비용의 급격한 증가	48.1%	29.2%
교섭시스템의 불안정	49.4%	70.8%
파업건수 및 근로손실일수 증가	3.9%	8.3%
사용자의 부당노동행위 제소 증가	3.9%	-
기업의 생산차질 및 전략수립 지연	13.0%	20.8%
합계	196	100.0

표 3-4 복수노조 시행이 경제회복, 국제경쟁력에 미치는 영향

구분	전체	노조 유무		종업원 규모	
		유노조	무노조	1,000인 이상	1,000인 미만
상당히 지연될 것	64.2	59.3	80.0	65.8	59.3
별 관련성 없을 것	30.2	34.6	16.0	32.9	22.2
모르겠음	5.7	6.2	4.0	1.3	18.5
합계	100.0	100.0	100.0	100.0	100.0

'노사관계 변화로 많은 혼란과 갈등이 발생할 것'이라는 기업의 82%는 '경제회복이 상당히 지연될 것'이라고 응답하고 있다. 또 '다소 혼란이 있을 것이나 곧 안정될 것이다' 라고 응답한 기업 중에도 50%가 '경제회복의 지연은 불가피할 것'으로 응답하였다.

표 3-5 경제회복, 국제경쟁력에 미치는 영향 인식×복수노조의 노사관계 변화 인식

		경제회복, 국제경쟁력에 미치는 영향		
		상당히 회복이 지연될 것	별 관련성이 없을 것	모르겠음
복수노조 도입 시 노사관계 변화 전망	많은 혼란, 갈등 발생	37(34.9%)	6(5.7%)	2(1.9%)
	다소 혼란이 있으나, 곧 안정될 것	28(26.4%)	24(22.6%)	4(3.8%)
	혼란이나 갈등은 거의 없을 것	2(1.9%)	2(1.9%)	
	모르겠음	1(0.9%)		

복수노조에 대비한 내부의 노사관리시스템 구축 정도에 대해서는 대다수 기업들은 '미흡하거나 아직 미정비 상태'라고 답하고 있다. 노조와의 교섭방법이나 지침, Check-Off 적용요구 대비책 등에 대해서는 시스템 구축이 매우 필요하나(93~94%), 다소나마 정비된 경우는 20%에 불과하다. 또한 신생노조의 처우, 지원요구 대비책이나 신생노조의 노조전임자 인정요구 대비책 등도 15%의 기업에서만 약간의 준비나마 이뤄진 상태로 조사되어 조속한 시스템 구축이 필요한 것으로 나타났다.

표 3-6 복수노조 대비 내부 준비정도

구분	완비	다소 정비	미흡한 수준	정비 않음	불필요
신생 노조의 처우, 지원 요구 (사무실, 운영비 등)	0.9	13.2	30.2	40.6	15.1
노조와의 교섭방법이나 지침 등	2.8	17.0	38.7	37.7	3.8
Check-Off 적용 요구	1.9	14.2	37.7	39.6	6.6
신생 노조의 노조전임자 인정요구	1.9	10.4	37.7	36.8	13.2

먼저 신생노조의 처우, 지원 요구에 대한 대비책에 대해서는 71%가 대비책 마련이 아직 미흡한 수준이라고 응답했다. 유노조기업조차 13%만이 '다소나마 정비가 된 상태'로 답하고 있어 준비가 부족한 상태임을 단적으로 보여주고 있다. '완비 또는 다소나마 정비'된 경우는 1,000인 이상 기업의 18%, 1,000인 미만 기업의 4%에 그치고 있어 새로운 노조발생 가능성은 높음에도 그 대비책은 거의 이뤄지지 않고 있음을 알 수 있다.

노조와의 교섭방법이나 지침을 마련했느냐는 질문에 대해서는 76%가 '미흡 또는 정비 않음', 20%만이 '다소 정비 또는 잘 정비'로 응답하고 있다. 약간이라도 정비하고 있는 기업은 1,000인 이상 기업은 17%, 1,000인 미만 기업은 15%로 나타나 큰 차이가 없는 것으로 나타났다. 1,000인 이상 기업의 76%가, 1,000인 미만 기업의 78%가 노조와의 교섭방법이나 지침 등에 대한 사전 준비가 미흡하거나 현재 전혀 정비되어 있지 않다고 응답하고 있다. 유노조기업의 경우는 미흡 또는 정비되지 않은 기업의 비중이 78%로, 무노조기업의 70%에 비해 약간 높게 나타났는데, 이는 현재 노조가 있든 없든 모든 기업에서 노조와 교섭에 대한 준비는 거의 이뤄지지 않고 있음을 확인해 주는 것이다.

체크오프(Check-Off) 적용요구 대비책에 대해서도 77%의 기업이 '정비하지 못한 상태이거나 미흡한 수준'이다. 노조 유무, 기업별 규모에 따른 차이는 거의 보이지 않고 있다.

신생노조의 노조전임자 인정요구 대비책에 대해서는 다소나마 정비되어 있는 기업은 전체 응답기업의 11%에 불과했다. 대다수 기업이 '신생노조가 노조전임자 인정을 요구할 때 별다른 대책이 아직 마련되어 있지 않다'(75%)고 응답하고 있는 것이 이를 나타내 주는 것이다. 유노조기업의 74%, 무노조기업의 76%가 신생노조의 노조전임자 인정 요구에 대해서는 대비책이 마련되어 있지 않다고 응답하고 있다. 1,000인 이상 기업의 77%, 1,000인 미만 기업의 57%가 '대비책이 미흡하다'고 응답하였다. 1,000인 미만의 '미흡' 응답률이 낮은 것은 조직의 규모가 크지 않아 새로운 노조가 생기더라도 노조전임자를 인정할 정도의 규모가 되는 경우는 많지 않을 것으로 보기 때문이라 생각된다.

복수노조 시행 시에 일어날 문제를 예방 또는 최소화하기 위한 대책의 준비 정도도 매우 미흡한 것으로 나타났다. 예상되는 문제점에 '잘 대비하고 있다'는 기업은 6%에 불과하다. 유노조기업의 57%, 무노조기업은 68%가 각각 '조금이라도 준비하고 있다'고 응답하여, 유노조기업보다는 무노조기업이 다소나마 복수노조 상황에 대한 위기의식이 높은 것으로 나타났다. 한편 1,000명 이상 기업은 66%가 '잘 또는 어느 정도 준비하고 있다'고 응답한 반면, 1,000인 미만 기업은 41%에 불과한 수준으로 나타났다.

이러한 조사결과는 대기업, 무노조기업일수록 위기의식이 높고, 대비책을 강구하는 기업비율도 높다는 것으로 보여준다.

복수노조 허용으로 인한 혼란과 비용의 증가 등에 효과적으로 대처하기 위해 필요한 최우선 사안은 '노사안정화 전략 구축'(66%)으로 나타났다. 이에 이어서 '회사와 직원간 커뮤니케이션 강화'(55%), '노사협의기구의 기능 활성화'(41%) 등의 순으로 나타났다.

유노조기업은 '노사안정화 전략'에 이어 '회사와 직원과의 커뮤니케이션 강화'를 강조한 반면, 무노조기업은 '회사와 직원과의 커뮤니케이션 강화'에 이어 '노사협의기구의 구축 및 안정화 추구'를 강조하여 다소 차이를 보였다. 무노조기업의 경우, 복수노조 하에서도 지속적으로 무노조 체제 유지를 위해 종업원들과의 직접적 커뮤니케이션 활성화 및 기존의 사원대의기구, 즉 노사협의회 기능 활성화에 초점을 맞추고 있기 때문으로 판단된다.

표 3-7 복수노조 시행시 기업이 우선적으로 준비할 사항

준비사항	응답자 수	비율(%)
CEO의 노사관계에 대한 관심도 제고	26	24.5
노사안정화 전략 구축	70	**66.0**
노사 전문인력 충원	20	18.9
관리자 대상 조직관리 교육 실시	32	30.2
노사협의기구의 구축 및 안정화 추구	43	**40.6**
불합리한 제도 및 관행 개선	38	35.8
전임자 급여 금지를 위한 대안 모색	25	23.6
회사와 직원간의 커뮤니케이션 강화	58	**54.7**

각 기업의 복수노조 대비 준비사항에 대한 점검 결과는 다음과 같다. 가장 미흡한 부분은 '전임자 급여 금지를 위한 대안 모색'(70%가 미흡 또는 매우 미흡)과 '노사전문인력 충원'(56%), '관리자 대상 조직관리 교육 실시'(43%) 등으로 나타났다.

법제도의 변화와 관계없이 기업 스스로 할 수 있는 부분, 예를 들면 'CEO의 노사관계에 대한 관심도 제고'(준비 82%), '회사와 직원간의 커뮤니케이션 강화'(76%), '노사협의기구의 구축 및 안정화 추구'(74%) 등에 대해서는 상당 수준 대비해 오고 있으나, 전임자 급여금지를 위한 대안 모색, 관리자 노사교육 등 법제도적 차원에서의 내용이 구체화되기 전에 조치를 취하기 어려운 부분에 대해서는 기업들의 대응이 여의치 않음이 확인되었다.

그림 3-3 기업들의 복수노조 대비 준비상황

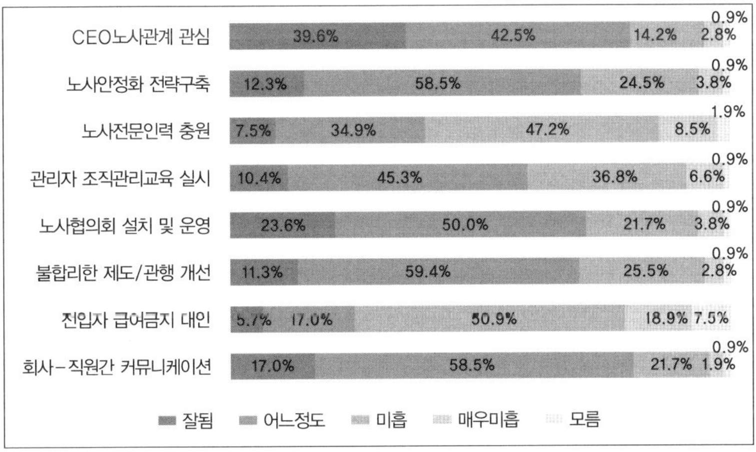

복수노조관련 사전 입법조치 사항으로서는 '교섭창구 단일화 범위 마련'(75%), '전임자 급여지급 금지에 대한 실효성 확보'(59%), '과반수 대표제 설정'(41%) 등 3가지로 나타났다. 그 외에도 '노조의 부당노동행위 신설'(28%), '노조설립 최소 인원수 신설'(26%), '노노갈등 예방절차 및 조정기준 마련'(26%), '단체협약 유효기간 연장'(23%) 등도 지적하였다.

우선순위 3개 부문은 '그동안 노사정위 활동이나 다른 협의채널을 통해 수차례 논의되어 왔지만 결론을 내리지 못한 부분'이다. 따라서 이 부분만이라도 명확한 법제도적 모습을 갖춰야 현장의 불안감을 해소하고 예측 가능성을 높여 효과적으로 대응할 수 있을 것이다.

표 3-8 복수노조관련 사전 입법 필요조치 사항

입법조치 필요사항	응답자 수	비율(%)
교섭창구 단일화 범위 마련	79	**74.5**
과반수 대표제 설정	43	**40.6**
노조의 부당노동행위 신설	30	28.3
단체협약 유효기간 연장	24	22.6
노노갈등 예방절차 및 조정기준 마련	27	25.5
민간부문에까지 대체근로 확대	5	4.7
노조설립 최소인원수 설정	27	25.5
쟁의행위 허용기준 마련	5	4.7
부당노동행위에 대한 기준 설정	6	5.7
Time-Off제에 대한 상한제 설정	10	9.4
전임자 급여지급금지에 대한 실효성 확보	62	**58.5**

복수노조를 시행하기에 앞서 법제도 정비가 시급하다고 생각하는 부분으로서는 '교섭창구 단일화 범위 마련'(70%), '전임자 급여지급 금지에 대한 실효성 확보'(60%), '과반수 대표제 설정'(45%) 등 3가지를 지적하고 있다. '매우 시급하다'와 '다소 시급한 편이다'를 합칠 경우 이들 세 항목에 대해 80% 이상의 기업이 시급하다고 생각하고 있다. 하루빨리 기업들이 불확실성을 줄이고 대응책을 효과적으로 강구할 수 있도록 법제도의 정비가 이뤄져야 할 것으로 보인다.

그림 3-4 법제도 정비의 시급성에 대한 기업의 인식

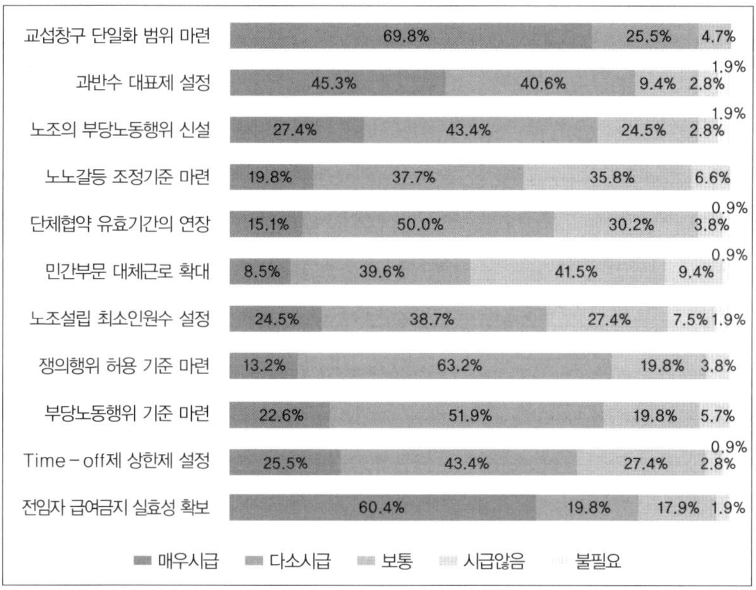

유노조기업은 '교섭창구 단일화 범위 마련'과 '전임자 급여지급 금지

에 대한 실효성 확보', '과반수 대표제 설정'이 가장 시급한 과제인 반면, 무노조기업의 경우 '전임자 급여지급 금지에 대한 실효성 확보', '교섭창구 단일화 범위 마련', '과반수 대표제 설정'에 이어 '부당노동행위에 대한 기준의 마련'도 필요한 과제임을 지적해 약간 상이한 반응을 보이고 있다.

표 3-9 법제도 정비의 시급성에 대한 기업의 인식(노조의 유무별)

입법조치 필요사항	유노조기업		무노조기업	
	매우 시급	다소 시급	매우 시급	다소 시급
교섭창구 단일화 범위 마련	**75.3**	22.2	**52.0**	36.0
과반수 대표제 설정	**43.2**	45.7	**52.0**	24.0
노조의 부당노동행위 신설	25.9	43.2	32.0	44.0
노노갈등 예방절차 및 조정기준 마련	23.5	34.6	8.0	48.0
단체협약 유효기간 연장	16.0	43.2	12.0	72.0
민간부문에까지 대체근로 확대	4.9	38.3	20.0	44.0
노조설립 최소인원수 설정	24.7	38.3	24.0	40.0
쟁의행위 허용기준 마련	12.3	74.6	16.0	25.4
부당노동행위에 대한 기준 설정	17.3	56.8	**40.0**	36.0
Time-Off제에 대한 상한제 설정	28.4	21.7	16.0	19.6
전임자 급여지급금지에 대한 실효성 확보	**60.5**	24.7	**60.0**	4.0

특히 법제도 가운데 정비가 시급한 부문은 노조기업은 교섭창구 단일화 범위, 과반수대표제 설정, 쟁의행위 허용 기준, 전임자 부당노동행위 기준 설정 등을 지적하나, 무노조기업은 교섭창구, 과반수대표제 등의 설정 외에, 단체협약 유효기간 확대, 노조의 부당노동행위 신설, 부당노동행

위에 대한 기준 설정 등을 지적하고 있어 약간의 차이를 보인다.

4. 복수노조 도입의 선결 조건

복수노조는 '무조건 도입해야 한다'는 것이 중요한 게 아니라, 어떻게 우리나라 경제사회 여건에서 '큰 무리 없이 연착륙시키느냐'가 중요하다. 복수노조를 도입하더라도 과연 문제가 없는지에 대한 근본적 점검이 사전에 필요한 이유가 여기에 있다.

복수노조에 대한 문제점과 사회·경제적 파장을 고려하지 않고, 국제노동기준 준수라는 명목에서 무조건 도입만 하게 되면 대립·투쟁적 노사관계가 더욱 더 악화될 소지가 있다. 특히 글로벌 경제위기 극복을 위해서는 불필요한 갈등 요인을 최대한 제거함으로써 노사 협력 분위기를 형성하는 것이 중요하다. 위기일수록 변화보다는 안정이 중요한데, 위기극복의 원동력인 노사협력도 시스템이 안정화되어야 가능하기 때문이다.

이미 IMD, WEF 등의 조사를 통하여, 국가경쟁력의 최대 걸림돌이 노사관계에 있음을 확인된 바 있다. 일자리 유지 및 창출을 위해서는 국가와 기업 경쟁력의 강화가 우선되어야 하고 경제위기 극복을 위해 최대한 혼란 발생을 방지해야 할 책임이 노사정(勞使政) 모두에게 있다 할 것이다.

우선 노사혼란을 예방하기 위한 법제 마련에 주력해야 한다.[17] 복수

17 남성일 외(2007), "사회적 비용 최소화를 위한 법제도적 개선방안", 『한국의 노동 어떻게 할 것인가?』pp.219-250, 남성일 외(2008), "노조설립 및 운영관련 법제도의 국제비교", 『한국의 노동 어떻게 할 것인가Ⅱ』, pp.233-266.에서 관련 내용을 인용 및 활용하였다.

노조 도입에 따른 노사관계 혼란을 예방하고 그 폐해를 최소화하기 위한 법제 정비가 선행되어야 할 것이다. 한국의 노동 현실을 충분히 고려하고, 이러한 고려 요소가 국제 노동기준(global standard)에도 부합될 수 있는 법제의 정비 방안을 검토해야 한다.

그 첫 번째로 노조설립 요건의 재검토를 들 수 있다. 복수노조 허용에 따른 군소 노조 난립과 사업장 혼란을 최소화하기 위해 노조설립에 필요한 최소 인원수를 재설정할 필요가 있다. 노조가 근로자를 대표하는 단체로서 독자적 활동이 가능하기 위해서는 의사결정기관, 업무집행기관, 대표기관 등이 있어야 하며, 10명 이하의 단체는 단순히 개인 의견을 전달하는 창구에 불과하기 때문이다.

한국도 1980년 노동조합법에서 노조설립 시에는 근로자 30인 이상 또는 5분의 1 이상의 찬성을 얻어야 한다고 규정한 경험이 있다. ILO도 노조를 설립할 때 인원수를 제한하는 것은 위법으로 볼 수 없다는 입장을 견지하고 있다. 외국에서도 자국 상황에 맞게 최소 인원(7~50명)을 규정하거나, 근로자중 일정 비율 이상의 가입이 있어야 노조 설립을 허용한 예가 있다. ILO는 구체적으로 최소 20명(산별 노조의 경우는 30명)이 필요하다는 규정을 한 사례는 결사의 자유(제87호 협약)에 모순되는 것은 아니라고 밝힌 바 있다.

표 3-10 노조 설립 최소 인원수를 규정한 국가 사례

국가	내용
브라질	- 해당 지역 동일한 직업인으로 등록된 자들의 1/3이상 가입
스페인	- 10% 이상의 종업원 대표를 점유(전국, 지역, 업종 단위)

호주	– 노조 등록시 조합원 수 50인 이상 필요
멕시코	– 재직중인 근로자 20인 이상 가입
인도네시아	– 민간 부문은 근로자 최소 10명 이상의 찬성 필요
태국	– 동일 업종·기업 하의 근로자 10인 이상 가입
말레이시아	– 근로자 7인 이상 가입

둘째로 교섭권 인정을 위한 최소요건 설정이 필요하다. 노조가 회사 파트너로 인정받기 위해서는 사용자에 의한 노조인정 절차가 필요하다. 노조가 설립되더라도 기업 차원에서 공식적으로 노조활동을 하거나 사용자와 교섭파트너로 인정받기 위한 제도 도입을 검토할 필요가 있다. 미국, 영국, 스페인 등이 이러한 「노조인정 프로세스」를 제도화하고 있다. 특히, 미국은 종업원 30% 이상의 권한위임 카드를 작성해야만 노동위원회(NLRB)가 주관하는 선거를 실시할 수 있고, 선거에서 과반수 찬성을 득하였을 경우에만 교섭권을 인정한다.

복수노조 허용에 따른 교섭 혼란, 교섭비용 낭비를 예방하기 위해 사업장 내 모든 종업원을 대표하는 노조에만 교섭권을 인정하는 것도 검토가 필요하다. 미국, 인도네시아 등은 재직 중인 전체 근로자의 과반수 이상의 지지를 얻은 노조에게만 교섭권을 부여하고 있다.

표 3-11 노조의 대표성을 요구하는 외국의 법제

국가	내용
미국	– 전 근로자를 대상으로 한 투표에서 50% 초과

영 국	– 선거에 의해 투표자중 과반수 이상 찬성 and 전체 근로자의 40% 이상의 찬성
인도네시아	– 전체 근로자중 과반수 이상이 조합원 – 투표를 통해 전체 근로자의 50% 이상 찬성
말레이시아	– 전 근로자 상대 투표에서 과반수 이상을 획득
필리핀	– 전 근로자 상대 투표에서 과반수 이상을 획득

셋째, 사용자에 의한 노조전임자의 급여 지급은 금지하되, 근로시간 면제(time – off)에 대한 상한선의 설정이 필요하다. 노조전임자 급여 지원은 사용자의 노조에 대한 지배개입으로써 부당노동행위로 보는 것이 보편적이다. ILO도 노조전임자에 대한 전임시간, 인원수에 대한 제한이 가능하다는 입장(ILO협약 제135호 2조)을 취하고 있다.

미국, 일본, 베트남 등은 전임자에 대한 급여 지급은 원칙적으로 금지하며, 노동조합의 재정에서 자체적으로 해결하고 있다. 특히, 대다수 국가는 상급단체에서 활동하고 있는 노조전임자에 대해 급여지급은 허용될 수 없다는 입장이다.

한편, 일부 국가에서는 근로시간면제(Time – off)제도를 도입하되, 상한선을 엄격히 적용하고 있다. 프랑스, 독일, 스페인 등은 기업 규모에 비례하여 유급 전임시간(또는 전임자 수)의 상한제를 두고 있다. 영국의 경우에는 구체적인 면제시간을 설정하지 않고 있지만 교섭시간 및 사용자가 허락한 시간 내에서만 근로시간을 면제한다.

전임자 급여지원 금지는 현장 노사관계 문제를 건전하게 할 수 있는 단초가 되므로 현행 규정대로 시행될 필요가 있다. 2010년 4월 말까지 근로시간면제위원회에서는 면제대상 활동범위와 노사정위원회내 공익위원안은 구체적인 상한을 두지 않은 채, 노사협상에 맡기고 있어 시간 인정을 둘러싼 갈등만 심화될 것으로 전망된다.

넷째, 노조의 부당노동행위 제도를 신설하고 위배한 경우에는 형사 처벌토록 해야 한다. 회사와 노조의 형평성과 노조의 부당행위에 대한 경각심을 높이기 위해서는 노조에 대한 부당노동행위 제도를 도입해야 한다. 노조가 무소불위(無所不爲)의 권력 계층이 아니라 합리적인 경제적, 사회적 주체로서 법과 원칙, 사회질서 등에 반하는 행위를 할 경우에는 제재를 가할 수 있는 근거를 마련해야 한다.

미국은 1947년 법 개정(태프트하틀리법)으로 노조의 부당하고 남용적인 행위를 규제하기 위해 노조의 부당노동행위를 도입하였다. 1935년 전국노사관계법(NLRA)에서 사용자의 부당노동행위제도를 도입하고, 1947년 법에서는 노조 부당노동행위를 도입함으로써 노사 모두에게 균형된 법 적용이 가능해졌다고 평가받고 있다.

표 3-12 미국의 노조 부당노동행위 유형

① 종업원에 대한 규제와 억압	② 고용주에 대한 규제와 억압
③ 차별행위 또는 차별시도	④ 의도적인 교섭거부
⑤ 파업·보이콧의 유도나 조장	⑥ 과도하거나 불공평한 조합비
⑦ 비승인 조합에 의한 조직화 및 인정을 위한 피켓시위	⑧ 과잉고용 강요 등

호주도 노조 활동과 쟁의를 엄격히 제한하는 규정을 두고 있다. 다른 사람이나 제3자에게 강요하는 의도를 갖고 위협적으로 조직에 가입시켜

서는 안 된다. 그리고 조합원들에게 허위 또는 잘못된 진술을 해서는 안 되며, 조합원들과 관계되지 않는 이유로 쟁의행위를 해서도 안 된다.

다섯째, 파업 시에는 대체근로에 대한 인정 범위를 확대해야 한다. 파업기간 중 대체근로자의 채용 및 하도급을 민간부문까지 확대하여 생산중단이 없도록 함으로써 파업손실을 최소화해야 한다. 노조의 쟁의권에 대항하여 '사용자의 대항권'에 대하여도 인정할 필요성이 있다. 헌법상 경영권의 하나로 사용자의 대항권도 당연히 인정되어야 한다. 특히, 민간부문에 대해 파업시 대체근로를 금지하는 규정은 노사간 무기 대등성 확보나 글로벌 기준에도 맞지 않다.

일본 최고재판소 판례(山陽電氣軌道事件- 最二小判 昭53.11.15.)도 "사용자는 파업 중이라도 업무수행 자체를 정지해야 하는 것은 아니며, 조업 저지를 목적으로 하는 근로자의 쟁의수단에 대해 조업 계속을 위한 대항조치를 취할 수 있다"고 언급하고 있다. 독일, 프랑스, 영국, 미국(판례에 의해 허용), 캐나다, 말레이시아 등 대부분 국가에서는 일반 산업에까지 대체근로를 인정하고 있다. 대체근로시 고용형태에 대한 제한도 두지 않고 있는 상황이다. 다만, 프랑스는 하도급이나 무기(無期) 근로계약만 가능하며, 독일은 파견근로자 투입, 이탈리아는 계약직 근로자 채용을 금지하고 있다.

표 3-13 대체근로 입법에 대한 국제 비교

– 일반 사업까지 인정: 독일, 프랑스, 영국, 미국, 캐나다, 일본, 말레이시아
– 파견이나 계약직 금지: 프랑스, 이탈리아, 캐나다
– 대체근로 금지: 인도네시아, 멕시코

여섯째, 불법파업에 대해 보다 실효성 있고 엄격한 대책 수립이 필요하다. 사후배상(事後賠償) 방식의 형사처벌 규정이 오히려 투쟁 열사를 만드는 양상이며, 민사상의 손해배상은 오히려 노사 간의 갈등 심화만 초래하는 경향이 있다.

독일, 미국, 영국 등에서는 사전적인 피해 최소화 방안으로서 불법파업을 신속하게 중지시키는 중지명령이나 가처분을 인정하고 있다. 불법파업 판정을 신속히 내리기가 어렵기 때문에 사용자는 불법파업 발생 가능성이 있는 경우까지 가처분 신청이 가능하도록 해야 한다. 이러한 중지명령이나 가처분 결정이 인정되면 직장복귀 명령이 내려지고 만약 직장복귀 명령을 거부한 근로자에 대하여는 즉시 해고도 가능토록 근거조항을 마련해야 한다. 독일, 인도네시아는 불법파업 참석자에 대한 즉시해고 및 자동퇴직 간주제도를 도입하고 있다.

공공부문은 파업에 대한 불편을 느끼는 정도가 크기 때문에, 불법파업으로 인한 공공의 피해가 발생할 경우, 일반시민에게도 법원에 피해구제 신청 및 가처분 신청권을 인정할 필요가 있다.

특히, 집회 및 시위에 관해 일관되게 법률을 적용하여 불법파업에 대한 엄정한 법 집행의지 천명이 중요하다. 1982년 미국 정부는 관제사 13,000천명이 파업에 돌입하자, 복귀명령 거부한 11,500명을 해고 조치한 바 있다. 2005년 12월에는 뉴욕 지하철 불법파업 시 법원은 즉각 노조에 하루당 100만 달러 벌금을 선고하여 3일 만에 노조가 스스로 파업을 철회하도록 한 바 있다.

또한 성숙된 노사관계 구축을 위해 노사정 모두 노력해야 한다. 2010년 이후에는 경영상의 위기극복의 가속화와 사업장 내 노사관계 안정이라는 두 마리 토끼를 모두 잡아야 하는 상황에 직면하게 된다. 재무상 실적에 쫓긴 나머지 직원들에 대한 관심이나 배려가 소홀해지기 쉬운 상황이다. 임금동결이나 삭감, 구조조정 등은 직원들의 노조설립을 부추기는 요인으로 작용할 수 있다. 결국, 회사는 직원과의 지속적인 커뮤니케이션, 현장관리자들의 조직관리 역량을 강화하는 등 직원들의 마음관리에도 총력을 기울여야 할 것이다.

기업은 새로운 이익계층에 대한 조직관리 상의 관심과 배려를 강화해야 한다. 전통적 대기업/제조업/정규직/생산직 중심의 노사관계가 복수노조 설립으로 인해 노사관계 주체가 다원화, 확대되고 요구사항 또한 다양화될 수 있어 이에 대한 사전대비가 필요하다. 비정규직은 물론, 연구개발직 및 중간간부 계층까지 각 집단 속성에 따른 맞춤형 고충해결시스템을 구축하고 신속히 고충을 해결하도록 해야 한다.

정부는 노사관계 우수사례의 적극적 발굴 및 해당 사업장에 대한 지원책을 강화해야 할 것이다. 투쟁 중심의 노사관계에서 벗어나 노사 협력적 관계로 탈바꿈한 사업장의 성공사례를 발굴하고 적극 홍보해야 한다. 상생의 노사관계가 고용안정에도 기여한다는 실증적 논거를 확보해 줄 수 있어야 할 것이다. 우수노사사례 발굴 및 평가를 위한 상시 기구를 운영하고, 선정사업장 및 인물에 대한 대대적인 포상 및 지원을 강화해야 한다. 대상기업에 대해서는 세제 및 각종 입찰 시에 인센티브를 제공할 수 있어야 할 것이다.

노사관계 법제 개편에 대한 논의는 부분최적(部分最適)이 아닌 전체최적(全體最適)을 고려하는 방향으로 중지를 모아가야 한다. 단순히 노동법 이론이나 국제기준(Global Standard) 충족 여부만을 고려할 것이 아니라, 우리나라의 경제나 기업의 현실적 여건, 국민경제에 미치는 영향 등을 종합적으로 고려한 조치방안을 도출할 수 있어야 한다. 각계나 전문가들의 주장이 틀리거나 잘못된 것은 아닐지라도, 그들의 주장이 전체최적 차원에서 국민경제의 회복이나 성장 등에 부정적이라면 수정되는 것이 바람직하다.

또한 글로벌 노동기준의 적용을 위해서는 전체 노동기준에 대한 종합적 검토가 필요하다. 노동기본권뿐 아니라 노동조합의 합리적 활동을 규제하거나 노사간 효율적 교섭운영을 위한 각종 법제도적 장치 또한 글로벌스탠더드 도입차원에서 검토가 필요하다. 특히 사회적 비용 최소화를 위한 갈등 해결절차, 노조의 설립요건 재조정 등은 노사관계의 질서를 선진화하는 데 필수적 요건이다.

참고문헌

김삼수(2006), "일본에서의 조합분열과 복수노조 병존의 노사관계", 『한일경상논집』 33권, 한일경상학회

김수복·임승현·이상현(2007.11), "복수노조 병존사업장의 노사관계 실태에 관한 연구", 노동부 정책연구.

김태기(2009), "복수노조 갈등: 이론과 현실", 『노동정책연구』 제9권 제2회, 한국노동연구원, pp.199－219

남성일 외(2007), 『한국의 노동 어떻게 할 것인가?』, 서강대출판부

남성일 외(2008), 『한국의 노동 어떻게 할 것인가Ⅱ』, 서강대출판부

노동부(2009), "복수노조관련 인식조사 결과"

이철수(2005), "교섭창구 단일화방안의 쟁점, 교섭창구 단일화방안", 국제노동법 연구원, 서울대학교 노동법 연구회 2005년도 춘계정책토론회

전인(2009.4), "복수노조 허용에 따른 현장 노사관계의 도전과 기회: 대기업 경제주의 노동조합의 의식조사 사례 중심", 노동정책연구, 한국노동연구원

정주연(2006), "복수노조가 노사관계에 미치는 영향－해외사례를 중심으로(영국)", 『민주노총 정책연구원 토론회 자료집』

조준모·이강국(2006.9), "복수노조 허용과 교섭창구 단일화방안이 노사관계·기업경영에 미치는 영향 및 경제적 효과 분석", 노동부 연구용역보고서

조준모·이강국(2006), "복수노조 설립 등에 따른 사업장 제비용 변화에 관한 연구", 노동부 연구용역보고서

조준모 외(2008.9). '단체교섭비용 실태분석과 국제비교 연구', 노동부 수탁연구과제

한국노총 중앙연구원(2008), "전임자 및 복수노조 관련 사용자 의견 조사"

제2부_ 법리 및 국제기준 검토

제4장_ 복수노조 허용과 노조전임자 급여지급 금지의 법원리적 타당성

김영문

1. 들어가며

1) 2009년 12월 31일까지의 법상황

현행 노조법 제5조는 '근로자는 자유로이 노동조합(이하 '노조'라 함)을 조직하거나 이에 가입할 수 있다'고 규정한다. 따라서 노조의 형태나, 2인 이상이면 조합원의 숫자, 상급단체와의 관계, 사업장 단위인가를 구별하지 않고 노조를 조직할 수 있다. 그러나 이러한 노조설립자유주의의 원칙에도 불구하고 하나의 사업 또는 사업장에 노조가 조직되어 있는 경우는 2009년 12월 31일까지 그 노조와 조직대상을 같이 하는 새로운 노조를 설립할 수 없다.(부칙 제5조) 그리고 노동부장관은 2009년 12월 31일까지 제1항의 기한이 경과된 후에 적용될 교섭창구단일화를 위한 단체교섭의 방법·절차 기타 필요한 사항을 강구하여야 한다.(부칙 제5조 3항) 이와 같이 법률이 예정한바 대로 한다면 지금 2010년 1월 1일부터는 사업장

단위에도 복수노조가 허용되며, 이에 대비하여 현재 교섭창구단일화를 위한 입법을 하여야 한다. 그러나 복수노조 허용에 대한 노사의 이해관계 상충, 정부의 복수노조 허용에 대한 자세, 그리고 노조전임자 급여지급과의 연계성, 양대 노총의 노조지지 기반의 차이 등으로 교섭창구단일화를 위한 입법을 하기가 쉽지 않다.[1] 그러나 다른 한편 사업장 단위에 복수노조를 허용하면 노조가 난립하여 교섭상의 혼란이 우려되며, 설립된 모든 노조와 교섭해야 하는 사용자의 입장에서는 교섭이 장기화하여 교섭비용이 증가함과 동시에 통일된 노무관리가 어렵다는 우려 때문에 다시 한 번 이 규정이 유예되기를 원하는 자들도 있다. 정부의 입장에서는 기업단위 복수노조 금지가 13년의 오랜 기간 동안 금지되어 왔지만, 국제적 표준에도 맞지 않고, 특히 FTA 협상에서 상대방국가가 이를 지적하여 합의의 장애요소가 되므로 교섭창구단일화를 하거나 극단적인 경우 한시적인 부칙규정의 실효로 2010년 1월 1일부터는 기업단위 복수노조를 허용하자는 확고한 입장이다. 더욱이 교섭창구단일화가 되지 않는 경우는 2인 이상이면 누구나 노조를 결성하여 단체교섭을 요구할 수 있고, 사용자가 이를 거부하면 부당노동행위가 되는 '자율교섭제'의 실시까지 고려하고 있는 것으로 보인다.

1 일부에서는 부칙 제5조 3항이 교섭창구단일화를 위하여 노동부장관에게 위임을 한 것이므로 노조법 시행령으로 교섭창구단일화를 할 수 있는 것으로 본다. 그러나 부칙 제5조 3항은 교섭창구단일화 입법의 위임규정이라기 보다는 노동부장관이 교섭창구단일화를 '강구'하여야 한다고 규정한 점에서 노동부장관을 구속하지도 않는, 정신 내지 훈시규정으로 보아야 한다. 또한 교섭창구단일화는 필연적으로 소수노조의 단체교섭권을 침해하는, '침해의 직접성'의 문제가 제기되므로 입법자는 이 문제를 스스로 결단하여 위헌성 판단을 받아야 하는 것이며, 이를 시행령으로 위임할 수 없다. 또한 교섭창구단일화 입법에서는 교섭대표의 선출과 공정교섭대표의무 부과, 교섭단위의 결정 등 매우 복잡하고 정교한 법률이 필요한데, 이 규정들 가운데는 소수노조와 그 조합원의 기본권과 권리 침해를 수반하는 조항이 있을 수 있다. 따라서 이러한 기본권과 권리 제한 문제를 행정기관에게 위임하는 것은 위임입법의 한계를 일탈하는 것이다.

그런데 지금까지의 논의는 기업단위 복수노조는 당연히 허용하는 것으로 하고, 교섭창구를 어떻게 단일화할 것인가 하는 방향으로 논의가 집중되어 왔다. 2008년도 노사정위원회의 공익위원안도 이러한 방향에서 과반수대표제를 대안으로 제시한 바 있다. 그러나 기업단위 복수노조를 허용했을 때의 문제점, 즉 노조의 난립과 교섭상의 혼란과 교섭비용의 증가 및 교섭의 장기화, 무노조 사업장에 노조 설립 등의 문제 때문에 기업단위 복수노조 허용에 대해서 부정적인 입장도 잠복해 있다. 따라서 종래에 당연한 것으로 여겼던 기업단위 복수노조 허용이 타당한 것인가를 다시 한 번 검토해볼 필요가 있다. 이를 위해서는 기업단위 복수노조 허용의 경제적 효과 내지 영향력 평가도 함께 수행되어야 하지만,[2] 여기서는 주로 법원리적인 측면에서 기업단위 복수노조 허용문제를 검토하기로 한다.

다른 한편 노조전임자에 대한 급여지급도 기업단위 복수노조와 비슷한 문제 상황을 갖고 있다. 현행 노조법 제24조 1항에 따라서 단체협약이나 사용자의 동의로 노조업무에만 전념하는 전임자를 둘 수 있지만, 이 전임자에 대해서는 급여를 금지하는 것으로 규정하고 있다.(동 규정 제2항) 그리고 노조법 제81조 4호는 사용자가 노조전임자에게 급여를 지원하는 행위를 부당노동행위로 규정하고 있다. 그러나 특히 중소기업에서 전임자에 대한 급여지급을 해 오던 관행을 일시에 금지하기가 어려워 노조법 제24조 2항과 제81조 4호의 노조전임자에 대한 급여지원에 관한 규정은 2009년 12월 31일까지 적용하지 않는다.(노조법 부칙 제6조) 따라서 금

2 그러나 모든 입법행위는 경제적 효과를 가져오며, 따라서 입법을 하기 전에 경제적 영향평가를 해야 한다. 그러나 복수노조 허용과 전임자 급여지급 금지의 제도변화가 대외경제, 실물경제, 물가, 일자리창출, 실업 등에 미치는 영향평가를 분석한 연구는 거의 없다.

년 말까지 다시 유예조치가 내려지지 않는 한 내년도부터는 노조전임자에 대한 급여지급은 전면적으로 금지된다. 이렇게 될 경우 중소사업장 중심의 단위노조가 주류를 이루고 있는 한국노총의 조직이 위기를 맞기 때문에 한국노총은 노조전임자에 대한 급여지급금지를 총파업으로 저지하려고 한다. 이에 대하여 경영계측은 노조전임자의 급여지급금지를 관철시키려 하고 있다. 정부도 노조전임자에 대한 급여지급은 불합리한 노사관행으로서 법과 원칙에 따라 금지되어야 한다는 원칙론을 되풀이하고 있다. 따라서 이해관계 당사자 사이는 물론 정부의 입장 차이가 커서 합의가 될 가능성은 적고, 갈등만 깊어질 가능성이 많다. 그런데 지금까지 논의를 보면 법적용이 유예될 때마다 개정논의가 반복적으로 진행되어 왔고, 노사간의 입장 차이도 분명하게 대립하며, 외국의 입법례도 상당수 연구가 축적되어 왔기 때문에 사실상 입법자의 결단만이 남아 있을 정도이다. 그럼에도 노동입법이 노사의 타협의 산물이 아니라, 큰 틀에서의 노동시장의 질서체계를 규율하는 것이어야 한다면 노조전임자의 급여지급이 법리적으로 타당한지를 검토하여 볼 필요가 있다.

2) 2010년 1월 1일 이후의 법적 상황

2009년 말 상황에서 복수노조 허용과 노조전임자 급여지급금지에 대한 개정법률이 만들어지지 않는 한, 앞에서 말한 바와 같은 내용의 법률이 적용된다. 즉, 사업장 단위에서도 복수노조가 허용되고, 사용자는 2인 이상의 조합원으로 구성된 모든 노동조합과 교섭하여야 하며, 노조전임자에 대한 급여지급이 전면적으로 금지된다. 노사관계 당사자에게는 매우 긴박한 상황이었다. 그리하여 노사정이 합의를 시도하고, 이를 토대로 여당이 일부를 수정하여 드디어 2010년 1월 1일 전격적으로 법안을 통과시켰다. 그 결과 기업단위에서 복수노조와 관련해서는 2011년 6월 30일까지는 여전히 복수노조가 금지된다.(부칙 제7조) 2011년 7월 1일부터는 기업단위 복수노조가 허용되며, 이때부터는 교섭창구단일화 절차에 따라 교섭대표노동조합이 단체교섭을 하게 된다. 따라서 엄밀히 보면 기업단위 복수노조는 2010년 1월 1일부터 1년 6개월 동안 다시 유예된 결과가 된다. 다만 종전의 유예조치는 유예기간이 경과하는 2010년 1월 1일 이후에 노동부장관이 교섭창구단일화를 강구하도록 하는 막연한 규정[3]을 두고 있었던 반면에, 2010년 1월 1일 개정법은 2011년 7월 1일부터 적용될 교섭대표제와 교섭창구단일화에 대해 비교적 상세한 규정을 두고 있다는 점이 다르다, 따라서 2011년 6월 30일이 경과하여도 별도의 입법적 논의[4] 없이 교섭대표제가 시행될 예정이다.

다른 한편으로 노조전임자의 급여지급과 관련해서는 2010년 6월 30

3 일부에서는 구 부칙 제5조 3항이 교섭창구단일화를 노동부장관에게 위임을 한 것이므로 노조법 시행령으로 교섭창구단일화를 할 수 있는 것으로 보았다. 그러나 구 부칙 제5조 3항은 교섭창구단일화 입법의 위임규정이라기 보다는 노동부장관이 교섭창구단일화를 '강구'하여야 한다고 규정한 점에서 노동부장관을 구속하지도 않는, 정신 내지 훈시규정으로 보아야 한다. 또한 교섭창구단일화는 필연적으로 소수노조의 단체교섭권을 침해하는, '침해의 직접성'의 문제가 제기되므로 입법자는 이 문제를 스스로 결단하여 위헌성 판단을 받아야 하는 것이며, 이를 시행령으로 위임할 수 없다. 또한 교섭창구단일화 입법에서는 교섭대표의 선출과 공정교섭대표의무 부과, 교섭단위의 결정 등 매우 복잡하고 정교한 법률이 필요한데, 이 규정들 가운데는 소수노조와 그 조합원의 기본권과 권리 침해를 수반하는 조항이 있을 수 있다. 따라서 이러한 기본권과 권리 제한 문제를 행정기관에게 위임하는 것은 위임입법의 한계를 일탈하는 것이다. 그러나 2010년 1월 1일의 법률개정으로 이 부칙 5조 규정이 삭제됨으로써, 그리고 시행령 보다는 법률로 교섭창구단일화를 정하고 있기 때문에 시행령에 의한 교섭창구단일화의 문제는 더 이상 논란의 여지가 없다. 그렇지만 법률에 의한 교섭창구단일화가 위헌의 소지가 있는지는 별개의 문제이다.

4 물론 2010년 1월 1일의 개정법이 완전한 것은 아니기 때문에 이 개정법 자체의 개정은 여전히 열려 있는 상태이다.

일까지는 노동조합법 제24조 제2항과 제81조 제4호 규정은 2010년 6월 30일까지는 적용되지 아니한다. 따라서 그 때까지는 전임자에게 전임기간 동안 급여를 지급할 수 있으며, 사용자가 전임자에게 급여지원을 하더라도 부당노동행위가 되지 않는다. 따라서 2010년 1월 1일의 개정법은 전임자 급여지급 금지규정의 효력을 다시 6개월 동안 유예하였다. 그러나 종전에는 전임자 급여지급금지 규정의 효력발생일만을 한시적으로 연장하거나 유예하였던 반면에, 이번 개정법은 6개월의 유예기간이 경과하면 또 다시 전임자 급여지급금지 규정의 유예를 거론할 필요 없이 2010년 7월 1일부터는 새로운 제도인 이른바 '타임오프제도'가 실시된다. 더불어 근로자가 근로시간 중에 제24조 제4항에 따른 활동을 하고 그에 대해 급여를 지급하더라도 부당노동행위가 성립되지 않는다.(노동조합법 제81조 제4호 단서)

3) 2010년 1월 1일 이후의 현행법 내용

(1) 복수노조 허용과 교섭창구 단일화

2010년 1월 1일부터 변경된 법률의 주요 내용을 시기별로 보면 다음과 같다.

먼저 2010년 1월 1일부터 2010년 6월 30일까지의 기간이다. 이 기간 동안은 2010년 이전까지의 입법상황처럼 기업단위에서는 복수노조가 여전히 금지된다. 그리고 전임자의 급여지급은 여전히 허용된다. 이로써 종전의 법률상태가 지속됨으로써 개정법은 일단 종전법률을 다시 한 번 유예하였다는 비판에서 자유롭지 못하다.

2010년 7월 1일부터 2011년 6월 30일까지의 기간이다. 이 기간 동안 기업단위 복수노조는 여전히 금지된다. 노조전임자에 대한 급여지급은 전면적으로 금지된다. 그러나 새로운 형태의 이른바 '타임오프제도'가 실시된다.(노조법 제24조 4항, 제24조의2). 이 제도는 근로시간 면제제도로서 이 시간동안은 사용자에게 노동력을 제공하지 않아도 채무불이행책임을 부담하지 않으며, 오히려 임금감액 없이 법률로 정해진 활동을 할 수 있다. 즉, 단체협약으로 정하거나 사용자가 동의하는 경우에는 사업 또는 사업장별로 조합원 수를 고려하여 노조법 제24조의2에 따라 근로시간면제 한도를 정하기 위하여 설치된 근로시간면제심의위원회가 심의·의결한 근로시간면제 한도를 초과하지 아니하는 범위에서 근로자는 급여의 손실 없이 사용자와의 협의·교섭, 고충처리, 산업안전활동 등의 업무와 건전한 노사관계 발전을 위한 노동조합의 유지·관리업무를 할 수 있다.(동법 제24조 제4항) 근로자가 근로시간 중에 이 규정에 따른 활동을 하고 그에 대해 급여를 지급하더라도 부당노동행위가 성립되지 않는다.(노동조합법 제81조 제4호 단서) 물론 노동조합은 법률에서 정한 타임오프제도를 위반하거나 노조전임자에 대한 급여지급금지 규정을 위반하는 급여지급을 요구하고 이를 관철할 목적으로 쟁의행위를 하여서는 안된다.(동법 제24조 제5항) 이 규정에 위반하는 자는 1천만 원 이하의 벌금형에 처한다.(노동조합법 제92조)

세 번째의 기간은 2011년 7월 1일 이후이다. 이때부터는 기업단위에서도 복수노조가 허용되며, 교섭창구단일화에 의해서 교섭대표제가 실시된다. 개정법은 종전 법과 달리, 그리고 시행령으로 교섭창구단일화를 달성하려는 것과 달리 법률에 명시적으로 교섭창구단일화를 규정하고 있다.

즉, 개정법에 따르면 먼저 '하나의 사업 또는 사업장에서 조직형태에 관계없이 근로자가 설립하거나 가입한 노동조합이 2개 이상인 경우 노동조합은 교섭대표노동조합(2개 이상의 노동조합조합원을 구성원으로 하는 교섭대표기구를 포함한다. 이하 같다)을 정하여 교섭을 요구하여야 한다.' 이 규정에 따라서 현행법은 노동조합이 복수로 존재하는 경우 자율적으로 교섭대표노동조합을 정하도록 하고 있다. 그리하여 교섭대표노동조합 결정 절차(교섭창구 단일화 절차)에 참여한 모든 노동조합은 대통령령으로 정한 기한 내에 자율적으로 교섭대표 노동조합을 정하여야 한다. 다만, 교섭대표노동조합을 자율적으로 결정하는 기한 내에 사용자가 앞서 언급한 자율적인 교섭창구단일화 절차를 거치지 아니하기로 동의한 경우는 교섭대표노동조합을 정하지 않고, 각 노동조합과 개별교섭을 해야 할 것이다. 그러나 자율적 교섭대표노동조합을 정하기로 한 기한 내에 교섭대표노동조합을 정하지 못하고, 자율적인 교섭창구단일화 절차를 거치지 않는데 대해서 사용자의 동의를 얻지 못하는 경우에는 교섭창구단일화 절차에 참여한 노동조합의 전체 조합원 과반수로 조직된 노동조합(2개 이상의 노동조합이 위임 또는 연합 등의 방법으로 교섭창구단일화 절차에 참여한 노동조합 전체 조합원의 과반수가 되는 경우를 포함한다)이 교섭대표노동조합이 된다. 이러한 구조 하에서는 교섭대표노동조합의 선출을 위한 투표나 선거를 거치지 않아도 노동조합의 전체 조합원 과반수로 조직된 노동조합이 교섭대표가 될 가능성이 크다. 그러나 이와 같이 조합원 과반수를 대표하는 노동조합도 없고, 자율적으로 교섭대표노동조합도 선출하지 못하는 경우에는 교섭창구단일화 절차에 참여한 모든 노동조합이 공동으로 교섭대표단을 구성하여 교섭하여야 한다. 이 때 공동교섭대표단에 참여할 수 있는 노동조합은 그 조합원 수가 교섭창구 단일화 절차에 참여한 노동조합의 전체 조합원 100분의 10 이상인 노동조합으로 한다.(노동조합법 제29조의2제4항) 이 구조는 교섭창구단일화에 참여한 노동조합이 공동교섭대표단에 전체적으로 참여하기 때문에 모든 노동조합에게 교섭의 기회를 보장하는 비례대표제와 유사하며, 다만 공동교섭대표단의 참가자격에 제한을 두기 때문에 일종의 제한적 비례대표제라고 할 수 있다. 그러한 점에서 현행 제도는 비례대표제가 안고 있는 본질적인 문제, 즉 공동의 교섭방식으로는 단체협약을 성사시킬 가능성이 적고, 시간이 오래 걸린다는 문제를 안고 있다. 물론 공동교섭대표단은 교섭창구단일화 절차에 참여한 노동조합의 전체 조합원 100분의 10 이상인 노동조합들의 자율적인 합의에 의하여 구성하지만, 합의하지 못하는 경우 노동위원회가 해당 노동조합의 신청에 따라 조합원 비율을 고려하여 결정한다. 이렇게 하여 현행법은 노동조합이 자율적으로 교섭대표노동조합을 결정하도록 하는 것을 원칙으로 하고, 이것이 이루어지지 않으면 조합원 과반수 노조가 자동적으로 교섭대표노동조합이 되도록 하며, 과반수노동조합이 없으면 교섭창구단일화 참여 자격에 제한을 두는 제한적인 합의제 공동교섭대표단을 이루도록 하고, 합의가 이루어지지 않는 경우 당사자 신청으로 노동위원회가 공동교섭대표단을 결정하는 구조를 갖게 되었다. 이러한 제도는 완전한 배타적 교섭대표제도 아니고, 완전한 비례대표제도 아니며, 자율적 교섭제도도 아닌, 우리나라에만 독특한 혼합적인 교섭제도로서 앞으로 운영상의 여러 가지 문제가 제기될 것으로 보인다.

물론 지금까지 언급한 규정으로써 교섭창구단일화가 마무리되는 것은 아니다. 특히 노동조합법 제29조의2제8항은 노동조합의 교섭요구·참여 방법, 교섭대표노동조합 결정을 위한 조합원 수 산정 기준 등 교섭창구단일화 절차와 교섭비용증가 방지 등에 관하여 필요한 사항은 대통령령으로 정하도록 하고 있다. 이 규정은 기업단위 복수노조 허용과 교섭창구단일화 시대에 발생할 수 있는 문제에 대비하여 포괄적으로 시행령으로 정할 수 있도록 위임입법을 한 것으로 보인다. 그러나 그 점 때문에 문제가 없는 것은 아니다. 특히 예를 들어 공동교섭대표단을 구성해도 교섭이 장기화되어 교섭비용이 증가하거나, 군소노조가 난립하여 교섭대표노동조합을 정하기도 어렵고, 공동교섭대표단을 구성하기도 어려워 교섭비용이 증가한다면 이를 방지하기 위한 조처로서 시행령으로 노조설립 자격 제한, 교섭자격 제한, 교섭강제 등을 한다는 것은 포괄위임입법 금지에 저촉될 뿐만 아니라, 교섭비용 증가 방지를 명목으로 근로3권 침해 가능성이 있어 위헌의 소지도 있다. 따라서 시행령으로 위임되는 사항은 그 목적과 대상을 명시하여 위헌의 소지가 없도록 하여야 할 것이다.

(2) 교섭단위

노동조합법 제29조의3제1항은 교섭대표노동조합을 정하여야 하는 단위(교섭단위)로서 '하나의 사업 또는 사업장'을 들고 있다. 그리하여 현행법은 '사업장 단위' 교섭창구단일화 제도를 채택하고 있는 셈이다. 물론 이 원칙에도 예외는 있다. 교섭단위가 사업장 단위라고 하여도 하나의 사업 또는 사업장에서 현격한 근로조건의 차이, 고용형태, 교섭관행 등을 고려하여 교섭단위를 분리할 필요가 있다고 인정되는 경우에 노동위원회는 노동관계 당사자의 양쪽 또는 어느 한 쪽의 신청이 있는 경우 교섭단위를 분리하는 결정을 할 수 있다. 물론 사업장 단위 내에서도 조직대상이 다른 경우와 같이 동일하지 않은 업종이나 비정규직과 같이 고용형태가 다를 수 있다는 점에서 교섭을 달리 할 필요성은 인정된다. 그러나 교섭단위 분리가 현격한 근로조건의 차이라든가, 고용형태나 교섭관행 등을 고려하여 허용되는 한, 교섭대표 노동조합이 되지 못한 노동조합이나, 교섭구조에 들어가기를 원하지 않은 노동조합은 교섭단위 분리신청을 하여 사실상 교섭창구단일화 붕괴될 소지를 여전히 남겨 두고 있다. 따라서 교섭단위 분리 신청과 노동위원회의 결정 기준과 절차 등을 위임받아 시행령으로 정할 때(노동조합법 제29조의3제4항)는 보다 교섭단위 분리 제도의 취지를 고려하여 엄격한 기준을 제시하여야 할 것이다.

(3) 공정대표 의무 등

위와 같은 절차를 통해 교섭창구단일화 조치에 의해서 교섭대표 노동조합이 된 경우 이 교섭대표 노동조합은 사용자와 함께 교섭창구 단일화 절차에 참여한 노동조합 또는 그 조합원 간에 합리적 이유 없이 차별을 하여서는 안된다.(노조법 제29조의4). 이 규정에 반하여 교섭대표노동조합이나 사용자로부터 차별을 받은 노동조합은 그 행위가 있은 날(단체협약의 일부 또는 전부가 차별을 하는 경우는 단체협약 체결일을 말한다)부터 3개월 이내에 대통령령으로 정하는 방법과 절차에 따라 노동위원회에 그 시정을 요청할 수 있고(노동조합법 제29조의4제2항), 이 경우 노동위원회는 합리적 이유 없는 차별이 있다고 인정한 때에는 시정명령을 내릴 수 있다. 이 시정명령에 위반하는 자는 3년 이하의 징역 또는 3천만 원 이하의 벌금에 처한다. 따라서 교섭대표노동조합이 다른 소수노조를 합리적 이유 없이 차별하고, 이에 대한 시정명령을 이행하지 않는 경우는 위와 같은 형사적 제재를 받는다는 것은 교섭대표노동조합이 공정대표의무를 위반하여 다른 소수노조의 교섭권을 침해하는 차별행위에 대해 제재를 하는 것이라는 점에서 노동조합의 노동조합에 대한 부당노동행위를 규제하는 것이라고 볼 수 있다. 이는 노동조합의 차별행위 또는 차별시도를 규제하는 미국의 노동관계법 제8조 b항 (1)(B)와 유사하다고 할 수 있다.

이와 같은 내용을 표로 정리하면 다음과 같다.

시기	적용법규의 내용
2010. 1. 1 ~ 2010. 6.30	- 기업단위 복수노조 금지 - 전임자 급여지급 허용
2010. 7. 1 ~ 2011. 6. 30	- 기업단위 복수노조 금지 - 전임자 급여지급금지, 타임오프제 실시
2011. 7. 1 ~	- 기업단위 복수노조 허용, 교섭창구단일화(자율적 교섭창구 단일화 → 조합원 과반수 노조 교섭대표제 → 제한적 합의제 공동교섭대표단 → 노동위원회가 공동교섭대표단 결정), 하나의 사업 또는 사업장을 교섭단위로 함. 공정대표의무 부과. 교섭대표노동조합의 노동조합에 대한 차별행위 규제. - 전임자 급여지급금지, 타임오프제 실시

2. 기업단위 복수노조 허용의 법이론적 토대와 정당성

현행법이 위와 같이 개정되었다고 하여 모든 문제가 해결된 것은 아니다. 무엇보다 사업장 단위에서의 복수노조가 2011년 7월 이후에는 그 실시가 예정되어 있다고 하여도, 그 동안의 복수노조 유예조치가 정당한가 하는 문제가 여전히 남아 있기 때문이다.

1) 기업단위 복수노조 금지의 역사

현재의 입법상황에서 초기업 단위에서의 복수노조는 허용하되, 기업단위에서의 복수노조는 노동조합법 부칙 제7조에 의해서 여전히 금지된다. 즉, 하나의 사업 또는 사업장에 노동조합이 조직되어 있는 경우 2011년 6월 30일까지는 그 노동조합과 조직대상을 같이 하는 새로운 노동조합을 설립할 수 없다. 따라서 이 유예규정이 관련 당사자의 기본권을 침해하여 위헌적인 것인지를 먼저 살펴보아야 할 것이다.

먼저 복수노조 관련 입법사를 보면 1963년 개정된 구 노조법 제3조 단서 5호는 "조직이 기존노동조합의 정상적인 운영하는 것을 방해하는 것을 목적으로 하는 경우" 노조의 소극적 요건에 해당한다고 하여 노조로서의 지위를 인정하지 않았다. 1987년도 개정 노조법은 이를 확대하여 '조직이 기존노동조합과 조직대상을 같이 하거나 그 노동조합의 정상적 운영을 방해하는 것을 목적으로 하는 경우'로 규정하여 조직대상이 같은 경우도 노조로서의 지위를 인정하지 않았다. 그러나 1997년도 개정 노조법 제2조 4호는 조직대상을 같이 하는 복수노조 설립 제한 규정을 삭제하면서, 부칙 제5조로 사업 또는 사업장 단위에서는 여전히 복수노조의 설립을 금지하는 것으로 하여, 2001년도, 2006년도에 각각 사업장 단위 복수노조 설립을 여전히 금지하는 유예입법을 하여 초기업 단위에서는 복수노조 설립을 허용하면서 근 13년간 사업장 단위에서는 복수노조 설립을 여전히 금지하고 있었다. 2010년 1월 1일 개정법은 2011년 7월 이후에 사업장

단위 복수노조를 허용하고 있지만, 그 때까지는 여전히 복수노조가 금지된다.

2) 복수노조 금지의 목적

초기업 단위, 기업단위를 막론하고 복수노조를 금지한 1963년도 노조법은 한국노총의 조직분열로 인하여 발생한 혼란을 제거하고 단일노조를 육성함으로써 노조의 조직 체제를 산별로 전환하여 노동운동에 대한 통제를 용이하게 하기 위한 것이었다. 말하자면 복수노조 금지는 경쟁적 노조의 출현을 제어하여 노동운동을 용이하게 통제하고자 하는 군사정부의 정치적 목적으로부터 출발하는 것이었다. 이와 유사하게 1987년도 개정입법도 당시에 한국노총과는 별도로 전개되었던 노동자대투쟁과 그 조직화에 대한 경계심이 작용하여 조직대상이 같은 경우로까지 기업단위 복수노조 금지규정이 확대되었다. 따라서 1987년도까지 복수노조 금지는 한국노총의 독점적 지위인정과 그로 인한 노동통제와 노동정책을 펴기가 용이하다는 정치적 동기가 주된 것이었다. 그러나 1997년도 개정 노동법에서는 이미 탄생한 제2의 전국상급단체조직으로서 민주노총이 합세하여 복수노조 금지조항을 그대로 둘 것인가에 대해 격론이 벌어지면서, 복수노조 인정 논란이 과거 정부의 노동정책과 한국노총의 독점적인 지위향유를 넘어 노사관계 당사자의 직접적인 이해관계의 문제로, 그리고 이것이 제2노조의 단결권을 침해한다는 법리적인 문제로 그 차원이 변모하였다. 1997년도 입법 당시 복수노조 금지조항의 존치와 폐지에 대해 찬반양론이 분분하였지만, 한국노총과 민주노총은 약간의 이견에도 원칙적으로 복수노조의 허용에 대해 전면적으로 동의하였으며, 경영계는 기업단위 복수노조가 인정된다면 노조간 선의의 경쟁을 하는 것이 아니라, 주도권을 위한 과열경쟁으로 노노간의 갈등이 커진다는 점, 선명성을 앞세워 과격한 노동운동이 초래되어 노사관계가 혼란스러워질 것이라는 점, 사용자가 어용노조를 지원하거나 만들어 기존노조의 무력화를 시도할 것이라는 점, 단체교섭구조가 복잡하게 된다는 점 등을 고려하여 기업단위 복수노조의 허용에 대해서 반대하였다. 무엇보다 기업단위 복수노조가 허용되면 노조의 난립으로 교섭이 혼란스러워지고 노사관계가 불안정하게 될 것을 우려하였다. 이러한 대립되는 당사자의 의견 속에 1997년 3월의 개정 노동법은 오늘날과 같이 부칙으로 유예론을 채택하였다. 이러한 유예론에 대하여 노동계 일각에서는 결사의 자유의 기본정신에 어긋난다는 의견도 있었고, 경영계는 명확한 반대의사는 없었지만, 기업단위 복수노조가 허용될 것에 대비하여 관련제도의 정비를 촉구하였다. 이후 한시적으로 유예조치를 해오던 가운데 2001년 2월 9일에는 복수노조의 허용 여부, 교섭창구 단일화방안에 관한 노사정의 합의가 이루어지지 아니한 채 노사정위원회에서 노사정의 합의로 5년간 더 복수노조를 금지하기로 하였다. 5년이 경과한 2006년도에는 노총과 경총의 타협으로 다시 2009년 말까지 복수노조의 허용을 유예하는 것으로 하였다. 그리고 2010년 1월 1일 전격적으로 법안을 통과시켜 오늘에 이르고 있다.

이상에서 본 바와 같이 복수노조 금지가 단결권을 침해한다는 점에도 불구하고 오랜 기간 동안 기업단위 복수노조가 금지되어 온 이유는 이에 대한 노사정의 이해관계의 일치, 즉 사용자나 정부는 단일한 노조만을 상대로 하여 복수노조 하에서보다 비교적 안정적인 노사관계를 형성할 수 있다는 점, 기존 노조의 입장에서는 경쟁조합의 도전 없이 교섭관련 독점권을 누릴 수 있다는 점에서 기업단위 복수노조 금지의 유예론이 지금까지도 관철되어 오고 있다. 이후 기업단위 복수노조 허용 문제는 노조전임자 급여지급 금지의 유예와 빅딜되었는 바, 중소사업장 중심의 노조조직이 핵심을 이루는 한국노총의 경우는 전임자 급여지급 금지를 유예하는 것이 조직의 명운을 가르는 것이 되어 전임자 급여지급 금지가 유예되는 한 복수노조 허용을 유예하지 않을 수밖에 없는 상황에 처하게 되었다.

이상과 같이 기업단위 복수노조 허용이 유예되어 온 것은 법원리적 타당성과는 별개로 노사정의 절묘한 정치적 타협의 산물이라고 할 수 있다. 특히 대법원도 복수노조 금지의 이유는 예상되는 노조 상호간의 파벌싸움과 과열경쟁으로 인한 단결력의 약화, 단체교섭의 어려움과 단체협약 적용의 복잡성, 그리고 사용자 측에 의한 어용노조 설립 등을 방지하고자 하는 것이라고 보고 있다.[5]

3) 기업단위 복수노조 금지의 위헌성

(1) 국제규범

ILO는 일관되게 법률에 의해 복수노조의 설립을 금지하는 것은 근로자의 자유로운 조직선택권을 침해하여 결사의 자유 원칙에 반한다는 입장을 취하고 있다.[6] 따라서 현행 복수노조 설립금지제도는 2011년 7월 1일부터 복수노조 허용이 예정되어 있더라도 국제노동기준에도 부합하지 않는다.

(2) 비교법

비교법이 기업단위 복수노조 금지 위헌성 판단에 규준이 되는 것은 아니다. 다만, 참고자료에 지나지 않는다. 그러나 위헌성 판단에 어느 정도의 확신을 주는 간접자료의 기능을 한다.

미국, 일본, 독일, 프랑스, 이태리, 영국은 초기업이든 기업단위든 노조설립자유주의를 취한다. 따라서 초기업 단위나 기업단위에 복수노조 설립을 제한하는 법률규정을 두고 있지 않다. 다만, 교섭상의 혼란과 교섭의 장기화로 인한 교섭비용의 증가, 노노간의 갈등의 발생 등을 예방하기 위하여 교섭창구를 단일화하거나 자율교섭제도를 시행하거나 공동교섭제를 시행한다. 그리고 우리가 예상하는 기업단위 복수노조의 허용이 가져오는 혼란을 방지하기 위하여 노조인준제도(Recognition), 일정 수의 조합원 이상에게만 노조설립을 인정하는 제도, 교섭권의 제한제도(일정비율의 조합원을 가진 노조에게는 단결권은 보장하면서도 단체교섭권에 제한을 가하는 경우)를 가미하는 경우가 있지만, 복수노조 자체를 금지하는 국가는 브라질과 아르헨티나를 제외하고는 없다. 말하자면 복수노조 자체는 허용하되 그 부작용을 피하기 위하여 다른 후속적인 제도로 이를 보완하는 방책을 취하는 것이 선진국의 경향이고, 기업단위 복수노조의 부작용이 우려된다고 하여 복수노조 자체를 금지하는 국가는 극히 예외적인 경우에 해당한다.

5 대판 193.5.25, 선고 92누14007 판결.

6 Freedom of association, Digest of decisions and principles of the Freedom of Association Committee of the Governing Body of the ILO, Geneva, 1996, paras. 271-299.

(3) 기업단위 복수노조와 경쟁

기존 노조가 복수노조 허용을 우려하는 이유 중의 하나는 독점적 지위를 포기하여야 한다는 것이다. 복수노조 금지의 역사에서 보는 바와 같이 노동계가 복수노조 허용을 유예한 이유 중의 하나는 기존 노조가 복수노조 금지제도로부터 노조의 독점적 체제의 유지라는 이익을 즐기고 있었다는 점이다. 그러나 노조는 다른 노조와 근로조건 형성과 조직을 위해서 체제경쟁을 해야 한다. 근로3권을 보장하는 헌법 제33조는 소수노조도 또한 본질적인 보호영역으로 끌어들인다. 헌법 제33조로부터 이들이 협약을 체결할 수 있는 능력이 경쟁 앞에서 다른 독점적인 지위를 누리는 노조를 위하여 제한되어서는 안된다. 복수노조를 금지함으로써 기업단위 내지 사업장단위에 독점 노조의 단일단체협약이나 엄격하게 특정 단일 노조에게 유일단체교섭관할권을 부여하는 것은 이들 혜택을 받는 노조를 경쟁 앞에 보호하는 것으로서 이는 헌법 제33조에 반하는 것이다.

노동조합은 국가로부터 자유로워야 한다는 것이 역사이며, 이것이 자유권적 기본권으로서의 단결권의 본질과 속성에 속한다. 이 규정으로부터 국가와 노동조합은 서로 연계되거나 융섭되어서는 안된다. 오히려 단결체들이 자유경쟁적으로 활동하는 것도 이 단결권의 속성에 속하는 것이다. 또한 단결권은 일정한 결과가 발생하는 것에 대한 노조의 권리를 부여하는 것은 아니다. 그러므로 노조를 위한 국가의 존립유지의무의 의미에서 국가의 보호 의무는 존재하지 않는다. 만일 국가가 단결체로서 노조가 향유하는 근로3권을 적극적으로 보호해야 한다는 의미에서의 기본권의 보호 의무를 부담한다면 국가는 기존 독점노조의 단결권 보호라는 기본권 보호 의무를 부담하면서 – 기존 독점노조의 단결강제처럼 – 동시에 소수노조의 기본권도 보호해야 한다는 모순에 빠지게 된다. 국가가 단결권이 침해되는 소수노조의 기본권 보호의무가 있다면 국가는 소수노조를 보호하는 입법을 반드시 단행하여야 할 것이다.(과소보호금지의 원칙: Untermassverbot)

(4) 국가의 중립성 의무

근로3권은 헌법재판소에 따르면 사회권적 성격을 갖는 자유권에 속한다. 그것이 자유권의 속성을 갖고 있는 한, 단결체의 결성과 활동 및 가입부터 단체행동을 거쳐 단체협약의 체결까지 일련의 과정은 국가로부터 자유롭게 협약자율의 원칙에 따라 진행된다. 협약자율은 일종의 집단적 사적 자치로서 국가는 노사관계 당사자들이 자율적으로 문제를 해결하도록 하고 중립적인 의무를 부담한다. 말하자면 복수의 단결체에 대한 국가의 중립의무는 헌법 제33조의 노동3권보장의 직접적인 효과로서 도출된다. 물론 이 때 단결권의 주체는 개개 근로자뿐만 아니라, 단결체로서 노조 자체도 포함한다. 이 노조가 단결체로서 자유권인 집단적 단결권을 갖는다면 국가는 그의 활동, 결성, 가입, 존속 등에 대해선 개입해서는 안된다.

(5) 비례성의 원칙

노조자유설립주의를 취하면서도 기업단위 복수노조의 설립을 금지·제한하는 조치들은 결국 노조의 단결권이나 단체교섭권을 침해하기 때문에 침해의 정당화 사유가 존재하여야 한다. 무엇보다 헌법상의 과잉침해금지나 비례성의 원칙 범위에서 노조의 단결권 침해가 용인되거나 헌법 제37조의 의미에서 공공복리를 위한 것으로서 노조 단결권의 본질적 내용을 침해해서는 안된다. 먼저 노조법 부칙 제5조의 입법행위에 의해서 나타나는 것은 제2노조가 설립될 여지가 봉쇄되면서 제2노조를 설립하고자 하는 근로자들의 노조를 설립할 권리, 단결체를 선택할 권리, 단결체의 소속을 변경할 권리, 단결체의 활동에 참가할 권리 등 근로자들의 개별적 단결권이 침해되고 있다. 또한 새로이 등장할 단결체인 제2노조 자체의 존립에 관한 집단적 단결권과 단결활동의 자유도 침해되고 있다. 그런데 이러한 단결권의 침해를 정당화할 수 있는 사유로서 공공공복리가 단결권의 제한으로부터 근로자가 입게 되는 불이익보다 크면 기업단위 복수노조금지가 정당화될 수도 있지만, 대 사용자관계와 독점적 지위를 갖는 노조와 새로이 등장하게 될 제2노조의 관계에서는 공공복리가 들어설 여지가 없으며, 이들 관계로부터 노조의 교섭상의 혼란이 예상되어 공공복리가 어느 정도 침해되는 단결권보다 우선시 되어야 하는지는 당장의 함수관계를 예상할 수 없다.

다른 한편에서 1997년 기업단위 복수노조 허용을 최초로 2001년 12월 31일까지 5년간 유예한 이유는 기업단위에서 복수노조를 당장에 실시하면 단체교섭상의 혼란과 노노간의 갈등 등이 예상되므로 교섭창구의 단일화를 위한 방법과 절차 등 필요한 사항이 강구될 때까지 한시적으로 이를 금지하려는 것이었다. 그러나 2001년과 2006년, 그리고 2010년 개정법에 의해서 2011년 6월 말까지 다시 유예조치를 하여 14년 6개월간 한시적으로 복수노조 허용이 유예된 것이 아니라, 사실상 복수노조가 지속적으로 금지되고 있는 실정이다. 이렇게 지속적으로 복수노조가 금지되기 위해서는 헌법적으로 별도의 정당화 사유가 있어야 한다.

① 목적의 정당성

현행 노조법 부칙 제7조가 합헌이 되기 위해서는 먼저 비례성의 원칙에 따라 기업단위에서 복수노조 허용을 유예 조치하는 목적이 정당하여야 한다. 유예조치의 목적은 복수노조를 허용하면 노노간의 파벌싸움과 과열경쟁으로 인한 단결력의 약화, 단체협약 적용의 복잡성, 사용자 측에 의한 제2의 어용노조 설립을 방지하고자 하는 것이었다. 그러나 이러한 생각은 예단에 지나지 않는다. 단결권과 단체교섭권에 가장 충실하게 자율적 교섭구조를 택하고 있는 일본에서는 86% 이상의 사업장에서 1사1노조가 자리 잡고 있으며, 나머지 14% 정도에서만 과거 이념을 지향했던 소수노조만이 복수노조의 형태로 명맥을 유지하고 있다. 복수노조를 허용한다고 하여도 실제로 우려 했던 상황이 경험적으로 나타날지는 미리 예측하기 어려우며, 일부 견해도 자율교섭제도를 택한다고 하여도 노조의 조직률이 낮고 노사관계가 어느 정도 안정기에 접어든 이 시기에 복수노조의 난립을 기우로 보고 있음을 고려할 때 제2노조의 단결권 자체를 봉쇄하는 현행 노조법 부칙 제7조는 목적의 정당성을 상실하였다. 만일 복수노조가 난립하여 노조의 단결력의 약화가 우려된다면 노조 스스로가 이에 대응하여야 하며, 제2노조의 설립을 원천적으로 봉쇄하여서는 안 된다.

물론 현행법은 2011년 6월말까지 사업장 단위 복수노조를 금지하고, 그 이후에 교섭창구단일화를 전제로 복수노조를 허용한다. 따라서 복수노조 허용이 법률로 예정되어 있기 때문에 현재 복수노조를 금지하여도 위헌은 아니라고 할 수도 있다. 그러나 그러한 입법에 의해서 장래에 복수노조가 허용되어 단결과 단체교섭이 가능한 것이 문제가 아니라, 오랜 기간 동안 근로3권이 봉쇄되어 온 현재의 입법상황이 문제가 되는 것이다. 현재의 입법상황에서 단결권과 단체교섭권의 제약을 받는 근로자들은 2011년 7월 이후에 제2노조 설립을 보장받는다는 것이 중요한 것이 아니라,

여전한 유예입법에 의해서 근로3권 침해가 지속되어 오고 있다는 것이 문제이다. 따라서 유예조치에 목적의 정당성을 인정하기는 어려울 것이다.

② 수단과 방법의 적절성

복수노조 금지가 제2노조를 설립하고자 하는 근로자의 단결권을 침해해도 되기 위해서는 비례성 원칙의 두 번째 요건인 침해의 수단이 적절하여야 한다. 그런데 복수노조 금지조치의 목적이 복수노조를 곧바로 허용하게 되는 경우 야기되는 혼란을 방지하고 대비책을 마련하기 위한 준비기간이 필요하다는 현실적인 이유에서 일정한 기간 동안 복수노조의 설립을 유예한 것이라면 제2노조를 원하는 자들의 단결의 기본권을 직접적으로 침해하여 금지하는 방법 보다는 복수노조를 허용하되 그 부작용을 최소화하는 적절한 수단을 강구하여야 할 것이다. 2009년도 적용되던 구 노조법 부칙 제5조 3항이 복수노조를 유예하면서도 교섭창구단일화를 입법으로 명한 것은 복수노조는 원칙적으로 허용하여야 하되, 일시적으로 시행하는데서 오는 혼란을 방지하기 위하여 교섭창구의 단일화와 같은 조치를 강구할 것을 규정함으로써 복수노조의 허용으로 인한 혼란은 복수노조 자체의 금지가 아니라, 복수노조를 허용하되 교섭창구를 단일화하는 수단으로 부작용을 최소화하는 적절한 수단과 방법을 찾을 것을 확인하고 있는 것이었다. 그리고 2010년 개정 노동조합법 제29조의2 이하 규정도 복수노조를 허용하되 교섭창구단일화 절차를 통하여 교섭상의 혼란을 방지하기 위한 것으로서 복수노조 허용시 발생할 수 있는 부작용을 최소화하는 적절한 수단과 방법이라고 볼 수 있다. 그러나 문제는 이 규정은 2011년 7월 1일 이후의 복수노조 허용에 대비한 방책이다. 따라서 현재의 복수노조 금지 상황과 그로부터 제기되는 제2노조의 단결권의 침해를 적절한 수단과 방법으로 최소화하는 것과는 무관하다. 오히려 현재의 상황에서는 제2노조의 출현이 원칙적으로 금지되고 있기 때문에, 장래에 적용되는 법규가 현재의 근로3권 침해에 대해 부작용을 최소화하는 적절한 수단과 방법인가 하는 문제보다는 현재의 복수노조 금지가 근로3권 침해로서 위헌인가의 문제에 대한 대답을 주는 것이 아니다. 따라서 문제는 현재 금지되고 있는 복수노조 유예조치가 위헌인지를 따지는 문제이다. 그러나 복수노조 허용으로부터 오는 교섭상의 혼란을 방지하는 것은 복수노조의 금지에 의해서 달성되어야 하는 것이 아니라, 복수노조는 허용하되 교섭사의 혼란을 방지하는 입법을 하는 것이 침해의 최소성이나 수단과 방법의 적절성의 관점에서 옳은 것이다. 복수노조의 허용으로 인한 교섭상의 혼란에 대한 대비방안은 교섭창구단일화 이외에 많은 방법과 수단들이 있다. 즉, 선진국에서 실시하는 바와 같은 대표교섭노조 인준제도(Recognition), 일정 수의 조합원 이상에게만 노조설립을 인정하는 제도, 교섭권의 제한제도(일정 비율의 조합원을 가진 노조에게는 단결권은 보장하면서도 단체교섭권에 제한을 가하는 경우) 등이 있다. 이들 제도의 특징은 모두 노조설립 자유를 보장하면서도 그 부작용을 후속적인 수단과 방법으로 예방하고 있다. 그러나 더욱 간과되어서는 안되는 것은 복수노조가 당장에 허용된다고 하여도 복수노조 당사자들이나 노사 당사자들이 자율적으로 그 부작용을 최소화할 수 있는 적절한 수단과 방법을 갖고 있다는 것이다. 즉, 노조간 자율적으로 대표교섭제도를 선택하거나 사용자와 협의하여 공동교섭을 추진하는 것은 복수노조 하에서도 당사자들이 교섭상의 혼란을 예방하는 자율적 방어수단들이다. 그러나 이러한 가능성이 당사자에게 열려있음에도 부작용의 우려 때문에 복수노조 자체를 원천적으로 봉쇄하는 것은 수단과 방법이 적절하지 못할뿐더러 노사 당사자들이 스스로 결정할 수 있는 가능성을 박탈하여 자기결정권마저 제한하는 조치들이다.

복수노조 금지가 복수노조의 난립으로 인한 교섭상의 혼란을 방지하고자 하는 것이라면 그 수단으로서 하나의 사업 또는 사업장에 조직대상을 같이 하는 노조를 설립하지 못하도록 하는 것이 적절한 것인가를 검토하여야 할 것이다. 현행 노조법 부칙 제7조가 금지하는 것은 복수노조 자체의 설립 보다는 조직대상을 같이 하는 복수노조의 설립을 금하는 것이기 때문이다. 그러나 조직대상은 기존 노조가 규약으로 일방적으로 정하는 것이다. 따라서 조직대상의 결정에 비조합원 또는 다른 조합원이 할 수 있는 것은 없다. 그럼에도 이들의 조직대상결정권이나 노조결성권 행사는 기존 노조의 선점권과 독점권으로 불가능하게 되어 있다. 이로 인하여 제2노조를 결성하려는 자는 기존노조가 일방적으로 결정한 조직대상의 동일성이나 타당성, 적절성 여부를 객관적 관점에서 판단할 수 없다. 조직대상은 원칙적으로 노동조합이 자유로이 결정할 수 있으나 현행법상 선점과 독점의 노조만이 이를 행할 수 있고 후발노조는 조직대상 결정에 대해 아무런 권한이 없이 수동적으로 기존 노조와의 비교를 할 수 밖에 없다. 비교법적으로 보면 미국이나 캐나다 등 배타적 교섭대표제를 택하는 국가에서도 교섭단위 결정에 있어서 조직대상은 결정적인 기준이 되지 못한다. 그럼에도 조직대상에 대해서도 아무런 결정권이 없는 자들의 제2노조 설립을 부정하는 것은 적절한 수단이 아니다.

③ 침해의 최소성

기업단위에서 복수노조가 당장에 허용되어 교섭상의 혼란이 우려되면 이해관계 당사자의 기본권의 침해를 최소화하는 방법을 택해야 할 것이다. 기존 노조와 새로 설립될 노조 사이의 복수노조 허용의 문제는 두 단결권 주체의 기본권 충돌의 문제이다. 따라서 이 경우는 기본권의 서열이론, 비례성의 원칙, 실질적 조화의 원칙에 따라 어느 일방의 기본권을 완전히 박탈하는 입법이 아니라, 단결권과 단체교섭권의 조정을 통해 실질적인 조화를 도모하는 것도 한 방법이다. 만일 현재의 노동조합법 부칙 제7조에 따른 – 비록 한시적이기는 하지만 – 복수노조 금지와 같이 어느 당사자의 기본권을 부정하는 입법을 택하게 되는 경우 기본권의 본질적인 내용을 침해하는 것임과 동시에 과잉침해 금지 원칙에 저촉된다. 기본권의 충돌시 해결가능한 방법이 있고, 침해를 최소화하는 수단이 있음에도 불구하고 기본권 자체를 부정하는 것은 침해의 최소성의 원칙에도 반하는 것이다. 이미 각국이 복수노조를 허용하면서도 배타적 교섭대표제, 과반수교섭대표제 등을 통하여 복수노조 사이의 단체교섭권의 조정을 시도하는 것도 단결권과 단체교섭권의 침해를 최소화하면서도 복수노조 허용으로부터 오는 교섭상의 혼란을 막기 위한 것이다. 자율적 교섭구조를 갖고 있는 일본도 모든 노조에게 제한 없이 단체교섭권을 허용하면서도 법적인 강제 없이 자율적으로 1사1노조 방식을 택하는 것이 일반적이며, 통일적인 근로조건의 확립을 위해서는 노동위원회나 법원이 사용자가 소수노조의 교섭을 거부하여도 부당노동행위 책임을 인정하지 않는 등 실무상 교섭상의 혼란을 최소화하고 있다. 따라서 복수노조 허용으로부터 오는 교섭상의 혼란은 복수노조 금지가 아닌, 복수노조를 허용하되 노조간 단체교섭권의 조정에 의해서 침해를 최소화할 수 있다. 이러한 가능성이 있음에도 불구하고 노동조합법 부칙 제7조와 같이 장래가 아닌, 현재 제2노조를 설립하려는 자의 단결권과 단체교섭권을 원천봉쇄하는 것은 비례성의 원칙 중 침해의 최소성 기준을 일탈한 것이다.

4) 복수노조 금지규정 존치론과 폐지론

이와 같이 복수노조 금지 내지 유예 조치가 위헌성의 소지가 많은데도, 여전히 일각에서는 복수노조 금지규정의 존치를 주장한다. 또한 2010년 개정법도 2011년 6월말까지 여전히 유예조치를 내리고 있다. 이들의 입장과 입법에 따르면 복수노조 금지조항이나 유예규정의 입법취지는 노동조합간의 부당경쟁을 방지하고 어용노조의 성격을 지니는 제2노조의 난립을 억제함으로써 자주적 민주적 노조를 보호하고 노조조직과 관련된 분규를 예방하는데 있으므로 복수노조의 문제는 노사자치의 기초가 되는 근로자들의 자주적, 민주적 조직의 확보라는 시각에서 이해되어야 한다는 것이다. 기존의 노조가 자주성과 민주성을 이미 확보하고 있는 한 제2, 제3노조의 결성을 인정해야 할 근거는 매우 희박하며, 복수노조를 허용하게 되면 근로자의 단결력을 저해할 뿐만 아니라, 노조의 대표성 시비를 유발하게 되어, 결국 근로자 사이의 조직분규를 가져올 우려가 있다는 것이다. 따라서 복수노조의 문제가 논의될 수 있는 실제적 요건은 기존의 노조가 자주성과 민주성을 상실하고 있는 상황, 즉 기존의 노조가 헌법 및 노조법상에 보장된 노조로서의 요건을 갖추지 못한 경우에 비로소 제기될 수 있다는 것이다. 다시 말하면 존치론은

① 복수노조의 허용은 단일교섭단위 안에 여러 개의 노조가 동시에 설립될 수 있다는 원칙의 문제가 아니라, 자주·민주적인 노조의 확립을 위한 방법의 하나에 불과하며,

② 기존의 어용노조의 규제문제와 제2노조의 허용문제는 별개의 것으로서 자주·민주적인 노조가 이미 존재하고 있다면 제2노조를 인정할

실질이 없으며, 복수노조는 기존노조가 비자주적, 비민주적일 때 요청되는 것이며,

③ 단일 교섭 단위 내에 자주·민주적인 노조가 이미 존재하고 있을 때는 제2노조를 인정하지 않는다고 해서 단결권을 침해하는 것은 아니며,

④ 기존 노조에 대한 어용성 시비가 있으면 그 노조의 결격사유와 관련, 그 존폐에 관한 사법부의 판단을 기다려야지 제2노조를 통해 문제를 해결할 것은 아니고, 기존 노조가 법원에 의해 자주성, 민주성을 인정받지 못할 때 기존노조는 노조로서의 자격을 상실하게 되고, 이 때 비로소 제2노조의 출현이 허용되는 것이며,

⑤ 복수노조를 허용하게 되면 사용자와의 교섭에서 힘이 분산되지 않을 수 없고, 노조간의 경쟁, 패권다툼, 대표성 시비 등으로 어려움에 처하게 되고,

⑥ 동종 근로자에게 2개 이상의 다른 단체협약이 적용될 때 노사 및 노노 사이에 또 다른 분쟁이 발생한다는 것이다.

그러나 이미 앞에서 본 바와 같이 존치론이 가져오는 가장 큰 문제는 위헌성의 시비에서 자유롭지 못하다는 것이다. 그러나 개별적인 관점에서 문제가 없는 것도 아니다. 이를 정리하면 다음과 같다.

① 근로자의 입장에서 노조의 조직에 대한 수요는 끊임없이 변한다는 점, 따라서 기존의 조직에서도 일탈하여 독자적인 노조로의 진화열망이 그치지 않는다는 점, 그것이 노조의 조직력을 약화시킨다고 하여도 이를 막는 것은 기본권 침해의 문제라는 점,(항공사 조종사 노조, 철도기관사 노조 등)

② 자주적, 민주적 노조라고 하여도 그 자체로서 완결된 노조가 아니

며, 자주적·민주적 노조이므로 독점적 지위를 향유하여야 한다는 자명한 논리가 도출되지 않고, 오히려 자주적이고 민주적인 노조일수록 경쟁을 하여야 하며, 그것이 노동시장에 정합적이라는 것,

③ 강성노조가 자주적, 민주적 노조인 경우에도 협조적 노조의 등장이라고 하여 항상 근로자의 이익에 배치되는 것이 아니라는 것은 일본의 자율교섭 구조가 가르치고 있다는 점,

④ 노노분쟁과 그로 인한 단결력의 약화, 교섭상의 혼란은 보다 완화된 방법으로 해결해야 하는 것이지 제2노조의 등장을 원천적으로 봉쇄하는 것은 단결권 침해라는 것,

⑤ 단일 노조의 강조가 기존 노조의 어용화에 작용하는 경우가 오히려 많다는 것,

⑥ 교섭권을 둘러싼 노노 분쟁의 해결은 공동교섭이나 자율교섭 대표제 등을 통해 근로자 스스로 해결하는 방책을 찾을 수 있는데도, 처음부터 분쟁이 우려되어 단결 자체를 봉쇄하는 것은 타당하지 않으며,

⑦ 존치론은 자주적이고 민주적인 노조가 있는 경우 제2노조는 사용자 측의 어용노조 시도로 보아야 한다는 것, 따라서 제2노조 인정의 실익이 없다고 한다. 물론 기업단위 복수노조가 허용되는 경우 일본의 경험에서 보는 바와 같이 어용노조를 육성하고 지원하여 강성노조나 자주적 노조를 무력화하는 경우가 많다. 그러나 이는 노조 스스로의 방어적 조치와 부당노동행위제도의 적극적 활용에 의해 방지를 해야 하는 것이지, 그렇다고 타인의 단결할 기본권을 전면적으로 침해하면서까지 사용자의 부당노동행위를 막아야 하는 지는 의문이다.

이상과 같은 논의를 볼 때 – 비록 장래에는 복수노조를 허용하되 교섭

창구를 단일화한다고 하여도-현재의 기업단위 복수노조 금지는 위헌성이 많다. 따라서 결론적으로는 복수노조를 허용하면서 그 부작용을 최소화하는 입법을 단행하는 것이 올바른 방법이라고 생각한다.

3. 노조전임자 급여지급 금지의 법이론적 토대와 정당성

1) 현행법 상황

앞에서 본 바와 같이 2010년 6월 30일까지는 노조전임자에 대한 급여지급이 허용되며, 사용자가 급여를 지원하여도 부당노동행위가 되지 않는다.(노동조합법 부칙 8조). 이 타임오프제는 종전의 전임자에 대한 급여지급과 확연히 구분된다. 후자의 제도 하에서는 노조활동을 하던 어떤 활동을 하던 관계없이 전임자에게 급여를 지급한다는 점에서 일종의 노조전임자에 대한 사용자의 일방적인 급부약정이나 단협에 의해서 급여를 지급하는 것이므로 노조활동과 급여지급 사이에 어떤 형태의 교환관계나 대가관계 또는 견련관계가 존재하지 않아도 급여가 지급되는 것이지만, 전자의 타임오프제 하에서는 일정한 업무에 한해서 근로시간을 면제하고 그 시간에 한하여 임금을 지급하는 것이므로 근로시간면제와 임금지급이 견련관계 내지 대가관계로 전환되었고, 전임자의 활동도 업무관련성이 있는 것으로 제한되어 노조활동과 급여지급 사이에 인과관계가 설정되어 보다 합리적으로 노조전임자 제도가 설정되었다.

노조전임자 급여지급 금지와 함께 도입되는 타임오프제도는 노조전임자가 예외적으로 급여를 지급받을 수 있는 업무범위와 타임오프 총량을 규제하는 것 이외에도 노조전임자 수의 상한선을 두는 것이다. 이는 노동조합이 타임오프 시간을 잘게 나누어 전임자 수를 늘림으로써 '전임자 급여지급 금지'라는 노동조합법 개정의 취지를 무력화하지 못하도록 사전에 차단하려는 것이지만, 타임오프 시간은 노조별이 아닌 사업장별로 분배돼, 타임오프 시간 배정을 놓고, 기존 산별노조와 사업장 단위 노조 사이의 경쟁이 불가피할 것으로 보인다. 또한 사업장 단위에서도 복수노조가 존재하는 경우 근로시간 면제 총량을 노조 사이에 어떻게 배분해야 하는지도 문제이다. 교섭대표노동조합이 단체교섭을 주도적이고 배타적으로 한다고 하여도 타임오프제도는 단체교섭을 넘어 고충처리, 산업안전보건활동과 근로자경영참가의 의미에서의 협의와 노조의 유지·관리업무로서 총회, 대의원대회, 회계감사, 임원선거 등 노조관리업무에 필요한 시간을 의미하므로 노조가 전체 종업원을 위한 활동과 산업안전보건법과 같은 법률에서 정한 활동 및 노조의 존립과 존속을 위한 활동을 포괄하는 것이므로 교섭대표노동조합이 타임오프 시간을 독점해서는 안된다. 그런 점에서 보면 타임오프제도는 반드시 노조활동과 관련되어 있는 것이 아니라, 전체 종업원의 안전보건, 전체 종업원의 고충처리, 전체 종업원을 위한 협의 등도 포함되어 있다. 이것은 엄밀히 보면 조합원에 국한되는 문제가 아니라, 전체 종업원을 위한 사항으로서 근로자참여협력증진에 관한 법률의 소관이 될 것이다. 다만 산별노조 보다는 기업별 노조가 보편화되어 있는 상황에서는－과반수 이상의 조직률을 보이는－노동조합이 전체 종업원의 이익대표기구가 될 가능성이 높다는 현실 하에서 노동조합의 경영참가의 한 일환으로 볼 수 있을 것이다. 그렇기 때문에 타임오프제도는 반드시 노조의 고유한 활동으로서 단체교섭과 노조의 유지관리업무에만 국한되는 것이 아니므로, 종래의 노조전임자에 대한 급여지급의 수단이 되어서도 안되고, 그러한 목적으로 변질되어서도 안된다. 그러나 노동조합이 급여지급금지 원칙을 위반하여 급여지급을 요구하고 이를 관철할 목적으로 행하는 쟁의행위는 형사처벌로써 그 실효성을 확보하지만, 타임오프제도를 종전의 전임자 급여지급을 위한 제도로 변질시키는 것에 대해서는 아무런 제재 규정도 존재하지 않는다. 또한 법률에 근로시간 면제 한도를 정하고, 근로시간이 면제되는 업무가 법정화된다고 하여도 노사가 자율적으로 이 법률을 벗어나는 합의를 하는 경우는 법률의 대단체협약임의법규성(tarifdispositivität)의 관점에서 노조전임자를 위한 급여지급의 방편으로 활용될 여지는 남아 있다.

2) 노조전임자 급여지급 금지의 법이론적 토대와 타당성

(1) 노조전임자 급여지급 금지 규정의 성격

노동조합이 열악하여 근로자들의 근로조건 향상을 기대할 수 없는 시기에는 국가가 노동조합을 육성하여 그 활동을 권장하는 것은 기본권으로서 근로3권 보장을 위한 국가의 입법정책 목표이자 기본권의 보호의무의 하나가 될 수 있다. 그 방법 중의 하나가 단결권과 단체교섭권 보장을 위한 전임자 급여지급이 될 수도 있다. 이른바 국가에 의한 노동조합 육성의 시대에는 노조전임자에게 급여를 지급하고 노동조합활동을 적극 보장하여 사용자와 대등한 입장에서 교섭하고 투쟁할 수 있도록 하는 것이 국가의 적극적인 책무가 될 수 있다. 이러한 관점에서 우리나라에서는 오랜 기간 동안 노조전임자에게 급여를 지급하는 것이 관행이 되었다.

그러나 노조전임자에 대한 급여지급은 부정적인 측면도 동시에 가지고 있다. 즉, 노동시장에서 약자의 지위에 있는 노동력공급자의 보호를 위하여 노동조합이 근로조건 개선 목적으로 사용자와 근로자 사이의 불균등한 교섭력을 보정하기 위해서는 사용자로부터 완전히 독립하여 자주적으로 활동하는 것이 중요하다. 그러나 사용자로부터 급여를 지급받으면서도 완전히 독립하여 자주적으로 투쟁할 수 있는 노동조합이 있지만, 반대로 급여를 지급받음으로써 사용자에게 종속되어 근로조건 개선이라는 본래의 노조의 임무를 다하지 못하는 경우도 있다. 그렇기 때문에 노동조합법 제81조제4호는 노조전임자에 대한 급여지급을 일종의 경비원조로서 부당노동행위로 보고 있고, 동법 제24조제2항도 노조전임자에 대한 급여지급을 금지하고 있다.

이러한 맥락에서 보면 노조전임자에 대한 급여지급 금지는 국제법규나 비교법적 관점에서 합당하지 않으며, 노사자치주의 원칙 하에서 전임자에 대한 급여지급은 노동조합의 투쟁의 산물이며, 전임자가 급여를 받더라도 노조의 자주성에는 아무런 영향을 미치지 않기 때문에 노조의 자주성을 확보하고자 하는 부당노동행위 제도의 관점에서 이해되어서는 안된다는 주장이 있지만, 현행법의 태도는 원칙적으로 노조전임자에 대한 급여지급은 일종의 경비원조로서 부당노동행위이며, 현실적으로 노조전임자가 급여를 지급받음으로써 자주성의 침해가 일어났는가 하는 것은 별개의 문제이다. 부당노동행위는 결과발생을 요건으로 하지 않으며, 전임자에 대한 급여지급으로 자주성이 – 중소기업의 경우처럼 – 직접적으로 침해되는 경우도 많이 있기 때문이다. 이와 같이 본다면 노조전임자에 대한 급여지급을 금지한 노동조합법 제24조제2항은 전임자에 대한 급여지급을 경비원조로서 부당노동행위로 보는 노동조합법 제81조제4호의 확인규정으로 이해하여야 한다. 따라서 노조전임자에 대한 급여지급은 부당노동행위의 가능성 때문에 금지되어야 한다.

(2) 비교법적 검토

물론 급여지급 금지를 법률로서 명시할 것이 아니라, 노사가 자율적으로 정하여야 한다고 주장할 수도 있다. 그러나 먼저 국제법규나 비교법적으로 볼 때도 노조전임자에 대한 급여지급은 금지하는 것이 대세이다. 다만 그 규정형식을 법률로 할 것인가, 단체협약으로 할 것인가 등의 차이가 있을 뿐이다.

물론 ILO도 우리나라의 노조전임자 급여지급의 금지규정과 관련하여 노조전임자의 급여지급문제는 입법적 관여사항이 아니므로 관련노조법을 폐지하여야 한다고 권고[7]한 바가 있다. 그러나 노조전임자의 급여지급 금지의 문제는 노동조합법 제24조제2항만의 문제가 아니라, 부당노동행위 중의 하나인 노동조합법 제81조제4호 단서와 연계하여 판단해야 하는 문제이다. 따라서 제24조제2항이 폐지된다고 하여도 노조전임자에 대한 급여지급은 경비원조의 부당노동행위에 해당한다. 다만, 부당노동행위 구제신청을 노동조합 측에서만 할 수 있기 때문에 사용자가 노조전임자에게 급여를 지급하더라도 노조가 부당노동행위 구제신청을 하지 않는 한 노동조합법 제81조제4호 단서에 따른 급여지급은 실제 현실에서 문제가 되지 않을 것이다. 그러나 그렇다고 하더라도 노조전임자에 대한 급여

7 결사의 자유위원회, 2002년, 487항, 1997년 225항.

지급을 통하여 경비원조 등의 지배개입을 원하는 것이 – 특히 중소기업의 경우 – 사용자의 진솔한 입장인 경우도 있기 때문에 ILO가 그러한 경우에 대해서까지 전임자 급여지급을 금지하는 법률을 폐지하라는 권고를 할 수는 없다. 오히려 그러한 경우에는 ILO가 노조의 자주성 침해가 되는 경비원조로서의 전임자 급여지급을 금지하는 입법을 하도록 권고하는 것이 합당하다.

비교법적으로 보더라도 부당노동행위 제도를 운영하는 국가에서는 노조전임자에 대한 급여지원을 사용자의 노동조합에 대한 지배개입행위로서 보는 것이 지배적이다. 그리하여 미국이나 일본에서는 노조전임자 급여지급을 사용자의 부당노동행위로 본다. 특히 일본의 경우는 거의 모든 단체협약은 노조전임자 제도를 단체협약에 인정하면서도 노조전임자에 대한 급여지급을 단체협약 규정으로 명시하는 경우가 많다.[8]

프랑스도 노조전임자 제도를 단체협약으로 규율한다. 그러나 단체협약이 이들 전임자에게 급여를 지급하여야 하는 지에 대해서는 일관되어 있지 않지만, 상당수의 단체협약은 전임자는 전임기간 동안 근로계약이 정지된다는 규정을 두고 있기 때문에 노조전임자에게 급여가 지급되지 않는다고 규정한 단체협약이 많다. 다만, 노조전임자 급여지원제도는 없지만, 근로자의 경영참가를 보장하기 위하여 사업장의 노조대표 및 종업원대표에 대해서 활동시간에 대한 근로의무를 면제하는 방식으로 유급활동을 보장한다.

독일은 산별노조를 기본으로 하는데, 여기서 활동하는 노조전임자에 대해서는 개별 사용자에 의한 급여지원이 전혀 없고, 조합비로 전임자들

8 예를 들면 렌고(聯合)의 단체협약 지침서.

의 급여를 충당한다. 다만, 종업원평의회의 근로자 대표를 풀타임 근로자 대표로 하고, 이에 대한 소정의 급여를 보장한다. 이는 종업원을 위한 경영참가의 일환으로 보장되는 것이지, 노동조합 활동 보장을 위한 것은 아니다.

영국은 노동조합의 공식조직에 속한 노조 전임자에게 사용자가 재정적 지원을 하는 경우는 없다. 다만, 노동조합의 공식적인 조직은 아니지만, 개별 사업장 내에는 근로자의 신분으로서 조합원을 대표하는 직장위원이 있다. 이 직장위원에 대해서는 근로시간 면제가 인정된다. 그리고 노동조합 및 노사관계통합법은 사용자가 인정한 노동조합 또는 법정절차에 따라 인준된 노동조합을 대표하는 자가 단체교섭사항과 관련하여 사용자와 교섭하는 경우, 사용자가 노조활동으로 인정한 사항과 관련된 범위에서 사용자의 기능을 근로자들을 위해 수행하는 경우, 노사와 관련된 노동조합의 교육에 참가하는 경우는 근로시간 면제권을 부여한다. 근로시간 면제는 유급으로서 사용자는 면제된 근로시간에 대해서 급여를 지급하여야 한다. 유급근로시간 면제의 범위나 총량은 노사가 자율적으로 결정한다. 이와 같이 영국은 근로시간 면제와 유급의 관계를 교환관계 내지 견련관계 또는 대가관계로 보아 인과적으로 급여를 지급하고 있고, 우리나라와 같이 포괄적으로 급여를 지급하는 것은 아니다.

미국도 영국처럼 사업장 단위에서 노동조합활동을 하는 직장위원이 있다. 이 직장위원을 위한 임금지급은 부당노동행위를 구성한다.(NLRA 제8조 (a) (2)) 다만 사용자는 종업원이 근무시간 중 시간이나 임금 손실 없이 협의하는 것을 허용할 수 있다. 그리고 사용자가 종업원 대표나 노동조합 또는 노동조합간부에 대하여 금품을 지급하는 것은 위법하다.(LMRA 제302조 (a)) 또한 종업원 대표나 노동조합 또는 노동조합의 대표가 사용자에 대하여 금품지급을 요구하는 것도 금지된다.(LMRA 제302조 (b)) 다만, 근로자 신분을 가진 자의 해당 사업장 노사관계 또는 인적자원관리와 밀접한 관련이 있는 업무활동에 대한 대가지불은 허용된다.(동 규정 (c))

이상과 같이 비교법적으로 살펴 본 결과 외국의 대부분은 전임자에 대한 급여지급은 근로시간면제로 국한하거나, 근로자 경영참가보장을 위하여 전체 종업원을 대표하는 자에게 근로시간면제를 하거나, 업무활동과 근로시간 면제 및 유급과의 사이에 견련관계, 대가관계 및 교환관계의 인과적 성격을 갖는다. 우리나라의 풀타임 전임자에 대한 포괄적 급여지급의 형태를 취하는 국가는 없다. 또한 부당노동행위 제도를 실시하는 국가에서도 노조 전임자에 대한 급여지원은 원칙적으로 지배개입 행위로서 부당노동행위를 구성한다.

이상과 같이 노조 전임자에 대한 급여지급 금지규정은 부당노동행위와의 상관관계에서 이해되어야 한다. 따라서 노동조합법 제24조제2항은 노동조합법 제81조제4호의 확인규정이라고 보아야 한다. 그런 점에서 2010년 1월 1일의 개정법이 6개월 후에 노조 전임자에 대한 급여지급을 금지하는 것은 타당하다.

또한 노조 전임자에 대한 급여지급 금지를 당장에 실시하는 경우 노조의 재정력이 취약한 중소기업 노조가 문제된다고 한다. 그러나 현재의 상황에서 국가가 노조를 지원하고 육성하는 시대는 이미 지났기 때문에 입법자가 중소기업을 고려하여 타임오프제를 변형하거나, 중소기업을 위하여 노조 전임자 급여지급금지를 변형시켜서는 안된다. 국가는 이 부분에 관해서도 중립서의 의무를 부담한다. 오히려 중소기업 노조는 산별로 결속하여 단결권 등의 근로3권을 행사하는 것이 올바른 방법이고, 그 범위와 한도에서 노조 전임자의 급여문제도 자율적으로 해결하여야 할 것이다.

(3) 타임오프제의 본질

2010년 개정법은 이른바 타임오프제를 실시한다. 그리고 사업장의 규모에 따라 전임자의 수도 제한하고자 한다. 비교법적으로 볼 때 타임오프제에 의한 유급근로시간 제도는 근로자 경영참가를 전제로 전체 종업원의 이익을 대표하는 자들을 위한 것이거나, 노조활동이라고 하더라도 업무활동과 근로시간 면제 및 유급 사이에 견련관계, 교환관계, 대가관계 등의 인과적 상관성이 있는 경우에 한해서 인정되는 제도이다. 따라서 이 두 가지의 본질을 넘어서서 종전의 관행대로 행하여졌던 노조전임자에 대한 포괄적 급여지급 제도로 변질되어서는 안된다.

참고문헌

강성태(2005), "영국의 노동조합 승인제도", 「노동법연구」 제19호, 서울대노동법연구회편

국제노동기구(ILO) 엮음(2003), 「ILO 노동입법 가이드라인」, 한국노동연구원,

김원배(2005), 「복수노조 병존하의 단체교섭제도에 관한 연구」, 경희대학교 박사학위논문

김재훈(2009.9), "복수노조 및 전임자 급여지급 문제의 대안 검토", 「복수노조 및 노조전임자 급여지급문제, 어떻게 할 것인가」, 서강대학교 시장경제연구소 세미나

남성일외(2008), 「한국의 노동, 어떻게 할 것인가 II - 글로벌 기준과 제도개선」, 서강대 출판부

박제성(2005), 복수노조와 단체교섭; 2004년 5월 4일 법 이후 프랑스의 단체교섭 제도, 서울대학교 노동법연구회 노동법연구

박종희(2003), "복수노조하 단체교섭창구 단일화", 「복수노조 교섭창구 단일화 논의자료」 (노사정위원회 23차 노사소위 회의자료), 노사정위원회

오문완(2005), 「복수노조 교섭체계 관련 외국제도 조사연구 - 미국의 배타적 교섭대표제도」, 노사정위원회

윤문희(2006), 복수노조 허용과 교섭창구 단일화, 한국노동연구원 노동리뷰

이승욱(2009.10.17), "복수노조와 교섭창구 단일화", 「서울대학교 노동법연구회 2009년 가을학술발표회 자료집」

이승욱(2005), 「영국·캐나다의 교섭대표결정절차에 관한 연구」, 노동부 용역보고서

이승욱(2005), '기업별 복수노조와 교섭창구의 단일화', 「노동법학」 제21호, 한국노동법학회

이정(2009.05), "일본의 복수노조 병존하의 노사관계·노무관리의 경험과 시사점", 외법논집 제33권 제2호

이정일(2008), "노조 설립 및 운영관련 법제도의 국제비교", 「한국의 노동, 어떻게 할 것인가 II - 글로벌 기준과 제도개선 -」, 서강대 출판부, 2008.

이철수(2009.10), "복수노조·전임자 문제를 둘러싼 사회적 대화의 과정과 결과", 「한국노사관계학회 2009년 추계정책토론회 발표집」

이철수(2005), '미국의 배타적 교섭대표제와 한국적 함의', 「노동정책연구」 제5권 제3호, 한국노동연구원

이철수 외 4인(2004), 「복수노조 교섭창구 단일화방안」, 노동부

이철수·이병훈·이승욱·조용만·손향미(2004.12), 「복수노조 교섭창구 단일화방안」

조용만(2006), '복수 노동조합의 자율적 합의에 의한 교섭창구단일화', 「노동법연구」, 서울대노동법연구회

조용만(2005), 복수노조와 단체교섭; 복수노조 하에서의 단체교섭과 단체협약체결의 법적 체계 검토 – 교섭창구단일화 관련 논의평가 및 쟁점정리를 중심으로 –, 「서울대학교 노동법연구회 노동법연구

조용만·박지순 공저(2006), 「노사관계 변화에 따른 단체협약 효력확장제도 연구」, 노동부 연구용역보고서

小島典明(1992),「企業内における紛爭解決」,『日本勞働法學會誌』, 80호

菅野和夫(2005),『勞働法(第7版)』, 弘文堂

道幸哲也(2006), 『勞使關係法における誠實と公正』, 旬報社

中窪裕也(1984), 「アメリカ团体交涉法の構造(三)(四)一排他的交涉制度とそれを支える二つの義務」, 法學協會雜誌 101권 1호

日本勞働法學會(1987),「勞働組合法理の新展開(シンポジウム)」, 日本勞働法學會誌 69号

A U.S. Chamber of Commerce White Paper, *The Union Representation Process under the NLRA: Maintaining Employee Free Choice Over 70 Years,*(http://uschamber.com/A U.S. Chamber of Commerce White Paper), 2008.

D.L.Leslie, Labor law in a nutshell, Thomson/West, 2008.

H. Collins et al., Labour Law Text and Materials(Hart Publishing, 2001.

Hanau/Adomeit, Arbeitsrecht, 2000.

J. Bowers, Textbook on Labour Law 8th ed.(Oxford University Press, 2004.

Jean Pélissier/Alain Supiot/Antoine Jeammaud, Droit du travail, 20 éd., 2000.

Ridgway M. Hall, Jr., The Appropriate Bargaining Unit: Striking a Balance

Between Stable Labor Relations and Employee Free Choice, *Western Reserve Law Review*, vol. 18, 1967.

W.B.Gould, A primer on American labor law, The MIT Press, 2004

William P. Murphy, *Establishment and Disestablishment of Union Representation, American Labor Policy (C. Morris edi.)*, The Bureau of National Affairs, Inc., 1987.

Zöllner/Loritz, Arbeitsrecht, 5.Auflage, 2000.

제5장_ 복수노조관련 국제기준의 검토

유경준

1. 서론

2009년은 복수노조의 허용과 전임자 급여지급 금지와 관련된 문제로 매우 혼란스러운 한 해였다. 2009년의 마지막 날 양자를 일정기간 유예하고 준비기간을 둔 후에 시행하기로 되었지만 관련된 모든 문제가 다 해결된 상황은 아니다.

2009년 현재 한국은 ILO의 기본협약이자 1998년 ILO 선언의 4가지 원칙에 해당되는 결사의 자유와 관련된 협약 제87호와 98호를 비준하지 못하고 있다.

또한 한국은 1996년 OECD 가입을 위하여 "결사의 자유와 단체교섭권 등 노사관계 법규의 국제적 기준에 부합하도록 개정할 것을 확약한다"고 약속한 바가 있다. OECD는 고용노동사회위위원회(ELSA)가 우리의 약속이행상황을 감시하여 이사회에 보고하는 조건으로 우리나라는 최종가입 승인을 한 바가 있다. 비록 2007년 OECD는 2010년까지 남은 쟁점에 대하여 추가적인 정보를 제공하는 조건을 OECD 모니터링을 종료하기로 결정한 바가 있으나 이 문제 역시 완전히 해결한 것은 아니다.

뿐만 아니라 우리나라는 향후 미국과 FTA 비준을 앞두고 있고, 미국이 기체결한 FTA 노동관련조항은 우리나라 것이 가장 강력한 내용이기 때문에 제소를 당하여 배상금을 지급하기 않기 위해서라도 복수노조는 반드시 허용되어야 한다는 주장도 있다(이승욱, 2009).

본고에서는 복수노조시행과 관련된 국제기준에 대하여 검토하고 우리나라에 대한 시사점을 얻기 위하여 작성되었다. 복수노조와 관련되는 질문은 i) 국제기준은 무엇이며 국제기준을 지킨다는 의미는 무엇인가? ii) 선진국은 모두 국제기준을 지키고 있는가? 국제기준을 충족시키기 못하는 나라들은 어떠한 이유에 지키지 못하는 것인가? iii) 국제기준을 지키지 못하면 과연 어떠한 제재를 받는가? 등이다.

이에 따라 본고는 2절에서는 복수노조관련 ILO의 여러 기준과 그 의미 그리고 각국의 비준현황에 대하여 살펴보고 있다. 3절에서는 선진국 중 복수노조 관련 ILO 협약을 모두 비준하고 있지 않는 미국에 대하여 비준하지 못하는 이유와 그 반론을 상세히 살펴볼 것이다. 그리고 마지막 4절에서는 본고가 서론에게 제기한 몇 가지 문제에 대한 답을 중심으로 복수노조 시행과 관련된 시사점이 제시될 것이다.

2. 복수노조관련 ILO 여러 기준의 현황과 그 의미

1) ILO의 여러 노동규정들과 이행점검과정

복수노조와 관련된 내용은 ILO의 협약(convensions)과 노동기준(labor standards), 그리고 1998년 ILO선언(declaration) 등에 모두 최우선적으로 포함되어 있을 만큼 준수되어야 한다고 강조되고 있다.

ILO헌장(constitution)의 주요 원칙은 회원국들은 협약을 자유롭게 비준할 수 있으며 강제로 적용하도록 할 수는 없다는 것이다. 그러나 기본협약들은 ILO헌장에 내포되어 있으며, 비준여부와 관계없이 각국이 헌법상으로 존중하고 증진해야 하는 권리들을 포함하고 있다.

따라서 이러한 ILO자체의 상호간 모순을 해결하고 기본 권리를 보장하기 위해, ILO는 1998년에 "노동에서의 권리와 기본원칙에 대한 선언(The Declaration on Fundamental Principles and Rights At Work)"라는 정치적 성명서(political statement)를 채택한 바 있다.

이들의 내용을 좀 더 자세히 살펴보면 다음과 같다.

1919년 설립된 ILO가 책정한 187개의 노동협약 중 ILO는 표 5-1 에서 보는 바와 같이 8가지를 "기본 협약(core labor standards)"으로 지정하여 회원국들이 이 기본적인 노동권을 보장하는 8개의 협약을 경제개발정도와 관계없이 지키도록 요구했다.

또한 1998년 ILO선언은 위 8가지 기본협약의 내용을 대부분 포함하는 다음과 같은 네 가지 기본 원칙(four constitutional principles)을 의미한다. i) 결사의 자유와 단체교섭권 보호, ii) 모든 강제노동의 폐지, iii) 아동 근로의 폐지, iv) 고용 및 직업상 차별 대우 폐지

표 5-1 ILO의 8가지 기본 협약

강제근로	29	강제 노동에 관한 협약	모든 형태의 강제근로(처벌의 위협하에서 강요받거나 또는 임의로 제공하는 것이 아닌 모든 노무)의 사용 폐지
	105	임금의 보호에 관한 협약	임금의 직접적, 정기적 지급; 근로자의 임금 처분에 관한 자유 보장; 기업 파산시 임금에 대한 우선변제권 부여
결사의 자유	87	결사의 자유 및 단체권 보호에 관한 협약	사전인가 없이 단체를 설립할 자유; 공공기관 또는 행정당국에 의해 간섭받지 않은 권리
	98	단체권 및 단체교섭권 원칙의 적용에 관한 협약	고용과 관련된 반조합적 차별행위에 대한 보호; 간섭을 위한 재정상의 원조 행위 금지
차별대우	100	동일가치 근로에 대한 남녀 근로자의 동일보수에 관한 협약	성별에 따른 차별 없이 보수율 결정
	111	고용 및 직업상 차별대우에 관한 협약	고용 또는 직업에 관한 기회 및 대우의 균등을 촉진; 인종, 신조, 성별에 따른 차별 대우 금지
아동근로	138	취업의 최저연령에 관한 협약	취업의 최저 연령은 의무교육 종료연령 또는 15세 중 높은 기준을 선택; 경노동의 경우 13세 이상 15세 미만 자의 취업 인정
	182	아동 근로의 최악 조건에 관한 협약(Worst Forms of Child Labor Convention)	노예성 강제 계약, 아동 매춘, 불법 노동, 건강/안전/도덕성을 저해할 수 있는 노동 금지

ILO는 위와 같은 여러 가지 노동관련 규정들을 각국에 권고내지는 비준하도록 하기 위하여 다음과 같은 여러 개의 감독기관을 가지고 있다.

먼저 정기적으로 회원국들이 ILO 협약의 적용 상황을 점검하기 위하여 두개의 위원회를 두고 있는데, 협약과 권고의 적용을 위한 전문가 위원회(The Committee of Experts on the Application of Conventions and Recommendations)와 기준의 적용을 위한 회의 위원회(Conference Committee on the Application of Standards)가 그것이다. 세 번째 결사의 자유위원회(Committee of Freedom of Association)는 회원국의 관련 협약비준여부와 관계없이 결사의 자유를 위배하는 행위에 대한 클레임을 검토하는 것을 담당하고 있다.

마지막으로 1998년 ILO선언을 감독하기 위한 위원회가 존재하는데 ILO 독립전문가자문위원회(Committee of Independent Expert Advisers)가 그것이다. 이 선언은 기본협약을 모두 비준하지 않은 회원국들에게 매년 관련된 권리와 원칙에 대한 현 상황에 대한 보고서를 에게 제출하도록 하는 의무 조항을 포함한다.

비록 이 선언이 정치적 성명서이며, 기본협약과는 다른 성격을 가지나 기본협약을 비준하지 않은 각 회원국들이 진행 상황을 보고하는 것을 의무화시킴으로써 그 기준이 모호하게 되었다. 그러므로 어떤 국가가 선언문에 나온 원칙들을 이행하고 있는지에 대한 평가는 실제적인 협약자체에 대한 이행여부와 비교될 수 있다. 또한 ILO 선언문에서는 ILO 노동기준이 보호무역을 위한 수단으로 쓰여서는 안 된다고 명백히 밝히고 있다.

한편 복수노조관련 ILO 기본협약의 적용을 해석함에 있어 노사합의에 의해 복수노조을 허용하지 않는 것은 가능한가?라는 질문이 있을 수 있다.

이는 전임자 급여지급의 문제와 같이 ILO협약의 경우 당상수가 노사합의(자율적) 하는 경우 그 제도에 대해 중시하는 경향을 발견할 수 있기 때문이다. 그러나 이 경우에 대하여 ILO(2008a)는 para 319에 다음 같은 유권해석을 통하여 가능하지 않다고 명시하고 있다.

(319) 다수의 노동조합이 있는 것이 근로자들에게 유리한 상황이 되는 것이 일반적인 상황일 수 있으나, 정부의 법적 개입으로 인한 노조의 통합(단일 노조)은 협약 제87호의 2조, 11조에 명시되어 있는 원칙에 위배된다. ILO의 전문가위원회(The Committee of Experts)은 이 문제에 대해 다음과 같이 강조를 했다. "결사의 자유와 조직할 권리 보호에 대한 시점에서 보았을 때, 국가가 제정한 법으로 인해 노조 독점이 이루어지는 것과, 몇몇 국가에서 보이는 실제적 상황에 의해 법규의 직간접적 영향을 받지 않은 상태에서 노동조합들이 자발적으로 하나의 집단을 이루는 것에는 본질적인 차이가 있다. 근로자들과 고용주들이 보통 다수의 경쟁하는 노조를 원하지 않는 다는 사실 자체만으로 국가의 개입이 정당화되지는 않으며, 법에 의한 개입은 더더욱 정당화되지 못한다." 작은 규모의 노조 다수가 경쟁을 하는 구조에서 오는 문제를 피하기 위해 강한 노조운동(strong trade union movement)을 추진하고자 하는 정부의 생각은 이해가 되나, 노조들이 자발적으로 하나의 강한 집단으로 뭉치는 것을 격려하는 편이, 법으로 인한 의무적 통합보다 낫다는 입장이다. 후자의 경우 근로자들의 결사의 자유에 대한 권리를 앗아가며, 국제회의에서 정한 원칙에 위배되기 때문이다.

따라서 사용자 입장에서 교섭비용 증가를 우려한 단일노조의 선호와 기존의 노조입장에서 경쟁집단의 출현을 원치 않기 때문에 상호간 합의한 의한 복수노조시행연기는 ILO 기준에는 맞지 않는 것으로 해석된다고 할 수 있다. 또한 결사의 자유와 관련되는 복수노조의 허용문제는 일반 근로자의 선택권과 관련되는 문제이기 때문에 노조 대표자의 이해관계가 근로자의 이해관계를 대변하지 못하는 경우가 있기 때문으로 해석된다.

2) 복수노조 관련 ILO 협약의 해석과 비준현황

(1) ILO 협약의 내용과 해석

협약 제87호는 단 한 번의 논의로 1948년에 채택된 결사의 자유와 단결권(freedom of association and the right to organize)보호의 일반적인 기준을 포함하고 있다. 이 조항은 감독직을 포함한 모든 사용자와 근로자가 자신들이 선택하고, 단지 그 조직의 규율에 지배를 받는 조직을 설립하고 가입하는 권리를 보장한다[1]. 또한 이 조항은 명백하게 정부의 조직체로부터, 그 집행부의 정직과 해산을 포함하는, 조직의 내부적인 문제에 간섭을 배제한다. 또한 무장세력[2]과 경찰을 제외한 민간과 공공분야 모두에 공평하게 적용되는 것을 보장한다. 마지막으로 이 협약을 비준한 각 국가들은 결사의 자유를 보장하기 위한 국가차원의 필요한 노력과 조취를 취해야 한다.

협약 제98호는 통상적인 2년간의 논의 절차를 거쳐 1949년에 채택

1 ILO 제87호는 결사의 자유 및 단결권 보호 협약을 의미하며, 제2조는 '근로자 및 사용자는 사전 인가를 받지 아니하고 스스로 선택하여 단체를 설립하고 그 단체의 규약에 따를 것만을 조건으로 하여 그 단체에 가입할 수 있는 권리를 어떠한 차별도 없이 가진다'의 핵심적인 내용을 담고 있다.

2 armed force로 군대를 의미하는 것으로 여겨진다.

된 단결권과 단체교섭권보호(right to organize and to bargain collectively)에 관한 협약이다. 이 협약은 노조활동에 관련된 근로자들의 고용보장을 확립하고 근로자와 사용자 조직은 각 상대방에 의해 간섭받지 않아야 한다고 규정하고 있다. 정부는 자율적인 단체협약교섭을 격려하여야 한다. 제87호와 마찬가지로 제98호의 협약도 무장세력과 경찰에 대한 적용은 국가의 법률과 제도에 의해 결정된다. 제87호와 다른 점은 제98호는 국가의 행정을 담당하는 공무원은 이 조항의 보호에서 배제된다.

복수노조 문제의 경우 복수노조 설립 자체를 금지하고 있는 2009년 이전의 한국의 노동조합 및 노동관계조정법(노조법)은 결사의 자유를 침해하고 있다는 데에 국내 학자들 간에 이론의 여지가 없었다. 즉 복수노조 금지와 관련된 (구)노동조합법 제12조의 2 및 노동쟁의조정법 제13조의2는 비정상적인 입법 절차에 의해 만들어진 조항이라는 것이다.

ILO는 근로자의 선택에 의한 노조결성권은 가장 근본적인(fundamental) 결사의 자유이기 때문에 복수노조는 어떤 이유로도 연기되어서는 안 된다고 보고 있다. ILO 협약 제87호 제2조의 취지는 근로자들이 원하는 경우 자신들의 선택에 의해 언제든지 새로운 단체를 만들 수 있도록 자유가 보장되어야 한다는 것이다. 협약 제87호 제2조는 복수노조라는 용어를 사용하고 있지 않지만 '근로자의 선택에 의한 노조결성권'이란 것은 한 개의 기업(enterprise)에 하나 이상의 노조를 결성할 수 있는 것을 의미한다고 해석하고 있다(para 315).

또한 복수노조 허용시 교섭창구 단일화 논의와 관련하여 특정 노조에게만 배타적 교섭권한을 주는 것이 소수노조(minority unions)의 단체교섭권을 침해함으로써 결사의 자유에 위배되는지의 여부와 관련해서

ILO는 다음과 같은 해석을 하고 있다

즉, ILO는 모든 노조의 단체교섭 권한이 침해되지 않도록 해야 함을 지적하고 있지만, 배타적인 교섭권을 인정하는 제도도 다음과 같은 장치가 마련되어 있다면 '가장 대표적인 단체(the most representative union)'에만 교섭권한을 부여하는 것을 용인하고 있다(para 969).『복수의 노동조합이 존재하는 경우 i) 독립적인 기구에 의해 대표노조의 인정(certification)이 이루어지고, ii) 해당 교섭단위 내의 근로자 과반수 투표를 거쳐 대표노조가 선택되며, iii) 충분한 득표에 실패한 노조가 일정 기간 경과 후 새로운 투표를 요구할 수 있는 권한이 보장되고, iv) 승인된 대표노조 외의 노조가 일정기간 경과 후(주로 12개월) 새로운 투표를 요구할 수 있는 권한이 보장되는 조건』

따라서 ILO는 배타적 교섭대표제하에서도 소수노조의 단체교섭권을 보호해야 한다는 결정을 내리고 있지만, 이로 인해 배타적 교섭대표제 자체에 문제가 있다고 보지는 않고 있다(para 967~968). 결사의자유위원회는 배타적 교섭제하에서도 수수노조들의 기능은 보장되어야 하며 조합원들을 대변할 권한과 개인별 고충해결 기능이 방해받아서는 안 된다고 전제하고 있다(para 967~968).

(2) 기본협약 및 복수노조 관련 협약의 비준 현황

먼저 주요국에 있어 8개의 기본협약 비준현황을 살펴보면 표 5-2 에서 보는 바와 같이 모두를 비준한 나라는 영국, 프랑스, 독일, 스웨덴, 덴마크이며, 우리나라는 캐나다, 일본, 중국, 미국과 마찬가지로 일부만을 비준하고 있다.

표 5-2 ILO 기본협약 비준 현황

	미국	영국	캐나다	프랑스	독일	스웨덴	덴마크	일본	중국	한국
29		○		○	○	○	○	○		
105	○	○	○	○	○	○	○			
87		○	○	○	○	○	○	○		
98		○		○	○	○	○	○		
100		○	○	○	○	○	○	○	○	○
111		○	○	○	○	○	○		○	○
138		○		○	○	○	○	○	○	○
182	○	○	○	○	○	○	○	○	○	○

자료: ILO(2009)

복수노조와 관련된 제87호과 제98호의 비준 현황은 부분적으로 비준하고 있는 국가 중에서 일본만이 양자 모두를 비준하고 있으며, 캐나다는 제87만을 비준하고 있고, 미국과 우리나라는 양자 모두 비준하지 않고 있다.

또한 제87호와 제98호의 1990년 이후 비준현황은 그림 5-1에서 보는 바와 같이 50여개의 국가들이 추가로 복수노조 관련 두 협약을 비준하였다.

그림 5-1 1990년~2007년 사이에 협약 87과 98을 비준한 국가 수

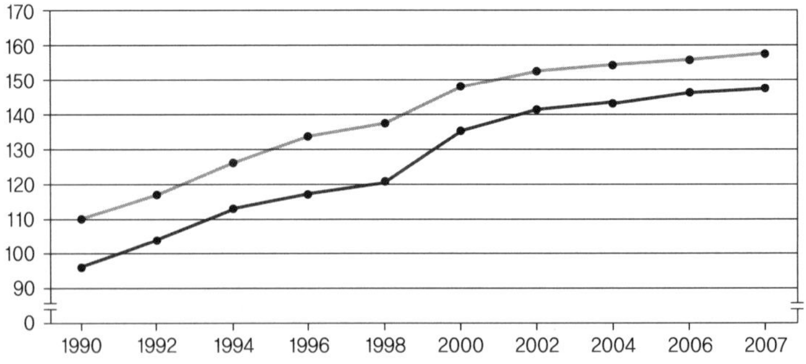

자료: ILO(2008b)

또한 표 5-3은 대륙별 복수노조관련 협약 비준현황을 보여 주고 있다. 유럽과 중앙아시아 지역의 비준율이 높은 것은 이해가 가지만, 아프리카 국가들의 비준율이 높은 것은 형식에 불과한 것으로 이해가 된다. 아시아 국가들의 비준율은 50% 내외로 타 지역에 비하여 상당히 낮은 것으로 나타나고 있다.

표 5-3 1950년 이래로 협약 87과 협약 98을 승인한 국가의 수

지역	1950	1970	1995	2000	2003	2007	
						수	%3)
아프리카							
협약 87	0	23	32	42	46	48	91
협약 98	0	30	40	51	51	52	98
미주							
협약 87	1	18	28	30	32	33	94
협약 98	0	18	26	30	30	32	91
아시아/지중해1)							
협약 87	0	5	8	12	13	14	45
협약 98	0	7	12	15	16	17	55
유럽/중앙아시아2)							
협약 87	7	26	43	48	48	50	98
협약 98	2	27	45	48	50	51	100
서아시아 아랍국가							
협약 87	0	2	3	3	3	3	27
협약 98	0	4	5	5	5	6	55
회원 국 숫자	62	121	173	175	177	181	

주 1) 아랍 국가의 회원 제외
2) 아제르바이잔, 이스라엘, 카자흐스탄, 키르기즈스탄, 타지키스탄, 투르크메니스탄, 우즈베키스탄 포함
3) 그 지역의 회원국 중 협약을 비준한 국가의 비율
자료: ILO(2008b)

3. 미국의 복수노조관련 ILO 협약의 비준 관련 논쟁

앞 절에서 살펴본 바와 같이 대표적인 선진국인 미국과 캐나다는 복수노조관련 ILO협약을 미국은 양자를 캐나다는 재87호는 비준하였으나 제98호는 비준하고 있지 않고 있다. 본 절에서는 미국이 이 협약을 비준하고 있지 않는 이유와 이에 대한 반론을 소개하고자 한다.

미국이 복수노조관련 ILO협약을 비준할 필요와 이유가 없다는 견해는 Poter(1984)에 구체적으로 제시되었으며, 이를 반박한 견해는 Block et. al(2006)에 제시되었다. 또한 Poter의 견해는 USCIB(2007)[3]에 미국의 사용자단체의 입장으로 재정리된 바 있다.

1) 복수노조관련 ILO을 비준할 필요와 이유가 없다는 입장

미국은 ILO에 재가입한 이후 1980년에 ILO 관련 문제들을 해결하기 위한 자문 기관을 구성하였다. 이는 ILO 대통령위원회(President's

3 USCIB는 미국에서 회원들을 위한 글로벌 통상을 포괄하는 조직(open system)이며, 전문 서비스 기업과 조직 등 미국의 300여개의 선두 기업들이 회원으로 가입되어 있다. 글로벌 선두 기업들과 사용자 단체의 독점적 미국 제휴 조직으로, 세계의 정치가들과 규제 기관들에게 비즈니스적 견해를 제시하고 국제 무역을 증진시키는데 이바지하는 것을 목표로 하고 있다. ILO에서 사용자들을 대표하는 국제경영자단체총연맹(International Organization of Employers)과 제휴을 맺어 미국의 기업가들이 ILO의 일에 직접적으로 참여하고 있다. USCIB의 회장(senior executive)은 ILO 총괄조직(Governing Body)의 14명의 사용자 대표들 중 한명이며, 미국 사용자단을 연간 ILO 회의에 참석시키도록 돕고 있다. USCIB는 또한 ILO와 TAPILS(Tripartite Advisory Panel on International Labor Standards)에서 미국의 President's Committee에서 비즈니스계를 대표하고 있다

Committee on the ILO)로 불리며, 국무 및 상무장관(the Secretaries of State and Commerce)과 대통령 국가안보 자문관(the President's National Security Advisor)과 대통령경제정책보좌관(the Assistant to the President for Economic Policy)을 비롯하여 미국의 노동단체인 AFL–CIO의 회장과 사용자단체인 미국국제업무회의(United States Council for International Business, USCIB)의 회장이 위원으로 되어 있다. ILO 대통령위원회는 ILO 협약 비준에 대한 다음과 같은 세 가지 규칙을 세워 1988년 미국 상원위원 결의에 포함시켰다.

> "미국 정부, AFL–CIO, USCIB는 다음과 같은 내용에 동의를 하였다. 각각의 ILO 협약은 삼자의 참여 하에 그 조항이 가지는 이점을 검토할 것이며, 미국의 연방 법과 관행과 차이가 있을 시에는 일반적인 법적 절차를 밟게 될 것이다. 또한 ILO 협약의 비준을 통해 주 법과 관행을 바꿀 의도가 없으며, 검토 과정에서 연방 법과 주 법이 비준으로 인해 대립을 겪을 수 있는지를 알아볼 것이다."

또한 이 결의를 적용시키기 위해 ILO 대통령위원회는 국제노동기준에 대한 노사정패널(the Tripartite Advisory Panel on International Labor Standards, TAPILS)라는 법적 하위 위원회를 구성하여 ILO 협약비준이 미국 연방 법이나 주법과 마찰이 있을 시에는 미국 상원위원으로 보내지지 않도록 하고 있다.

그리하여 TAPILS에의 검토 요청결과 ILO 기본협약중 제29호, 제138호와 제100호의 경우, 미국 법과 관행의 중요한 부분에서 대립이 생긴다는 검토 결과가 나왔다. 또한 ILO의 기본 협약 중 다섯 개 (87, 98,

29, 138, 100)가 미국 현행법과 관행에 직접적으로 대립하는 것으로 밝혀져, 비준을 위해서는 미국 법의 많은 부분을 개정해야 한다는 것을 알 수 있었다. 특히 87호와 98호를 비준하기 위해서는 오랫동안 지켜져 온 미국의 노동법의 원칙을 대폭 수정해야 한다고 보고 있다(USCIB, 2007).

Poter(1984)와 제시된 미국법과 복수노조관련 ILO 기본협약의 구체적인 충돌사항은 다음과 같다.

〈ILO 협약 제87호〉

1) 근로자의 권리를 노동단체에 귀속되게 하여, 근로자들에게 노조권을 부여하는 미 노동법의 기본적 원칙을 변경하게 된다. 미국의 법과 관례, 특히 NLRA와 Labor-Management Reporting and Disclosure Act (Landum-Griffin Act)는 근로자 개인의 결사의 권리와 단체교섭권을 인정하는 원칙을 바탕으로 하고 있는 반편, ILO 협약은 조직들에게 제도상의 권리와 권한을 부여하는 것에 초점이 맞추어져 있다. 따라서 미국 법과 비교했을 때 87호와 98호는 근로자 개인에 대한 보호를 제공하지 않고 조직적 권리에 큰 중요도를 두며, 개인의 권리는 조직의 권리에 귀속된다.

2) 미국에서 노조를 승인하는 관행을 바꾸며, NLRA의 범주 안에 들어오는 노동자들의 계층을 넓힌다. 기존 법상, 감독관, 공공 근로자, 독립 계약자(supervisors, public employees and independent contractors)는 NLRA의 보호 범위에 들어가 있지 않으나, 87호가 비준된다면 이들도 보호 대상이 되며, 공공 근로자들에 대한 단체 교섭 금지령 또한 무효화 시키게 된다.

3) Landrum-Griffin Act의 상당 부분, 특히 선출 과정들에 대한 부분이 폐기 또는 수정되며, 전과가 있는 개인들이 노조 대표로 선출되지 못하게 하는 규정도 무효화 된다. Landrum-Griffin Act의 노조 선출과정에 대한 자세한 규제와 노조 행위(conduct)의 포괄적인 기준은 ILO 협약 87호에서 제시되는 비간섭(non-interference) 기준보다 명백히 까다롭다.

4) 불만족하는 근로자들이 소수의, 혹은 라이벌 노조를 결성함으로써 독점적 교섭 대표의 권리를 약화시킨다. ILO 전문가위원회는 소수의 노조의 운용을 허용하도록 요구하고 있으며, 적어

도 그 회원들이 개인들의 불평을 표명할 수 있도록 하고 있으나 이는 NLRA의 9(a) 조항과 직접적으로 대치된다. 그러므로 87호의 비준은 근본적으로 NLRA 이래 독점적 교섭 대표의 권한을 약화시키고, 불평이 있는 교섭단체의 개인들을 대표하는 소수 노조를 만들 수 있도록 허용하게 된다.

5) NLRA의 8(c)가 보장하고 있는 사용자의 언론의 자유를 약화시키고 노조 결성을 반대하거나 의견을 제시할 권리를 빼앗는다. 이는 NLRA가 보장하는 노조 결성에 반대할 사용자의 권리를 무력화시키고, 사용자로 하여금 의지와 관계없이 모든 노조 결성 시도에 중립적인 입장을 취하도록 하게 된다.

6) 2차 불매운동(Secondary boycott)을 포함한 공공 또는 민간 부문에서의 농성의 권리에 대한 규제를 제한(해제)한다. 농성권에 대한 ILO 협약 87호의 조항은 미국의 현행법과 관례와 다른 점이 많은 수 있으며, 그 중 현재 미국의 연방법과 주법은 농성에 대해 상당히 제한적인 입장을 취하고 있다는 것이 그 중 하나이다.

7) 국회가 공산당의 당원, 파시스트, 전체주의파 회원들(members of fascist, totalitarian) 또는 그러한 노동 조직의 위험(subversive) 그룹의 참여를 제한하는 것을 금지한다.

8) Plant guard(공장 보안원)들과 다른 근로자들의 결합을 허용한다. NLRA는 보안원이 비보안원을 회원으로 받아들이는 노동 단체와 결합하는 것을 금지하고 있는데, 87호는 근로자들과 사용자들이 "어떤 제한도 받지 않고" 조직에 가입할 권리를 부여하고 있다.

9) 현재 NLRA의 8(e)가 금지하고 있는 "Hot cargo" 협약[4]을 자유화 시킨다.

10) 행정당국에 의한 독점적 대표 지위(exclusive representation status)의 취소를 제한하고, 그러한 경우 사법적 판단의 범위를 넓히게 된다. 현행법상 독점적 대표 지위의 상실은 행정적 관료의 결정으로 이루어질 수 있었으나, 87호가 비준될 경우 이러한 행위는 제87호의 Article 4에 의해 제한되게 된다.

11) 정치적 목적을 위해 노조의 자금을 사용하는 것에 대한 제한을 무효화시킨다. NLRA의 304조는 노조와 사용자의 연방 선거에의 정치적 지원을 제한하고 있는 한편, ILO 전문가위원회는 모든 정치적 행위를 금지하는 것은 제87호에 부합하지 않는 것으로 간주한다.

4 파업 중인 공장의 물건으로 작업하는 것, 노조 불공정 리스트에 있는 고용주에게 혜택이 갈 작업을 거부할 권리를 주는 것을 의미한다.

12) 국제적 조합에서 로컬 조합이 빠져나오는 것과 다사용자 단위(multiemployer unit)의 결성과 해산에 대한 제한을 무효화 시킨다.

〈ILO 협약 제98호〉

1) 현행상 감독관 등 기존에 혜택을 받지 않는 부류에게 까지 단체교섭권이 주어지게 된다. 98호는 NLRA의 범위에 들어가지 않는 근로자들에게까지 조항을 적용시키므로, 98호를 비준하게 되면 NLRA와 기존 법규에서 제외된 근로자들도 그 안에 포함시켜야 하게 된다.

2) 몇몇 주와 지방 관할권에게 단체교섭권을 부과하며 연방부문과 다른 공공부문 관할권에서의 교섭의 범위를 넓힌다. 98호에서 모든 주와 정부 근로자들이 면제가 되는 것이 아니기 때문에, 단체 교섭에 대한 상당한 제한과 주와 지방 관할권에서의 교섭 범위가 협약과 충돌할 것이다.

3) 공공, 민간 부문에서의 파업을 제한하는 것을 금지한다. 87호와 마찬가지로, 98호 또한 모든 파업 권리에 대한 제한을 금지하고 있다. 이는 파업 권리를 제한하는 미국 연방법과 주법과 대치된다.

4) 임금과 물가 규제(wage－price control)에 대한 재량권을 제한시킨다. ILO의 감독 기구는 국가적 필요가 있을 시에 임금과 물가 규제를 실시해도 된다는 입장을 취하고 있으나, 제98호에 따르면 국회나 대통령의 권한으로 오랜 기간 동안, 혹은 연속적으로 임금－물가 규제를 하는 것을 금하고 있다.

5) 사적 교섭의 범위를 제한하는 법을 무효화시킨다. NLRA는 교섭에 대한 의무 주제와 비의무 주제(mandatory and non－mandatory subjects)에 대한 구분을 두고 있으나, ILO 결사의 자유위원회는 이전 합의 때에 거론되었던 주제에 대해서라면 교섭 시 그 주제들을 금지시키는 것은 제98호에 반하는 행위로 간주하였다. ILO의 발견점은 계약의 조건에 영향을 주는 NLRB의 협상 가능성 결정을 재검토하게끔 할 수 있다.

6) 사용자의 교섭에 대한 강제적 의무와 자율적 의무에 대한 구분을 없애게 된다.

7) 노조 관계자들의 임기동안 특별한 보호 혜택을 주게 된다. ILO의 입장에 따르면, 독립적으로 노조 의무를 다하기 위해서는 특별보호가 필요하다는 주장이며, 협약에 조항을 추가하여 노

조 대표가 임기동안에는 해고되지 않도록 하고 있다.

8) NLRA의 10(c)조항에 나와 있는 증거자료와 보상에 대한 부담이 변경된다. 현행법 상 사용자의 부담(근로자가 노조와 관계가 없었더라도 해고를 당했을 것이라는 다량의 증명 제시)이 ILO 감독 기관들이 적용하는 증명 기준의 부담보다 적다. 즉, 사용주가 인사 결정이 노조와는 관련이 없다는 것을 증명하는 것이 더욱 까다로워진다.

9) 제98호 이후의 협약에 따라 지속적으로 변화하는 노동 기준을 가지게 될 것으로 보인다. ILO 전문가위원회의 제98호에 대한 해석은 이후의 ILO 협약들이 반노조 차별 반대에 대한 내용과 관련이 있을 경우 그것 또한 포함하게 되어 있다. 그러므로, 제98호 이후에 채택되는 협약 또한 제98호의 의미와 범위에 영향을 주게 될 것이다.

10) 각 주들이 근로자들을 위한 근로조건을 결정할 권리를 침범한다. 제98호를 비준하게 될 경우 주와 지방 관할권에서 일하는 상당수의 공공근로자(공무원)들이 이 협약의 범위에 들어와 영향을 받게 되기 때문에, 10차 개정조항(Tenth Amendment)이 보호하고 있는 각 주가 근로자들의 근로조건을 결정할 권리를 침해하게 된다.

위의 구체적인 미국법과 ILO 기본협약의 충돌 내용과 더불어 Poter (1984)와 USCIB(2007)에서 제시하는 미국이 ILO 협약 제87호와 제98호를 비준하고 있지 않은 이유는 내용을 종합적으로 정리하면 다음의 3가지로 정리가 된다.

첫번째, 미국 노동법은 그 자체로 건실하여 노사 이익의 균형을 잘 맞추고 있으며, 오직 국제적 기관의 바람 때문에 바뀌어서는 안된다는 것이다.

둘째로, 최근 ILO의 기본 원칙과 근로 시의 권리에 대한 ILO 선언(ILO 1998)과 ILO 헌장의 내용에 의하면 미국은 ILO의 회원국으로써 협약의 비준 여부와 관계없이 제87호와 제98호의 정신을 받들 것을 요구받고 있는데, 미국은 이미 이 의무를 다 하고 있으므로 비준여부는 큰 의미가 없다는 것이다.

셋째로, 미국 연방 시스템은 각 주에게 특정 권한을 부여하며 이는 비준에 장애가 되는데, 그것은 협약이 연방 노동법의 관할권을 벗어나 주와 지방 정부들의 근로자들에게 영향을 끼칠 것이기 때문이라는 것이며, 그 내용은 위에서 제시한 바와 같다.

2) 복수노조관련 ILO을 비준해야 한다는 입장

Poter(1984) 등에 의해 제기된 미국이 복수노조관련 ILO협약을 비준할 필요나 이유가 없다는 3가지 주장에 대하여 Block et. al.(2006)은 다음과 같은 반론을 제시하였다.

먼저 첫 번째 미국의 현행 노동정책이 건실하고 노사관계의 균형을 제공한다는 주장에 대하여 1) 노사가 기존의 미국의 노동정책에 대하여 모두 불만을 가지고 있다는 점과 2) NLRB의 결정이 일관적이지 않다는 점을 통해 반론을 제기하였다.

먼저 1940년대 후반과 1950년대 초반에 노동 운동은 Taft-Hartley 법을 무효화시키려고 노력하였고 그 뒤에는 NLRA의 개정을 요구했으나 실패로 돌아간 점, 그리고 1990년대 이후에는 영구파업대체(permanent striker replacement)의 사용을 금지하는 법안을 통과시키기 위해 많은 노력을 기울이고 있다는 점을 들어 미국노동계의 노동정책에 대한 불만을 제시하였다. 또한 미국 사용자들 특히 근로자 참여 프로그램(employee-involvement program)의 설립을 제한할 수 있는 NLRA의 사용자 주도 노동 단체(employer-dominated labor organization)에 대한 제한에 반발하는 등 미국 노동법에 대한 노사 양측의 불만이 다량 접수되고 있다는 것이다.

또한 NLRB의 결정에서도 합의가 부족한 점은 미국에 있어 지난 몇 년간 의회는 NLRB의 노동 기준 적용의 갑작스러운 변화에 대한 청문회를 여러번 개최한 적이 있어 노동법을 적용하는 데 있어 불안정함이 보이며, 단체교섭의 법적지위가 전반적으로 훼손되는 것을 볼 수 있다고 주장하였다.

두 번째, 현재 미국의 노동기준이 대체로 ILO의 복수노조 관련 협약에 부합하다는 주장에 대해서는 던롭위원회가 제출한 보고서에는 지적한 미국은 현 시스템이 모든 근로자들에게 모든 상황에서 단체를 조직하고 단체교섭할 권리를 완전히 보장하지는 못한다는 사실적인 증거들과 ILO의 결사의자유위원회가 미국의 노동법이 ILO 기준과 많은 부분차이가 있다는 지적을 통해 반박하였다. 그는 최종적으로 2000년 Human Rights Watch(HRW) 보고서 "Unfair Advantage: Workers' Freedom of Association in the United States under International Human Rights Standards"를 미국 노동법의 부족함의 증거로 제출하였다. HRW의 보고서는 미국과 국제법의 차이에 대한 15개의 발견점을 제시하며, 이민자들과 농민들의 권리에 대한 몇 개 발견점을 추가적으로 싣고 있다. 미국 노동법에 대한 대부분의 기소는 조직 과정에서 노조 활동가들에 대한 불충분한 보호에서 기인하는 결사의 자유에 대한 제한에 관한 것이다. HRW는 특히 노조 지지자들에 대한 차별, 노조 조직자들이 근로자들로의 접근 제한, 고용주와 노조의 소통권 불평등에 문제가 있다고 지적했다.

세 번째, ILO 협약이 미국 연방노동법과 주법을 무효화시키며, 연방정부와 다수의 주법을 개정해야 된다는 견해에 대하여 반드시 그럴 필요가 없다는 주장을 하였다. 먼저 주법이 ILO 협약과 배치되는 경우는 캐나다 정부가 한 것처럼 결사의자유위원회의 비판을 각 주에 전달하여 각 주에게 해명하도록 하면 된다고 하였다. 그리고 ILO 협약이 연방법이나 주법을 무력화시킬 것이라는 견해에 대해서는 협약이 자체로 효력이 없음을 선언하고 비준을 하고, 또한 협약 제87호 11조에 포함된 '모든 필요하고 적절한 조치'라는 이해를 바탕으로 미국의 상황에 맞는 경우에만 협약이 요구하는 조건에 따를 것을 명시함으로서 현행법을 개정할 필요가 없을 것이라고 지적하고 있다.

이러한 주장을 통하여 Block et al.(2006)은 복수노조관련 ILO 협약 제87호와 98호는 1998년 ILO 선언을 통하여 회원국에 특이한 효력을 발휘하고 있기 때문에 미국이 단순히 협약 비준을 거부하는 것은 국제적인 비난을 면할 수 없고, 개도국에 대하여 미국이 인도적인 이유 또는 실용적인 이유로 노동기준을 도입하는 것을 권고하고 도덕적 권위를 잃지 않기 위해 협약의 비준이 필요하다는 점을 강조하고 있다.

4. 우리나라에 대한 시사점

본고는 복수노조의 허용문제와 관련된 ILO의 기본협약인 제87호와 제98호(결사의 자유와 단체교섭권의 보호)의 내용과 의미, 그리고 선진국의 비준 현황에 대하여 살펴보았다. 이 조항들에 대하여 ILO는 각국의 비준을 다양한 방법으로 권고하고 모니터링하고 있으나 미국은 이 협약을 비준하지 않고 있다. 또한 캐나다도 제98호는 비준을 하지 않고 있다[5].

미국과 캐나다의 경우에서 알 수 있는 점은 미국과 캐나다는 복수노조문제와 관련된 기본적인 사항은 허용하고 있으나 단결권과 단체교섭권의 대상이나 범위, 그리고 교섭창구단일화의 방법과 관련된 사항이 아직 ILO의 기준에 미치지 못하고 그에 따라 국내법을 개정해야 한다는 부담이 있기 때문에 비준을 하지 못하고 있는 것으로 보인다.

이는 비준을 반대하는 입장인 사용자 단체(USCIB)의 미국의 노동법은 그 자체로 완전하기 때문에 굳이 국내법을 개정하면서 까지 ILO 협약을 비준할 필요가 없다는 주장에서 들어나며, 이 주장은 국제기준인 ILO 협약이 반드시 옳다고 볼 수 없다는 미국의 자신감의 표출이라 볼 수 있다. 반면 ILO 협약의 비준을 주장하는 입장에서도 미국 노동관련법이 노사의 균형에 맞추어져 있다는 점에는 전혀 동의하지 않고 있지만, 복수노조관련 ILO협약을 비준하기 위하여 국내법은 꼭 개정하지 않아도 되기 때문에 국제사회의 비난을 모면하고 도덕성 회복을 위해 ILO 협약을 비준하자는 주장을 하고 있다. 그러나 실제로 지키지 않을 협약을 비준하는 것이 무슨 의미가 있느냐에 대해서는 정확한 답을 주지 못하고 있다. 비준

5 캐나다 정부에 대하여 ILO 협약 제98호를 아직 비준하고 있지 않는 이유를 메일로 문의한 결과 국제노동문제 담당자인 Bob Gray로부터 다음과 같은 답변을 받았다(2009년 12월).답변의 취지로 보아 미국과 유사한 이유로 이를 비준하지 않고 있는 것으로 판단된다.

Thank you for your email of November 3, 2009, regarding Canada's ratification of the International Labour Organization (ILO) Convention 98 (Right to Organize and Collective Bargaining Convention). My apologies for the delay in responding to your email. There is a high degree of conformity in Canada with the principles of the core Conventions of the International Labour Organization, including Convention 98. However, the Government of Canada only ratifies ILO Conventions dealing with matters within the jurisdictions of the provinces and territories with their agreement. Canada has ratified five of the eight ILO core Conventions, and the federal government is examining with the provinces and territories the possibility of ratifying the remaining ones. Sincerely, Bob Gray International and Intergovernmental Labour Affairs

을 하면 지켜질 것을 기대하고 있는 것으로 판단된다.[6]

따라서 양자의 견해를 모두 취합하면 미국이 비준하지 못하는 이유는 협약과 국내법의 충돌로 인하여 협약을 비준하면 국내법을 개정해야 하는 부담이 크며, 그 부담이 현재 미국의 이익에 부합하기 않기 때문이라 판단하고 있기 때문이라 결론지을 수 있다.[7]

미국과 캐나다의 사례에서 알 수 있는 것은 복수노조를 허용하는 것과 ILO의 복수노조 관련 협약인 제87호와 제98호를 비준하는 것은 또 다른 문제라는 것을 알 수 있다. 이는 복수노조관련 ILO 기본협약을 비준한 모든 나라가 ILO의 기준에 맞게 실제로 운영을 하지는 않고 있다는 의미이다.

우리나라 역시 복수노조를 허용하는 것과 복수노조와 관련하여 창구단일화의 절차 등의 방법과 절차에 따라 관련되는 ILO 기본 협약을 충족시킬 수도 있고 못할 수도 있다. 가능하면 ILO의 기준에 맞추는 것이 바람직하겠지만 현행 한국의 노사관계의 현실이 이를 충족하기 어렵다면 미국과 캐나다처럼 기본적인 사항만을 국제기준에 맞추고 운영은 자국의 현실에 맞게 하는 것도 주어진 한계 하에서 최선을 다하는 길일 수도 있을 것이다.

또는 미국과 FTA를 위하여 반드시 복수노조를 허용해야 한다는 견해는 부분적으로만 옳은 견해이다. 미국은 복수노조를 허용하고 있으나,

6 실제로 Poter(1984)는 멕시코가 비준 후에 제87호와 제98호의 요구 사항들을 실질적으로 지키지 않아 계속적인 비난을 받고 있다는 사실을 언급하고 있다.

7 미국은 냉전과 중동정치에 대한 논란으로 1978년 ILO를 탈퇴하였다가 1981년 재가입한 경험이 있다.

국제기준에 가깝다고 여길 수 있는 관련 ILO협약은 비준을 하고 있지 못하기 때문에, 한국에 기본적인 노동권 문제로 제소하여 배상금을 요구할 만큼 국제기준을 충족하고 있는 나라는 아니기 때문이다. 그러나 미국외의 국가들과 FTA를 체결할 시에는 향후 변경되는 노동기본권관련 조항에 대한 국내외 현황을 면밀히 고려하여 신중하게 대처하여야 할 것으로 여겨진다.

참고문헌

장신철(2008), 『OECD의 한국노동법 모니터링 – 시작에서 종료까지』, 한국노동연구원

이승욱(2009), “복수노조 시행 관련 쟁점과 전망”, 2009년 12월 제5회 POSRI HR Forum 발표자료

ILO(2000) Review of Annual Reports Under the Follow-Up to the ILO Declaration on Fundamental Principles and Rights at Work, Part II. Geneva: ILO Publications.

ILO(2008a), Freedom of Association: Digest of decisions and principles of freedom of Association Committee of the Governing Body of the ILO, Fifth(revised) edition.

ILO(2008b), Freedom of Association in Practice: Lessons Learned, International Labor conference 97th Session 2008.

ILO(2009), Ratifications of the ILO Fundamental Conventions (As of 25 Oct 2009), ILO(http://www.ilo.org/ilolex/english/newratframeE.htm))

Poter Edward E.(1984), Freedom of Association, the Right to Organize and Collective bargaining-Impact on U.S. Law and Practice of Ratification of ILO Convensions No.87 & No. 98, Labor Policy Association, INC. Washingtion, D.C..

Block Richard N. et al(2006), “Justice on the Job: Perspectives on the Erosion of Collective Bargaining in the United States,” W.E. Upjohn Institue for Employment Research, 2006. (Chapter 11: Richard McIntyre and Matthew M. Bodah, “The United States and ILO Conventions 87 and 98: The Freedom of Association and the Right to Bargain Collectively.”)

United States Council for International Business(2007), “Issue Analysis: U.S. Ratification of ILO Core Labor Standards,”

제3부_ 복수노조 및 전임자 급여 검토 및 대안 모색

제6장_ 복수노조 대안의 방향

김재훈

1. 서론

13년간 그 시행이 유예되어 온 기업단위 복수노조의 허용 및 교섭창구 단일화방안을 다룬 노동조합 및 노동관계조정법(이하 '노조법') 개정안이 여러 우여곡절 끝에 2010년 1월 국회를 통과하여 1년 반 이후인 2011년 7월부터 시행되게 되었다.

본고는 이와 같은 복수노조 허용에 따른 정책의 방향에 대해 기본적인 문제들을 점검하는 데 초점을 두고 있다. 우선 개정법이 취하고 있는 과반수대표제의 문제들에 대해 교섭단위의 기본인 '사업(장)' 개념의 문제, 교섭단위와 관련되어 그 기본적 구조와 교섭단위분리제도가 지니고 있는 문제, 우리나라와 같이 기업별 노조가 일반적인 상황에서 교섭대표자가 다른 노조의 인적·물적 운영과 관련되는 채무적 부분에 대해서까지 교섭함에 따른 문제들을 중점적으로 서술하기로 한다.

그리고 2010년 1월 개정 노조법에서는 당해 사업(장)에 과반수 노조가 존재하지 않는 경우 자율적인 교섭대표노조가 선정되지 못하면 교섭창구 단일화절차에 참여한 모든 노조가 공동으로 교섭대표단을 구성하여 사용자와 교섭하도록 정하고 있다. 이와 같은 상황으로 전개되는 경우 비례대표제 구도가 형성되어 관련되는 문제들에 대한 검토가 필요하게 되는데, 이에 대해 알아보기로 한다.

이어서 복수노조 허용이 1년 6개월 연기된 상황에서 노동계가 강력히 주장하는 자율교섭제의 내용에 대해서도 간략히 살펴볼 필요가 있게 되며, 원칙적인 복수노조 금지 하에서도 판례법리상 인정되어 온 조직대상의 차이나 조직형태의 차이에 따른 복수노조(다수노조) 허용법리의 내용에 대해서도 검토하여 보기로 한다.

2. 과반수 대표제의 검토

기업단위 복수노조 허용과 교섭창구 단일화방안에 대해 과반수대표제는 가장 많이 언급되어 온 제도이며, 결국 개정법에서도 이 방안을 채택하고 있다. 이 부분에서는 2008년 구성된 노사정기구에서의 공익안과 2009년 12월 노사정 합의, 그리고 2010년 1월 개정 노조법의 내용을 간략히 살펴본 후 기본적인 쟁점들에 대해 논하기로 한다.

1) 노사정위 공익안 및 노사정 합의내용

(1) 2008년-2009년 노사정위 노사관계선진화위 논의

경제사회발전노사정위원회(이하 '노사정위')에서는 2008년 10월 노사관계선진화위원회를 구성하여 복수노조 교섭창구 단일화방안 및 노조전임자 급여지급문제에 대하여 논의를 진행하였으며, 여기에서 마련된 공익위원안을 바탕으로 논의가 계속되었다.

공익위원 안의 개요는 다음과 같다.

(2) 공익위원 안의 개요

복수노조 교섭창구 단일화방안은 과반수대표제를 취하였다. 사업 또는 사업장 단위에서 노조 설립의 자유를 보장하고 노조의 자율적 교섭창구 단일화를 원칙으로 하되, 합의가 되지 않을 경우 전체 조합원의 과반수 교섭대표제에 의해 교섭창구를 단일화하도록 한다.

교섭단위는 사업 또는 사업장 단위로 하되, 예외적으로 노동조합의 신청으로 노동위원회의 결정을 통해 교섭단위의 분리를 허용한다. 그리고 교섭대표는 단체교섭과 단체협약 체결의 주체가 되며, 단체협약의 유효기간동안 그 지위를 유지하도록 한다.

교섭대표는 단체교섭뿐만 아니라 단체협약의 해석·적용과정에서 공정대표의무를 부담해야 하며, 이를 위반할 경우 적절한 구제방안이 마련되어야 한다. 조합원 수 확인, 선거 실시 등 교섭창구 단일화와 관련된 업무는 노동위원회에서 관장한다.

(3) 2009년 12월 4일 노사정 합의

노사정위 틀 안에서의 논의가 답보상태에서 벗어나지 못함에 따라 한국노총의 제안에 따라 2009년 10월 29일부터 한 달여간 6자 노사정대표자회의[1] 논의를 거쳐 노사정[2] 3자간 집중협상을 진행한 결과, 12월 4일 최종 합의가 도출되었다.

복수노조 허용과 관련되는 합의 주요내용은, 복수노조는 교섭창구 단일화를 전제로 허용하되 구체적인 방법은 역시 대통령령으로 정하도록 하고, 산업현장에 연착륙시키기 위한 준비기간으로 2년 6개월을 부여하도록 하였다.

합의문에 따르면, 근로자의 단결선택권을 보장하기 위해 사업장 단위 복수노조 설립 규제는 폐지하되, 이에 따라 야기될 수 있는 부작용과 혼란을 최소화하기 위해 교섭창구는 단일화하도록 하였다. 그리고 교섭창구 단일화를 위한 구체적인 방법·절차, 교섭 비용 증가 방지 방안 등을 노사정이 협의하여 시행령에 반영하고, 산업현장 교육·지도 등을 위한 충분한 준비기간을 두고 2012년 7월부터 시행하도록 하였다.

이 합의에 대한 평가는 참여 주체 및 입장에 따라 상반되나, 지난 13년간은 시행방안을 구체화하지 않고 단순히 기존법조항의 시행시기만 유예하던 것에 비해 대통령령으로 시행방안을 구체화하도록 명시함으로써 다소 진전된 것이라 평가할 수 있을 것이다.

2) 2010년 1월 1일 개정법의 개요

1 한국노총, 민주노총, 한국경총, 대한상의, 노동부, 노사정위원회.

2 한국노총, 한국경총, 노동부.

(1) 개정취지

2009년 12월 4일의 위 노사정 합의후 국회에서 여러 논의와 질사싱 우여곡절 끝에 2010년 1월 1일 국회를 통과한 노조법 개정법에서는 그 개정취지에 대하여, 입법적인 보완 없이 2010년 1월 1일부터 기업단위 복수노조가 허용될 경우 사업 또는 사업장 단위에서 근로조건 통일을 위한 교섭창구 단일화 절차에 대한 효력이 문제된다는 지적이 있었다는 점을 환기하고 있다.[3]

그러면서 사업 또는 사업장 단위의 노동조합 설립 규제를 철폐하면서 교섭창구를 단일화하도록 하여 합리적인 노사관계가 산업현장에 정착되도록 하려는 것에 개정취지가 있다고 밝히고 있다. 이 개정법의 개요는 다음과 같다.

(2) 개정법의 개요

하나의 사업 또는 사업장에서 2개 이상의 노동조합이 있는 경우에 그 노동조합은 교섭대표노동조합을 정하여 사용자에게 교섭을 요구하도록 하되, 사용자가 교섭창구 단일화를 거치지 아니하기로 동의하는 경우에는 그에 따르도록 하였다(제29조의2 제1항).

노동조합간 자율적으로 교섭대표노동조합을 정하고, 안될 경우 교섭창구 단일화 절차에 참여한 노동조합의 전체 조합원 과반수로 조직된 노동조합이 있는 경우에는 그 노동조합이, 없는 경우에는 공동교섭대표단이

3 국회, 「노동조합 및 노동관계조정법 일부개정법률안(대안)」, 2010. 1. 1. 참조.

교섭대표노동조합이 되도록 하며, 교섭대표노동조합에게 당사자의 지위를 부여하였다(제29조의2 제2항부터 제8항까지, 제29조의5).

교섭단위는 하나의 사업 또는 사업장으로 하되, 현격한 근로조건의 차이·고용형태, 교섭 관행 등을 고려하여 노동위원회 결정으로 교섭단위를 분리할 수 있도록 하였다(제29조의3).

교섭대표노동조합이 아닌 노동조합과 조합원에 대한 불합리한 차별을 방지하기 위하여 교섭대표노동조합과 사용자에게 공정대표의무를 부과하고, 이를 위반할 경우 노동위원회를 통하여 구제를 받을 수 있도록 하였다(제29조의4).

주요 개정사항들은 1년 반 후인 2011년 7월 1일부터 시행된다.

3) 교섭단위의 기본[사업(장)]의 개념 문제

(1) 개념의 불명확성과 현실적 적용상 문제

2010년 1월 개정 노조법에서는 교섭창구 창구단일화의 기초 전제로 되는 범위에 대하여 '사업 또는 사업장' 단위로 귀결시키고 있다. 주로 하나의 사업(장)에 하나의 단체협약이 적용됨으로써 노무관리가 간편해지고 교섭비용을 줄일 수 있으며, 교섭단위를 둘러싼 노노간의 분쟁을 극소화시킬 수 있다는 근거를 들고 있다.

노동법상 '사업'은 어려운 개념으로서 하나의 활동주체가 유기적 관련 아래 업(사회적 활동)으로서 계속적으로 하는 모든 작업을, '사업장'은 장소적으로 구획된 사업체의 일부분을 말한다고 설명되고 있다.[4] 그런데 하나의 법인에 여러 사업장이 존재하고 있고 노무관리등이 어느 정도 독립성을 지니고 행해지고 있을 때 별개의 사업에 해당하는지가 문제로 될 수 있다. 즉 본사나 지점이 산재해 있을 때 이를 하나의 사업으로 볼 것인가 아니면 별개의 사업으로 볼 것인지 문제로 된다.[5]

이에 대해 행정해석인 '근로기준법상 사업·사업장 판단기준'(1990. 9. 26. 근기 01254-13559)을 참조해 보면, 다음과 같이 판단된다. ① 본사, 지점, 출장소, 공장 등이 동일한 장소에 있는 경우에는 원칙적으로 하나의 사업으로 본다. 다만 동일 장소에 있더라도 현저하게 근로형태가 다른 부문이 있고, 그러한 부문이 주된 부문과 분리하여 취급하는 것이 보다 적절한 법 적용을 가능케 한다면 그러한 부문을 독립한 사업으로 본다. ② 본사, 지점, 출장소, 공장 등이 장소적으로 분산되어 있을 경우에는 원칙적으로 각각 별개의 사업으로 본다. 다만 장소적으로 분산되어 있다 할지라도 지점, 출장소, 공장 등의 업무처리능력 등을 감안할 때 하나의 사업이라고 말할 정도의 독립성이 없으면 직근상위조직과 일괄하여 하나의 사업으로 본다. ③ 이러한 기준에 따라 판단하기 어려울 경우에는 본사와 장소적으로 분산되어 있는 지점, 공장 등이 다음 세 가지 즉, ⅰ) 한국표준산업분류상 산업(대부분)이 다른 경우, ⅱ) 서로 다른 단체협약 또는 취업규칙을 적용받는 경우, ⅲ) 노무관리·회계 등이 명확하게 독립적으로 운영되는 경우 모두에 해당하는 경우에는 독립성이 있는 것으로 보고 별개의 사업으로 본다고 기준을 제시하고 있다.

그런데 하나의 기업에 장소별로 많은 지점이 있는 경우 인사관리 내

4 임종률, 「노동법(제8판)」, 박영사, 2009, 27-28면.

5 김유성, 「노동법 I - 개별적 근로관계법」, 법문사, 2005, 48-50면.

지 노무관리에 있어서 일반적인 지침을 따르면서도 각 지점의 특색에 따라 다양한 변용방법을 쓰는 경우가 많을 것이다. 이러한 경우 과연 별개의 사업에 해당하는지는 위 노동부 행정해석에 따르면 애매모호한 결론에 이르게 된다. 즉 위 기준에 의하면 장소가 다른 사업장은 원칙적으로는 별개의 사업으로 보기 때문에 사업장별로 별개의 노조가 설립될 수 있다는 결론에 도달할 수 있을 것이고, 이 경우 사업으로서의 독립성이 없다고 한다면 단결권 침해로 보아 소송으로 치달을 가능성도 존재하게 된다. 연혁적으로 보면 우리 노동법 제정시 일본 노동법을 모델로 한 이유에 근거하는 것으로, 일본 법은 독일법상의 난해한 개념을 이와 같이 번역한 결과에서 유래한다고 볼 수 있다.

법에 요구되는 일반적인 예측가능성의 관점, 특히 단결권의 기초전제를 이루는 개념전제라는 점에서 본다면 이 기준은 보다 명확하게 정비될 필요가 있다.

(2) 대안으로서의 '기업'단위 설정

우리 노동법상 사업(장)이라는 개념이 종종 사용되고는 있지만 복잡다단한 교섭단위 결정의 기초가 되는 개념으로는 다소 명확성이 결여되어 있으며, '기업'(법인)단위라고 확실하게 규정하는 대안[6]을 제시할 수 있다.

그 근거로는 우선 직접적으로 관련 대법원 판결[7]에서도 사업의 개념에 대해, 특별한 사정이 없는 한 경영상의 일체를 이루는 기업체 그 자체

6 남성일외, 「한국의 노동, 어떻게 할 것인가Ⅱ - 글로벌 기준과 제도개선」, 서강대 출판부, 2008, 387-388면 참조.

7 한국방송공사 사례, 대판 1993. 2. 9. 91다21381.

를 의미한다고 판시하고 있는 점을 들 수 있다. 그리고 교섭창구 단일화시 이와 같이 원칙적으로 '1회사 1교섭단위'를 구상하는 이유는, 지금까지의 우리나라에서의 교섭관행 및 국세적인 추세와도 부합하기 때문이다.

우리나라의 단체교섭은 주로 기업단위로 결성되어 활동해 온 기업별 노조체제에 맞추어 기업단위로 행해져 왔다. 근래 산별노조 경향이 있어 오기는 했지만, 최근 이 흐름은 결국 각 기업별 지부(내지 분회)의 권한 강화라는 원래의 모습으로 회귀하고 있는데, 대법원 판례에서도 (산별)단위 노조의 기업별 지부가 독자적으로 활동하는 경우에는 독자적인 단체교섭권을 지닌다고 판시하여,[8] 운영 실태에 적합한 판단을 하고 있다.

국제적인 경향도, 산별 내지 직종별 노조의 역사가 오랜 구미국가들에서조차 산업구조가 고도화되고 생산체계가 소품종 다량생산방식에서 다품종 소량생산방식으로 전환됨에 따라 기업별 교섭을 통한 근로조건 결정방식이 급격히 증가하고 있다.[9]

더 나아가 노조와의 대립적 노사관계 구도에 의한 근로조건 결정구도는 현대적 산업구조 및 근로방식과 적합하지 않다는 논의가 과반수대표제에 의한 교섭구도의 모국인 미국에서 대부분의 학자들에 의해 주장되고 있다. 즉 미국에서의 최근 논의에서는 연방노사관계법(NLRA)에 의한 근로조건 결정구도가 실패한 정책이라는 점에 대부분의 학자가 공감하고 있다고 하며,[10] 20여년전 이미 Paul Weiler 교수는 Harvard Law Review

8 대판 2004. 7. 22. 2004다24854 등.

9 이원덕, 「21세기 한국의 노동」, 한국노동연구원, 1998, 133-162면 참조.

10 Cynthia Estlund, "The Ossification of American Labor Law", *Columbia Law Review*, Vol.102, 2002, 1527면.

논문을 통하여 "현재 미국 노동법은 죽은 제도의 고상한 비석에 점점 더 근접해가고 있다"고 진단한 바 있다.[11] 그리고 미국 의회에서도 1984년 노사관계에 대한 조사보고서를 통하여 NLRA제도가 그 목적 달성을 멈춘 제도라고 평가한 바 있으며,[12] 이와 같은 지적들에 불구하고 입법부나 행정부의 개선조치는 취해지지 않고 있고 오히려 NLRA의 오래된 정책은 작업장 혁신 및 이에 대한 노사관계 발전을 봉쇄하는 악영향을 미치고 있다고까지 분석되고 있다.[13]

조만간 기업단위 복수노조가 허용되는 우리나라의 현재 상황으로는 개정법의 취지와 같이 가능한 한 교섭상의 혼란과 비용을 줄이는 방향으로 관련정책이 추진되어야 하는데, 논의의 전제인 기초범위에 관해서부터 집중적인 논의가 요구된다.

4) 교섭단위 관련문제

개정 노조법에서는 교섭단위에 대해 현격한 근로조건의 차이, 고용형태, 교섭관행 등을 고려하여 노사 일방 또는 쌍방의 신청을 받아 노동위원회가 결정하도록 하고 있는데, 교섭단위의 기준 및 분리문제는 쉽지 않은 과제를 남기고 있다.

---

11 Paul Weiler, "Promises to Keep: Securing Workers' Rights to Self-Organization under the NLRA", *Harvard Law Review*, Vol.96, 1983, 1769면.

12 House Comm. on Educ.&Lab., *The Failure of Labor Law-A Betrayal of American Workers, Report of Subcomm. on Labor-Management Relations*, 1984, 참조.

13 Benjamin I. Sachs, "Labor Law Renewal", *Harvard Law & Policy Review*, Vol.1, 2007, 375면.

(1) 제도 모국들에서의 기준[14]

과반수대표제의 모국인 미국과 캐나다에서 교섭단위를 둘러싼 분쟁은 지속적으로 행해져 왔고, 아직도 행해지고 있다. 미국에서는 최상위기준인 '이해관계의 공동성(community of interest)'이라는 징표 아래 다음의 지표들이 교섭단위의 결정요소로 작용하고 있다.

① 임금·근로시간·기타의 근로조건의 유사성
② 기능적 통합성
③ 조직적·감독적 구조
④ 근로자들의 인사이동
⑤ 단체교섭의 선례와 직종별 교섭단위의 분리
⑥ 근로자들의 의사
⑦ 노동조합의 조직범위

위 세부요소들에 의해, 이해관계의 공동성은 지리적 근접성, 근로조건이나 작업기술의 유사성과 같은 요인들에 의해서 결정된다. 한편으로 이해관계의 공동성에서 차이가 있는 근로자집단들 사이에서 인사이동이 빈번하거나 작업공정의 성격이 고도의 통합성을 띠고 있다면, 두 종류의 집단들은 상호의존성이 높아질 것이고 보통은 하나의 교섭단위를 구성할 수도 있을 것이다. 또한 단체교섭이 원만하고 성공적으로 행해지고 있다면, 여기에 포함되어 있는 소수의 근로자집단들이 별도로 단체교섭을 행

14 이 부분은 주로 이철수, 「미국의 교섭제도의 주요 내용과 한국적 함의」, 노동부 용역보고서, 2005, 참조.

하고자 주장하는 경우에도 그러한 분리를 부정할 수 있는 근거가 될 수 있을 것이다. 반면에 넓은 범위의 근로자들을 포괄하는 기존의 교섭단위가 적절하게 교섭단위 내에 포함되어 있는 근로자들의 이해관계를 대변하지 못하고 있다면, 특수한 집단의 근로자들에게 선거를 통해서 교섭단위를 분리시킬 수 있는 방법도 보장되어야 한다.[15]

그리고 미국의 영향을 받은 캐나다에서도 '이해관계의 공동성(community of interest)'이라는 대표개념 아래 다음과 같은 사항들이 열거되고 있는데, 대체로 미국의 경우와 유사하다.

① 임금을 결정하는 기준과 방법에서의 유사성; 복리후생, 근로시간 기타 근로조건의 유사성; 근로의 종류에서의 유사성; 근로자의 자격, 기술, 훈련에서의 유사성

② 근로자간의 접촉이나 인사이동의 빈번성과 작업장의 지리적 근접성

③ 생산과정의 연속성이나 통합성

④ 공통된 관리체제 및 공통된 노동정책 결정

⑤ 사용자의 행정조직에 대한 관계

⑥ 단체교섭의 역사

⑦ 관련 당사자와 근로자의 희망

⑧ 노동조합의 조직대상

한편, 영국은 직종별 노조의 전통이 강하여 하나의 사업장 내에서 다

15 Ridgway M. Hall, Jr., The Appropriate Bargaining Unit : Striking a Balance Between Stable Labor Relations and Employee Free Choice, *Western Reserve Law Review*, vol. 18, 1967, 537~538면.

수의 교섭단위가 설정되는 것이 일반적인 바, 이에 관해 효율적 경영, 노사의 입장, 기존의 교섭 관행, 근무장소 등을 고려하여(TULRCA 1992 부칙 제19조 제2항) 중앙중재위원회(CAC)가 폭넓은 재량권을 가지고 결정하고 있다.[16]

(2) 현대적 상황과의 관련

주지하는 바와 같이 21세기에 접어들어 나날이 산업업종은 분화하고 있고, 직종 또한 분화하고 있다. 이와 같은 환경 하에서 각 기업들은 인사노무관리전략으로 각 업종 내지 직종에 따라 그 특성에 적합한 차별화정책을 구사하고 있으며, 나아가 업종 내지 직종 내에서도 근무의 특성에 따라(가령 직위별 또는 특수업무분야별) 다양한 근로조건 설정구도를 취하고 있다. 또한 세계적 경쟁의 격화에 따른 비용절감 차원에서 기간제·단시간근로 등 비정규근로의 활용뿐만이 아니라 파견근로·용역근로·사내하도급과 같은 간접고용형태도 빠른 속도로 증가하고 있으며, 아울러 구조조정의 활성화로 회사간 이동, 지역별 특성화 전략을 취하고 있기도 하다.

이와 같은 현대적 경향들은 근로자 속성에 따른 관리의 개별화, 종합적 관리의 분산화로 단적으로 특징지어질 수 있는데, 각 근로자군들의 특성에 따른 별도의 교섭단위를 요구하는 경우 어떻게 대처해야 할 것인지 하는 문제가 기본적으로 제기될 수 있다. 개정법에서는 노동위원회의 결정에 맡기면 된다고 하지만, 이에 관한 노동위원회의 결정은 중요한 단체교섭권에 직결되는 단결권에 관한 문제이고 행정처분에 해당되어 당해 처

16 이에 대해서는 강성태, "영국의 노동조합 승인제도", 「노동법연구」 제19호, 서울대노동법연구회편, 2005, 참조.

분에 대해 불복할 확률이 높고, 불복하여 행정소송이 제기된다면 대법원 확정판결까지 가장 기본적인 교섭구도마저 확정되지 못하는 불안한 상황에 처하게 된다는 근본적인 의문을 제기할 수 있다.

이러한 우려는 우리나라 노동시장 현상에 따르면 기본적으로 정규직과 비정규직간에 근로조건의 결정구도·감독구조부터 현격한 차이가 있다는 점에서 보면 일반적으로 별도의 교섭단위를 인정하지 않을 수 없을 것이라는 점, 업종간·직종간·직위간 인사노무 관리구도의 차이가 존재하는 것이 일반적이라는 점, 그 내부에서도 근로조건 개별관리체제가 확산되어 상이한 관리구도가 행해지고 있다는 점을 고려하면 더욱 문제로 제기될 수밖에 없다. 나아가 지역단위 사업장들 간에 특성이 존재하는 경우, 가령 우리나라에서 일반적으로 그렇듯이 수도권에 본사가 존재하고 지방에는 제조업 공장이 존재하는 경우라든가 미국의 사례에서 보이듯이 체인소매기업의 경우 다양한 조직 원리에 근거하여 독특한 근로조건 결정구도를 취하고 있는 경우에도 별도의 교섭단위를 인정해야 하는 상황이 될 수도 있다.

캐나다에서 법령에 의해 직종단위(crafts units),[17] 엔지니어와 같은 전문직 근로자(professional employees),[18] 청원경찰(private constable),[19] 경비직(guard),[20] 특수형태근로종사자(dependent

17 B.C., Labour Relations Code, s.21; N.B., Industrial Relations Act, s.13(2); N.S., Trade Union Act, s.24(1); Ont., Labour Relations Act, 1995, s.9(3).

18 엔지니어는 전문직 근로자를 독자적인 교섭단위로 허용하는 조항에 의해서 독립된 교섭단위로서 인준을 보장받을 수 있다는 점에 유의하여야 한다. Canada Labour Code, s.27(3); B.C., Labour Relations Code, s.21(3); Ont., Labour Relations Act, 1995, s.9(4).

19 Canada Labour Code, ss.26, 27(6).

20 예컨대 Ont., Labour Relations Act, 1995, s.14.

contractor)[21]에 대해서는 원칙적으로 별도의 교섭단위를 구성할 수 있도록 규정하고 있는 점을 보면, 위와 같은 우려는 현실화된다.

(3) 노·사의 신청과 노동위 결정에 의한 교섭단위 분리문제

앞서 본 바와 같이 개정 노조법에서는 노사 일방이나 쌍방의 신청에 따라 노동위원회가 교섭단위를 분리하는 결정을 할 수 있도록 정하고 있다. 그러면서 그 사유로 현격한 근로조건의 차이, 고용형태, 교섭관행 등을 들고 있다.

별도 교섭단위를 인정하기 위한 사정으로 노사정위 공익안에서는 관련노동조합의 실질적인 조직대상, 과거 교섭의 연혁, 관련 노조의 의사, 종업원의 수적 분포, 노무관리나 인사, 작업감독에 대한 공동의 결정, 생산과정의 계속성 또는 통합성, 근로자의 인적 교류, 당해 사업체의 업종의 성격, 동종 업계의 관행, 당해 지역의 관행 등을 고려하여 구체적·개별적으로 결정하여야 한다고 밝힌 바 있다.[22]

그런데 앞서 본 바와 같이 교섭단위 문제는 미국·캐나다·영국 등 배타적 교섭단위제도를 취하는 국가들에서 '이해관계의 공통성'(community of interest)이라는 기준에 의해 결정되는데 아직도 다툼이 많은 문제이며, 공익안이 들고 있는 고려사유는 그 결정을 위해 앞에서 상술한 미국과

---

21 B.C., Labour Relations Code, s.28; Ont., Labour Relations Act, 1995, s.9(5). West Fraser Mills Ltd. and IWA-Canada, Loc. I-425 (Re), 93 C.L.L.C. 16,044 (B.C.L.R.B.), 재심신청(application for reconsideration)이 일부 인정 94 C.L.L.C. 16,046 (B.C.L.R.B.).

22 이승욱, "복수노조와 교섭창구 단일화", 「서울대학교 노동법연구회 2009년 가을학술발표회 자료집」, 2009. 10. 17, 18-19면.

캐나다에서의 구체적인 요소들을 참조한 것임을 알 수 있다.

미국의 경우 1937년의 Globe 사건에서 근로자들 신청에 의한 교섭단위 분리를 인정하였지만,[23] 1939년 America Can 사건에서 부인된 바 있다. 그런데 1947년의 Taft-Hartley 법이 교섭단위의 부분적 분리를 인정한 바가 있지만, 이는 엄밀하게 보면 기본적인 교섭단위가 별개로 설정되는 것이 타당하다는 취지로 해석함이 타당할 것이다. 이는 위에서 간략히 본 바와 같이 캐나다에서 법령으로 전문직은 별도의 교섭단위를 설정할 수 있도록 한 점에서 보면 이해할 수 있을 것이다.

이처럼 이 문제는 교섭단위의 기준과 적용에 관한 기본적인 문제와 연결되는 것으로, 앞서 본 바와 같이 산업구조의 고도화에 따라 동일 기업 내에서도 나날이 세분화되어 가고 있는 직종별 · 직위별 · 업종별 구분을 들어 교섭단위 분리를 주장할 경우 어떻게 처리해야 할지가 기본적인 문제로 제기된다. 그리고 앞서 살핀 바와 같이 노동위원회 결정에 대해 불복하는 경우 행정처분에 해당하여 행정법원(1심 및 2심) → 대법원에서의 판단절차를 거치게 되는데, 이로 인한 기업내 노사관계의 장기적 소요가 야기될 수 있고, 무엇보다 교섭단위의 기본마저 결정되지 아니한 상황에서 노사관계가 불안하게 전개될 우려가 존재하게 된다.

5) 교섭대표자 관련문제

(1) 교섭대표자의 법적 지위

23 이 사건은 광택작업 종사자와 펀치프레스작업 종사자 간 교섭단위 분리신청 사건이다.

이는 교섭대표가 창구단일화를 계기로 별도의 교섭당사자가 되는지 아니면 교섭담당자에 불과한지에 관한 논의이다.

교섭당사자로 보면 창구가 단일화됨으로써 다수의 노조는 교섭대표에 교섭권을 이양한 것이 되고 교섭대표는 별도의 법적 실체를 가지고 독립적인 지위를 부여받게 된다. 마치 하나의 교섭대표 내에 여러 분파가 존재하는 것과 유사하다. 단체협약의 서명날인 주체, 부당노동행위 구제신청권자, 쟁의행위 찬반투표의 주체 등은 모두 교섭대표를 매개로 해서 결정된다.

반면 교섭담당자로 보면 창구가 단일화되더라도 기존 노조는 교섭권을 가지고 있고 다만 교섭권한을 교섭대표에게 위임한 것에 불과하고 교섭대표는 교섭을 위한 일시적 집합체에 불과하다. 따라서 단체협약의 서명날인 주체, 부당노동행위 구제신청권자, 쟁의행위 찬반투표의 주체 등은 개별조합으로 환원된다.

교섭대표에게 독자적 당사자성을 부여하지 않으면 창구단일화의 실효성이 떨어질 뿐만 아니라 단체교섭 이후 조합별로 단체협약 체결거부, 독자적인 쟁의행위 돌입 등 창구단일화로 인해 오히려 혼란만 가중될 위험이 있다. 외국의 입법례를 보더라도 당사자 지위를 부여하는 것이 보편적이다. 개정 노조법에서도 교섭대표의 당사자성을 염두에 두고 있다고 볼 수 있고, 노사정위 공익안도 이러한 근거에서 교섭대표자의 법적 지위를 교섭당사자로 전제하고 있다.[24]

그런데 이 경우 교섭당사자인 교섭대표노조에 대하여 기타 노조의 집

24 이철수, "복수노조·전임자 문제를 둘러싼 사회적 대화의 과정과 결과", 「한국노사관계학회 2009년 추계정책토론회 발표집」, 2009. 10, 15면.

단적 노사관계 운영에 관한 사항, 즉 인적 기반인 노조 전임자등 관련사항과 물적 기반인 노조 사무실 관련사항 등에 대해서도 교섭을 맡겨야 하는 기본적인 문제에 봉착하게 된다.

(2) 교섭대표자의 교섭범위 문제

이 문제에 대하여 개정 노조법에서는 교섭대표자의 교섭범위가 규범적 부분(근로조건에 관한 부분)에 한정된다는 규정이 없는 점을 보면 채무적 부분(노조 전임자·사무실 등 집단적 노사관계 운영에 관한 사항)까지 교섭범위에 포함시키고 있고, 2009년 7월 노사정위 공익안에서는, 교섭대표가 채무적 부분까지 교섭할 수 있도록 하는 방안을 제시하고 있다.

이에서는 교섭대표는 규범적 부분에 한해서만 교섭을 할 수 있을 뿐이라는 주장이 제기된 바 있다고 설명하고 있다. 교섭창구 단일화를 하는 목적은 노동조합의 단체교섭권을 제한하여 사용자의 번거로움을 덜어주고자 하는 데 있는 것이 아니라, 복수노조 허용에 따른 사업장 단위에서의 교섭착종을 방지하고 적어도 하나의 사업장 내에서는 통일된 근로조건이 형성될 수 있는 기초를 마련하고자 하는 데에 있다는 것이다. 따라서 반드시 동일한 근로조건이 형성되어야 할 합리적인 이유가 없는 경우에는, 교섭창구를 단일화해야 하는 필요성이 없으며, 그럼에도 불구하고 노동조합별로 상이할 수 있는 채무적 부분까지도 교섭창구단일화 대상으로 포함한다면 이는 비례성에 반하여 위헌으로 판단될 수 있는 여지가 많다는 것이다.[25]

25 박종희, "복수노조하 단체교섭창구 단일화", 「복수노조 교섭창구 단일화 논의자료」(노사정위원회 23차 노사소위 회의자료), 노사정위원회, 2003. 7. 25, 160면.

또한 채무적 부분은 성질상 모든 노동조합에 대해 동일하게 적용할 수 있는 성질이 아니라는 점(산별노조 vs. 기업별노조), 법에 의해 특별히 그 효력이 부여되는 규범적 부분과 달리 채무적 부분은 일반 계약법리에 의해 원칙적으로 규율되는 영역이라는 점을 고려하여 각 노조에 대해 독자적인 교섭권을 인정할 여지가 있다는 점에서 유용한 측면도 있다는 것이다.

그러나 채무적 부분에 대한 독자적 교섭권을 인정한다면 교섭상의 혼란과 이중교섭의 부담 등 창구단일화의 취지에 반하는 현상이 발생할 가능성이 있다는 점, 교섭대표에게 당사자성을 부여하는 이상 소수조합의 요구는 하나의 법적 실체 내의 내부문제에 불과하다는 점을 고려하면 원칙적으로 교섭대표는 채무적 사항에 관해서도 교섭하고 협약을 체결할 권리를 가진다고 보아야 할 것이라고 결론내리고 있다.

다만 비공식적인 논의과정에서 비례대표제의 경우에는 교섭에 모든 노조가 참여하는 것이 원칙이기 때문에 채무적 부분에 대한 협상의 기회가 부여되지만 다수대표제의 경우는 그러하지 않다는 점을 들어 비례대표제를 조건으로 채무적 부분을 포함시키자는 주장이 제기되기도 하였다. 이 외에도 채무적 사항의 성격에 따라, 즉 모든 노조에게 공통적·일률적으로 적용되더라도 조합간 차별이나 불평등을 초래하지 않는 사항(예컨대, 조합비공제조항, 교섭절차조항 등)에 대해서는 그 적용을 인정하되, 조합원수 등 조합의 규모와 구체적 처지에 따라 대우의 차이가 합리적인 사항(예, 노조전임자의 수, 조합사무소의 규모, 법이 허용하는 범위 내의 사용자의 기금기부 등)에 대해서는 그 적용을 배제하자는 주장도 제기되었다.

이러한 주장 공히 소수조합의 보호에 주의를 환기시킨 점에서 경청할 만하지만, 다수대표제의 경우에도 소수조합의 사전적 참여를 보장함으로써 비례대표제의 장점을 활용하는 방안을 통해 보완할 수 있으며, 채무적 사항의 성격에 따라 분리취급할 경우 그 해석을 둘러싸고 당사자간에 분쟁이 발생하고 법적 안정성이 훼손된다는 점을 고려하면 독자적인 교섭실체인 교섭대표가 일원적으로 규범적 사항과 채무적 사항을 처리할 수 있도록 하여야 할 것이고, 실제 교섭과정은 채무적 사항과 규범적 사항이 패키지로 다루어지는 것이 상례이기 때문에 이를 이론적으로 구분하여 접근하는 것은 교섭비용을 증가시키고 합의로서의 실질을 상실할 우려가 많다는 점도 고려하여야 할 것이라고 보고 있다.

그러면서 결론적으로, 교섭대표를 독립적인 법적 실체로 인정한 이상 단체교섭상의 소수조합의 차별 또는 미보호는 원칙적으로 공정대표의무 위반의 법리로 규율하여야 할 것이며, 다만 소수조합의 보호를 위해 교섭사항을 사전에 서면으로 제시하게 하는 등의 절차적 규정을 정비할 필요는 있을 것이라고 매듭짓고 있다.[26]

개정 노조법에서는 교섭창구 단일화의 취지를 고려하여 채무적 부분까지 교섭대표가 교섭하는 방안을 제시하고 있다. 그러면서 부당한 경우에 대해서는 공정대표의무 위반의 법리로 규율하는 방안을 기본적으로 제시하고 있지만, 우리나라 상황에서 근본적인 해결책이 될 수 있을지 의문이다. 이러한 의구심은 미국등 서구와 달리 우리나라에서는 기업별 노조가 일반적이고 그 역사 또한 길지 아니한 관계로 노조의 인적·물적 기반(단체교섭의 채무적 부분)은 노조의 생존을 좌우하는 중요한 사항인데, 기

26 이철수, "복수노조·전임자 문제를 둘러싼 사회적 대화의 과정과 결과", 「한국노사관계학회 2009년 추계정책토론회 발표집」, 2009. 10, 16-17면.

타 노조에 대해 대표노조가 과연 적정한 교섭에 임할 수 있을까 하는 근본적인 의문에서 출발된다. 이어서 미국에서의 공정대표의무 법리에 대해 살펴보기로 한다.

6) 미국에서의 공정대표의무 법리[27]

(1) 공정대표의무의 근거

미국 연방제정법은 다수의 근로자에 의하여 선출된 노동조합에게 배타적 교섭권한을 부여함에 있어서 그 권한과 불가분한 의무로서 공정대표의무를 부과하고 있다. 따라서 배타적 교섭권한을 부여한 NLRA 제9조[28] 및 철도노동법 제2조 제4호[29]가 공정대표의무를 부과하고 있다. 배타적 교섭권한 자체와 불가분한 의무이기 때문에 NLRB에 의한 인증의 유무는 불문한다. 또 공정대표의무는 조합원과의 관계에서도 역시 위 연방제정법상의 의무로서 노동조합에게 부과된다.

공정대표의무 위반의 여부는 연방제정법상의 문제가 되기 때문에 연방법원이 관할권을 가지고 있으며, 주법원도 경합적 관할권을 가진다.[30] 한편 NLRB는, 공정대표의무는 전국노사관계법 제7조에서 보장된 근로

27 이는 주로 이철수·이병훈·이승욱·조용만·손향미, 「복수노조 교섭창구 단일화방안」, 노동부, 2004. 12, 37-46면 참조.

28 29 U.S.C. §159 (a).

29 45 U.S.C. §152 Fourth.

자의 "스스로 선택한 대표를 통하여 단체교섭을 행하는 권리"에 포함되어 있다고 해석하며, 동의무의 위반을 제8조(b)(1)(A)위반의 부당노동행위라고 하고 있다.[31]

(2) 공정대표의무의 내용

공정대표의무란 간단히 말하면, 배타적 교섭대표인 노동조합이 사용자와 단체교섭을 행함에 있어서 교섭단위내의 모든 근로자의 이익을 공정하게 부당한 차별없이 대표할 의무이다. Vaca사건 판결에 의하면, 교섭단위내의 공정하게대한 노동조합의 행위가 「자의적, 차별적 또는 불성실(arbitrary, discriminatory or in bad faith)」한 경우에 공정대표의무위반이 성립한다. 이러한 공정대표의무는 협약교섭단계에서 뿐만 아니라 협약의 운영단계 즉 고충·중재절차에서도 인정된다.

먼저, 협약교섭단계에서는 인종차별적 내용을 갖는 단체협약을 체결하는 것이 공정대표의무위반의 대표적인 예이다. 그러나 단지 협약조건에 차별이 있다는 것만으로 동의무위반이 성립하는 것은 아니며, 교섭대표인 노동조합은 합리적으로 관련 있는 고려에 근거하는 차별을 설정할 권한을

30 Vaca v. Sipes, 386 U.S. 190 (1976). 피용자 Owens가 고혈압으로 수개월간 입원 후 회사에 복직을 요구하였지만 회사는 회사 의사의 진단에 의하여 근로를 감당할 수 없다고 하여 복직을 거부하고 Owens를 해고하였다. 노동조합은 오웬즈의 고충에 근거하여 협약상 고충처리절차를 4단계까지 추진하였지만 다른 의사에 의한 진단도 오웬즈의 입장을 지지하지 않았기 때문에 이 고충을 중재에 회부하지 않을 것을 결정하였다. 오웬즈는 노동조합의 중재부탁거부를 이유로 노동조합을 상대로 공정대표의무위반을 주장하여 손해배상의 소송을 제기하였다. 원심(미주리주대법원)은 손해배상을 인정하였지만, 연방대법원은 이를 파기하였다. White판사는 ①주법원의 관할권 유무, ②노동조합의 공정대표의무위반의 성립여부 및 ③책임의 범위에 관하여 판단하였다.

31 Miranda Fuel Co., 140 NLRB 181 (1962), enforcement denied, 326 F.2d 172 (2d Cir, 1963).

가진다. 판례는 인종, 성별, 조합원지위[32]에 근거하는 차별을 제외하면, 상당히 광범위한 협약조항이 일부의 자에게 불이익을 주더라도 합리적인 것으로 인정하는 경향이 있다.[33] 다만, 결정에 이르는 과정이 부당하게 보이는 경우에는 그것 때문에 노동조합의 불성실이 인정되어 공정대표의무 위반으로 되는 경우가 있다.[34] 노동조합은 근로자들이 요구된 고용조건에 관하여 잘못 이해될 수 있는 불분명한 조합보장협정이 있는 경우에는 이를 정확히 공개할 의무도 공정대표의무의 내용이 된다.[35]

고충·중재절차에서도 주로 인종, 성별 등에 근거하는 부당한 차별은 공정대표의무위반이 된다. 또 고충을 무시하거나 가감하는 방법으로 추진하는 경우에 공정대표의무위반이 된다. 다만, 노동조합이 모든 고충을 중재에 회부하여야 하는 것은 아니며, 노동조합이 성실하게 판단하였다면, 중재에의 회부를 거부한 고충이 실제는 회부할 실익이 있었다고 하더라도 공정대표의무위반은 성립하지 않는다.[36] 또 노동조합은 고충절차의 진행 여부를 결정할 재량권을 갖는다.[37]

(3) 공정대표의무 위반의 효과

32 비조합원의 고충처리에 차별한 사건, Thompson v. Brotherhood of Sleeping Car Porters, 316 F.2d 191 (4th Cir. 1963); Wallace Corp. v. NLRB, 323 U.S. 248 (1944)

33 Humphrey v. Moore, 375 U.S. 335 (1964). 2개의 회사의 영업합병에 따른 피용자의 선임권처리가 문제되었다. 단체협약은 영업양도등의 경우 피용자의 선임권은 사용자와 노동조합이 합의에 의하여 결정하도록 규정하였다.

34 Smith v. B & O R.R., 485 F.Supp. 1026, 1031 (D. Md. 1980).

35 Electrical Workers Local 444, 311 NLRB 105 (1993).

36 위 Vaca사건.

37 Harris v. Chemical Leaman Tank Lines, Inc., 437 F 2d 167 (5th Cir. 1971).

법원이 들고 있는 공정대표의무위반의 효과는 다음과 같다. 첫째, 근로자는 노동조합과의 관계에서 공정대표의무위반행위의 금지를 명하는 Injunction 및 손해배상을 명하는 판결을 구할 수 있다. 다만, 사용자의 협약위반과 노동조합의 고충처리에 관한 공정대표의무위반이 존재하는 경우에는 노동조합으로부터 구할 수 있는 손해배상의 범위는 공정대표의무위반의 결과 손해가 증가한 부분에 한정되고, 사용자의 협약위반만으로 발생한 부분은 포함되지 않는다. 또 징벌적 손해배상은 인정되지 않는다. 둘째, 공정대표의무에 위반하여 노동조합이 체결한 협약조항은 효력을 갖지 않는다. 셋째, 노동조합이 동의무에 위반하여 행한 고충처리는 근로자를 구속하지 않는다. 따라서 개별근로자는 노동조합이 공정대표의무에 위반하여 고충처리·중재부탁을 거부한 경우에는 협약상의 절차불이행의 항변을 하거나 대사용자의 단체협약위반의 소를 제기할 수 있다. 또 고충이 중재에 회부된 것에 대한 노동조합의 공정대표의무위반에 의하여 근로자에게 불리한 재정이 내려진 경우에도 개별근로자는 재정의 종국적 효력을 규정하는 협약조항에 관계없이 역시 대사용자의 협약위반의 소를 제기할 수 있다.

NLRB는 공정대표의무위반을 제8조(b)(1)(A)위반의 노동조합의 부당노동행위가 성립된다고 하고, 사용자가 그에 관여하는 경우에는 제8조(a)(1)위반의 부당노동행위도 성립한다.[38] 또 동시에 제8조(b)(2) 및 (a)(3)위반이 되는 경우도 있으며, 나아가 제8조(b)(3)의 노동조합의 성실교섭의무위반이 인정되는 사례도 있다.[39]

38 위 Miranda Fuel Co.사건.

39 Independent Metal Workers Local 1 (Hughes Tool Co.), 147 NLRB 1573 (1964).

위와 같이 부당노동행위의 성립이 인정되면 NLRB는 중지·금지명령 및 기타 적절한 구제명령을 발할 수 있다.[40] 또 대표절차에서도 NLRB는 노동조합이 공정대표의무에 위반한 경우에 인증의 취소 또는 협약장벽의 부정이라는 조치를 취한다. 그러나 이러한 조치들은 공정대표의무 위반에 의해 발생한 결과 그 자체를 구제하지 못하므로 교섭대표로서의 이익 박탈이라는 위협을 통해 간접적으로 조합에게 공정한 대표를 요구하는 것에 지나지 않는다는 한계를 갖는다. 또한 강력한 조직력을 가진 노동조합은 인증의 상실 혹은 협약장벽의 법리를 부정하더라도 자력으로 단체교섭을 행할 수 있고 선거에 충분히 이길 수 있으므로 그 효과가 무력하게 된다는 점에서, 이 경우 공정대표의무의 기능이 중요함에도 불구하고 오히려 실효성을 상실하고 의무위반에 대한 구제로서 불충분하게 된다는 문제가 있다.

3. 비례대표제, 자율교섭제, 기타 방안의 검토

2010년 1월 개정 노조법에서는 당해 사업(장)에 과반수 노조가 존재하지 않는 경우 자율적인 교섭대표노조가 선정되지 못하면 교섭창구 단일화절차에 참여한 모든 노조가 공동으로 교섭대표단을 구성하여 사용자와 교섭하도록 정하고 있다(노조법 제29조의 2). 이에 해당하는 경우가 많지

40 International Longshoremen's Association Local 1367, 148 NLRB 897 (1964).

는 않겠지만, 이와 같은 상황으로 전개되는 경우 비례대표제 구도가 형성되어 관련되는 문제들에 대한 검토가 필요하게 된다. 그리고 복수노조 허용이 1년 6개월 연기된 상황에서, 노동계가 강력히 주장하는 자율교섭제의 내용에 대해서도 간략히 살펴 볼 필요가 있게 된다.

1) 비례대표제의 검토

(1) 비례대표제의 구상

비례대표제는 조합원 수에 비례하여 교섭위원단을 구성하도록 하고 교섭위원단이 교섭대표가 되도록 하는 방안인데, 2003년 5월 노동부의 '노사관계선진화연구위원회'에서 교섭창구 단일화방안의 하나로 제시된 바 있다.

비례대표제는 조합원 수에 비례하는 교섭대표단의 구성이라는 점에서 일견 합리적으로 보이지만 교섭대표단을 구성하는 교섭위원의 수를 복수노조간에 구체적으로 어떻게 배분할 것인지, 교섭대표단을 구성하는 교섭위원의 다수결의사로 하나의 단체협약을 체결하는 경우에도 교섭대표단이 자신의 이름으로 단체협약을 체결하는 것인지 아니면 소속하고 있는 각개 노조의 이름으로 체결하는 것인지, 조합원 수 확인방법 등의 이론적인 문제[41]와 현실적인 문제들을 노정하고 있다.

41 이 부분 논의는 주로 이철수·이병훈·이승욱·조용만·손향미, 「복수노조 교섭창구 단일화방안」, 2004. 12, 노동부, 268-276면 참조.

(2) 교섭대표의 구성방식

노동조합을 대표하는 교섭위원의 수는 어떤 기준에 의거하여 복수노조 간에 배분하여야 하는지, 특히 일정 숫자 내지 비율 이상의 조합원을 두고 있는 노조에게만 교섭에 참여할 수 있는 기회를 부여할 것인지 아니면 제한 없이(즉 조합원 수에 관계없이) 모든 노조에게 부여할 것인지가 문제된다.

창구단일화의 적용대상이 되는 복수노조 사이에 교섭위원의 수를 배분하기 위한 기준으로 비례제(조합원수에 비례한 교섭위원의 배분)를 채택하되 교섭위원의 총수는 제한할 수 있을 것이다(단, 소수점 이하의 자리는 버림). 교섭위원의 총수는 조합원 총수를 기준으로 정하게 되는데, 교섭위원의 총수를 제한하게 되면 결과적으로 조합원수가 극소수인 노조는 교섭위원을 선정하여 교섭에 참여할 수 있는 기회가 가질 수 없게 된다. 비례대표제 하에서도 일정 정도의 교섭대표성이 요구된다는 점에서, 그리고 교섭의 원활한 진행을 위한 정책목적상 이러한 교섭권의 제한은 불가피하다고 할 것이다.

한편, 자율적 교섭창구단일화절차가 개시된 이후에 신설된 노조에 대해서는 교섭위원을 선정할 수 있는 권한을 부여하지 않는 것으로 한다. 결과적으로 이러한 신설노조는 새로운 협약을 체결하기 위한 다음의 교섭시기까지는 교섭권을 행사할 수 없게 되는데, 이는 창구단일화절차의 원활한 진행을 방해 내지 저해하기 위한 노사 어느 쪽의 부당한 개입을 방지하기 위한 정책적 차원에서 필요하게 된다.

(3) 교섭대표의 법적 지위

교섭대표들로 구성되는 교섭대표단은 자신의 이름으로 협약을 체결할 수 있게 할 것인지 아니면 교섭권과 협약체결권은 교섭에 참여하는 각 노조(구체적으로 교섭위원으로 교섭에 참여하는 노조의 대표자)에게 부여할 것인지가 문제된다.

우선, 교섭대표단에 협약체결권을 부여하는 방안은 교섭대표단을 교섭당사자로 인정하는 것이 된다. 이 경우 협약의 성립에 관한 별도의 요건(예컨대, 교섭위원 과반수의 찬성 등)을 설정할 필요가 있다. 다만, 이러한 방안은 새로운 교섭당사자를 입법적으로 창설하는 것으로서 종래의 법리와는 거리가 있다.

다음으로, 각 노조에게 협약체결권을 부여하는 방안은 종래의 교섭당사자의 법리와 합치하는 부분이 있다. 이 경우 교섭대표단은 교섭절차의 진행을 위한 각 노조 교섭담당자(즉, 교섭위원)의 일시적 결합체일 뿐 그 자체가 독립된 법적 지위를 갖지는 않는다. 다만, 이 방안의 경우에도 협약의 성립에 관한 별도의 요건(예컨대, 조합원 다수 순으로 둘 이상 노조의 협약 서명)을 입법적으로 설정할 필요가 있게 된다.

(4) 조합원 수 확인방법과 관련분쟁의 해결

조합원의 수는 복수노조간 교섭위원수의 배분, 단체협약의 성립요건 등과 관련하여 결정적 기준이 되기 때문에 조합원 여부 및 그 숫자를 어떠한 방법으로 확인하고 그에 관한 분쟁을 어떻게 해결할 것인지가 문제된다.

우선, check-off에 의한 확인방법이 있다. 이러한 방법은 비교적 객관적이고 간편한 방법이나 check-off협정이 체결되지 않은 사업장이나 노조가 신설된 경우에는 곤란하다는 문제점이 있다. 따라서 check-off만으로는 객관적 확인이 곤란하거나 조합원수에 관하여 노사 내지 노노간에 견해차이가 있는 경우에는 노동위원회에 의한 확인절차를 거치도록 하는 것이 바람직하다. check-off협정의 체결을 의무화하여 조합비납부내역으로 조합원수 확인케 하는 방법은 사용자에게 누가 어느 노조 소속의 조합원인지를 노출케 하는 것이자 check-off협정의 체결을 강제화하는 문제점이 존재한다.

다음으로, 노동위원회에 의한 조합원 신분 내지 조합원수의 확인방법이다. 노동위원회는 관계 당사자인 노조들에게 조합원명부 및 조합비 수령증빙자료 등을 제출케 하여 분쟁을 해결하면 된다. 한편, 조합원수는 매년 관할 행정관청에 대한 변경신고의 대상이 되므로 신고된 조합원수를 기준으로 관할 행정관청이 이를 확인하는 방법도 생각해 볼 수 있으나(신고해태에 따른 불이익은 해당 노조가 부담), 초기업노조의 경우에는 사업장별 조합원수의 확인이 어렵고 기업별노조의 경우에도 변경신고 후 조합원의 증감이 있는 경우 관할 행정관청에 의한 객관적인 확인이 곤란하다는 문제점이 있다. 종합적으로 보면 check-off협정이 체결되어 있는 경우에는 그에 의거하여 조합원수를 확정하되, 그것이 곤란하거나 분쟁이 있는 경우에는 노조에게 관련 자료를 제출케 하여 노동위원회가 해결하는 것으로 하는 방안을 고려할 수 있다.

한편, 조합원 수는 항시 변동할 수 있고, 특히 교섭개시 전후에는 더욱 그러할 것으로 예상되므로 조합원 수를 확정하여야 하는 시점을 특정할 필요가 있다. 적어도 복수노조간 자율적인 교섭창구단일화를 위한 노력이 실패하고 창구단일화절차가 개시되어야 하는 시점을 기준으로 할 수 있을 것이다.

(5) 현실적인 문제와 소결

비례대표제는 우리나라 교원노조의 경우 적용되고 있다. 즉 교원의 노동조합 설립 및 운영 등에 관한 법률에 따르면 교섭의 전제조건으로 창구 단일화가 요구되며 노동조합들이 스스로 교섭창구를 단일화하지 못하면 조합원 수에 비례하여 교섭위원을 선임하도록 하고 있다.[42]

그런데 이 제도의 시행결과 교섭위원단 구성에 있어서 다수노조에게 불리하고 소수노조의 불합리한 요구를 거절하기 어렵다는 문제점이 노정되고 있다.[43] 즉 면밀한 준비가 없이 시행하면 불합리한 결과가 파생될 수 있는 제도라고 할 수 있다.

복수노조간 조합원 수에 비례하는 교섭위원단 구성이라는 부분적 합리성을 지니고 있는 비례대표제는 과반수대표제와 달리 원칙적으로 각 노조가 교섭에 참여할 수 있기 때문에 각 노조의 채무적 부분에 대해서도 교섭할 수 있다는 타당성을 지니고 있지만, 교섭대표의 구성방식, 교섭대표의 법적 지위, 조합원 수의 확인방법 등 언급한 문제들에 대해 현실적 기능까지 고려한 대응방안이 마련되어야 한다는 과제가 부과되어 있다.

2010년 1월 개정 노조법에서는 공동교섭대표단에 참여할 수 있는 노조는 그 조합원 수가 교섭창구 단일화에 참여한 노조 전체 조합원 10% 이상인 노조로 하고(제29조의 2 제4항), 조합원 수 등에 대한 이의가 있는 경우 노동위원회에서의 결정절차(제29조의 2 제6항) 등을 마련하고 있지

42 교원의 노동조합 설립 및 운영 등에 관한 법률 제6조 및 동법 시행령 제3조 참조.

43 김정한·박태주·김현준·김재훈, 「공무원 노사관계 -단체교섭 구조를 중심으로-」, 한국노동연구원, 2006, 180-240면 참조.

만 보다 섬세한 준비가 필요하다.

2) 자율교섭제의 검토

(1) 자율교섭제의 구상

이는 헌법상 기본권 보장의 취지에 부합하게 복수노조의 독자적인 단체교섭권을 인정하는 전제 위에서 운영과정에서 자율적인 창구단일화를 장려하고 도모하는 것이 정도(正道)라는 입장이다.[44]

자율교섭제는 대표적으로 일본에서 채택되어 시행되고 있는 제도로서, 그 간략한 실행경과 내지 방식을 보면 다음과 같다.

(2) 일본에서의 제도 시행

일본에서의 복수노조는 주로 조합 분열에 의해 성립되었고, 조합 분열과정에서 경영협조 노선의 제2조합이 다수파 조합이 된 특징이 있다고 언급되고 있다.[45]

일본에서는 복수노조하 사용자는 각 노조의 성격과 운동방침의 차이에 따라 합리적인 이유 없이 차별하거나 일방노조의 약체화를 도모해서는

44 김선수, "'복수노조와 교섭창구 단일화' 지정토론문", 「법과 노동의 소통Ⅲ -복수노조와 교섭창구 단일화-」, 서울대학교 노동법연구회 2009년 가을학술발표회, 2009. 10, 50-51면.

45 김삼수, "일본에서의 조합분열과 복수노조 병존의 노사관계", 「한일경상논집」 33권, 한일경상학회, 2009, 참조.

아니된다는 중립유지의무 법리가 확립되어 있다(日産自動車事件, 最高裁判所 1985. 4. 23. 판결 등).

한편으로 이 법리 하에서는 병존노조간 조합원 수에 압도적인 차이가 존재하여, 사용자가 사업장 근로조건의 통일적 형성을 위해 다수노조와의 단체교섭을 중심으로 운영한 결과 완강한 소수노조가 결국 합의에 이르지 못한 경우 부당노동행위가 성립되지 않는다고 밝히고 있다. 다만 이러한 결과가 사용자의 강경소수노조 약체화를 도모한 결과로 야기되었다면 부당노동행위에 해당한다고 판시하고 있다(日本メール オーダ 事件, 最高裁判所 1984. 5. 29. 판결).

(3) 현실적인 문제와 소결

자율교섭제는 모든 노조의 단체교섭권을 보장한다는 점이 근본적인 장점으로, 제도적 제한 없는 경쟁과 적자생존의 논리를 바탕으로 하고 있어서, 어찌 보면 자유경쟁논리에 가장 친한 제도라고 할 수 있다.

일본에서의 관련법리중 대표적인 '사용자의 중립유지의무' 등을 법령으로 규정하고 시행상 나타난 구체적 문제점들을 종합한 시행지침을 만들어 보급·교육하면, 의외로 혼란을 줄일 수도 있다고 생각할 수 있다. 이에서는 우리나라 자율교섭제가 현실화되는 경우 가장 우려되는 각 기업내 양대 노조 조직의 병합에 따른 혼란에 대해서는, 이미 이념의 시대는 지났으며, 1989년 연합(連合)으로의 통합 이전 일본에서도 전후 1989년까지 (좌·우파의) 양대 노총이 병존하였지만 복수노조와 관련해서는 전후 일정 기간 혼란 후 자정경향에 의해 스스로 안정되었다는 점을 기본적으로 참조할 필요가 있다고 고려할 수 있다.

그런데 우리나라의 기업별 노조는 블루칼라 중심이어서 화이트칼라가 배제되어 있고 현장감독층이 배제되어 있기 때문에 일본식으로 변화하기에는 일정한 한계가 있을 것이라는 분석[46]이 존재한다.

그리고 일본 三菱長岐조선소에서는 1960년대 공산당·사회당 계열의 제1·제2노조에 대항하기 위해 제3의 어용노조를 설립하였지만 노노간 대립·권리남용행위만을 촉발하였으며, 노무관리비용이 급격히 증가되는 가운데 회사측은 승진·처우 등에서 조합원을 차별하는 부당노동행위를 지속하고 노조들은 인원 빼오기 공작, 감시 등을 자행했다는 지적이 행해지고 있다.[47]

아울러 앞에서 얼핏 본 바와 같이 일본 日産自動車에서는 부당노동행위 제소로 곤욕을 치렀는데, 1977년 회사의 잔업실시 계획에 반대한 소수노조에 대해 시간외근무를 시키지 않자 소수노조는 다수노조보다 임금을 적게 받았다며 소송을 제기하였으며 이 행위에 대해 소수노조를 약화시키려는 의도로 인정하여 부당노동행위로 판정되었다고 한다. 그리고 1990년에는 다수노조와는 본사 회의실에서 임원과 교섭하였지만 소수노조와는 회사 밖의 복지회관에서 총무부장이 참석하여 교섭한 것을 이유로 소송이 제기되었는데 이에서도 성실교섭의무 위반으로 판정되었다는 경험이 존재한다.[48]

이와 같이 본다면 자율교섭제는 노노간 분쟁의 증폭, 노사관계 비용의 증가, 교섭혼란 및 부당노동행위 부담 등에 대비할 수 있는 제도적 장

46 김삼수, 앞의 논문, 참조.

47 장상수, "복수노조 도입의 선결요건: 기업의 실태를 중심으로", 「복수노조 도입 및 노조전임자 급여지급문제, 어떻게 할 것인가」, 서강대학교 시장경제연구소, 2009. 9, 3면.

48 전명숙 외, 「복수노조 환경하의 노사관계 연구」, 한국노동연구원, 2006, 31-86면 참조.

치가 병행하여 마련되어야 구체적 시행시 우려되는 부작용을 완화시키며 현실과의 유연한 접목을 시도할 수 있는 제도라고 볼 수 있다.

3) 기타 방안

(1) 현행제도의 유연한 운영

이는 사업(장)내 복수노조가 금지되고 있는 현행 노조법상 규정은 '조직대상을 같이 하는' 경우에 한정되는 것으로, 처음부터 조직대상을 달리하거나 형식적 규정내용보다 실질적으로 가입대상이 다른 경우 판례법리상 복수노조가 허용되고 있다는 점을 근거로 현실적인 복수노조 허용정책을 실시하자는 견해이다.

관련하여 조직형태상 산별노조와 같이 초기업 단위노조의 경우 원칙적으로 기업단위 복수노조에 해당하지 않는다는 판례법리도 그 근거를 이루고 있다. 우선 관계되는 판결들을 살펴보기로 한다.

(2) 조직대상이 실질적으로 다른 경우

하나의 사업(장)에서도 사무직·생산직 등 조직대상을 달리하는 경우는 현행법에서도 병존이 가능한데, 나아가 대법원 판례에서는 기존 노조 규약이 해당 사업장의 전체 근로자를 조직대상으로 하더라도 형식적 규정내용보다는 각 조직대상에 따라 결정되는 각 조직형태, 실제 노조 구성원들의 실체와 그 구성범위 등을 종합적으로 고려하여 결정해야 한다는 입장을 취하고 있다.

아시아나항공 조종사노조 사례에서 대법원 2004. 11. 12 선고 2001두8643 판결에서는, 우선 노조법 제5조는 "근로자는 자유로이 노동조합을 조직하거나 이에 가입할 수 있다"고 규정하여 복수노동조합의 설립을 전면적으로 허용하면서, 그 부칙(1997.3.13) 제5조 제1항은 "하나의 사업 또는 사업장에 노동조합이 조직되어 있는 경우에는 제5조의 규정에도 불구하고 2001.12.31.까지는 그 노동조합과 조직대상을 같이하는 새로운 노동조합을 설립할 수 없다"고 규정하여 기존 노동조합과 조직대상을 같이하는 새로운 노동조합의 설립을 한시적으로 제한하고 있는 바, 이 경우에 새로 설립하려는 노동조합이 기존의 노동조합과 조직대상을 같이하는 새로운 노동조합에 해당하는지 여부를 판단함에 있어서는 단순히 기존 노동조합 규약의 조직대상에 관한 형식적인 규정내용만을 기준으로 하여서는 아니되고, 기존 노동조합의 규약과 새로 설립하려는 노동조합의 규약에 정하여진 조직대상에 관한 내용, 조직대상에 의하여 결정되는 조직형태, 실제 노동조합 구성원들의 실체와 그 구성범위 등을 종합적으로 비교하여 새로 설립하려는 노동조합과 동일한 형태의 노동조합인지 여부를 검토하여야 할 것이라고 밝히고 있다.

그러면서 기존 노동조합인 아시아나항공 노동조합의 규약은 원고의 구성원들인 운항승무원을 그 조직대상에서 명시적으로 배제하고 있지 아니하여 형식적으로는 운항승무원도 그 조직대상에 포함되어 있다고 할 것이지만, 운항승무원들은 아시아나항공 노동조합의 설립과정이나 조합규약의 제정과정에 관여하지 아니하였고, 아시아나항공 노동조합이 설립된 후에도 운항승무원들 중 일부가 가입신청서를 제출하였으나 당시에 운항승무원들은 청원경찰의 신분을 가지고 있었기 때문에 가입할 수 없었으며, 아시아나항공 노동조합은 운항승무원들로부터 조합비를 징수하지도 아니하였고 운항승무원들 중에서 대의원을 선출하지도 아니하였으며, 아시아나항공 주식회사와 사이에 1999년과 2000년의 단체협약과 임금협상을 하면서도 운항승무원들의 고유한 근로조건에 관하여는 단체교섭권을 행사하거나 단체협약을 체결하지 아니하였고, 운항승무원들의 근로조건에 대하여도 충분히 관심을 기울이지 못하였으며, 이에 따라 운항승무원들이 청원경찰 신분에서 벗어날 때까지 운항승무원들은 아시아나항공 노동조합의 활동에서 완전히 배제되어 있었고, 운항승무원들도 아시아나항공 노동조합에 참여하려고 하지 아니하고 별도로 노동조합을 설립하려고 준비하여 왔으며, 운항승무원들이 청원경찰 신분에서 벗어나자 곧바로 별도의 근로자단체인 원고 조합을 설립하면서 그때부터 운항승무원들의 근로조건에 관하여 비로소 아시아나항공 주식회사와 별도로 협상을 시작하게 되었던 사정 등에 비추어 보면, 이 사건 처분 당시나 그 전후로 아시아나항공노동조합의 실체와 그 구성범위에 운항승무원들이 포함되어 있다고는 보이지 아니하고, 그러한 상태에 있던 운항승무원들이 청원경찰의 신분에서 벗어나 비로소 자유로운 노동조합의 활동을 할 수 있게 되었음에도, 기존의 아시아나항공노동조합의 규약에서 운항승무원을 그 조직대상에서 배제하지 아니하고 있다는 사유만으로 운항승무원들은 아시아나항공노동조합에 가입할 수 있을 뿐이고 운항승무원들만을 조직대상으로 하는 새로운 노동조합을 설립하는 것이 허용되지 아니한다고 보는 것은 노동조합의 자주성·민주성에도 어긋나며, 실질적으로 아시아나항공 노동조합은 원고의 구성원들인 운항승무원들을 제외한 다른 부분의 근로자들을 조직대상으로 하고 있는 반면에 원고는 운항승무원들을 그 조직대상으로 하고 있어 아시아나항공 노동조합과 원고 조합은 그 조직대상을 달리하고 있다고 할 수 있으므로 원고 조합이 법 부칙 제5조 제1항에 정하여진 '조직대상을 같이하는 새로운 노동조합'에 해당한다고 단정할 수 없다는 이유로 원고 조합의 노동소합 설립신고서를 반려한 피고의 이 사건 처분은 위법하다고 판시하고 있다.

(3) 조직형태를 달리하는 경우

대법원 판례는 원칙적으로 산별 노조와 기업별 노조는 조직대상이 다른 것으로 간주하고 있다. 다만, 하나의 사업(장) 소속 근로자를 조직 대상으로 한 초기업단위 노조의 지부 또는 분회 등으로서 독자적인 규약 및 집행기관을 가지고 독립한 단체로서 활동하는 경우, 기업별 단위 노조에 준하는 것으로 판단하고 있다.

적십자병원 사례에서 대법원 2002. 7. 26. 선고 2001두5361 판결은 노조법 제5조에서 "근로자는 자유로이 노동조합을 조직하거나 이에 가입할 수 있다"고 규정하여 복수노조의 설립을 전면적으로 허용하면서, 그 부칙(1997.3.13) 제5조 제1항에서 "하나의 사업 또는 사업장에 노동조합이 조직되어 있는 경우에는 제5조의 규정에도 불구하고 2001.12.31. 까지는 그 노동조합과 조직대상을 같이하는 새로운 노동조합을 설립할 수 없다"고 규정한 것은 사업 또는 사업장 단위의 기업별 단위노동조합이 주축이 된 우리나라 산업현장에서 복수노조의 설립을 즉시 허용할 경우 야기될 수 있는 단체교섭의 혼란, 노노간의 갈등 등의 문제를 예상하여 교섭창구의 단일화를 위한 방법과 절차 등 필요한 사항이 강구될 때까지 한시적으로 이를 금지하려는 것이므로, 부칙 제5조 제1항의 '하나의 사업 또는 사업장에 노동조합이 조직되어 있는 경우'는 기업별 단위노동조합이 설립되어 있는 경우를 가리키는 것이고, 다만, 위와 같은 입법취지에 비추어 독립한 근로조건의 결정권이 있는 하나의 사업 또는 사업장 소속 근로자를 조직대상으로 한 초기업적인 산업별·직종별·지역별 단위노동조합의 지부 또는 분회로서 독자적인 규약 및 집행기관을 가지고 독립한 단체로서 활동을 하면서 당해 조직이나 그 조합원에 고유한 사항에 대하여는 독자적으로 단체교섭 및 단체협약 능력을 가지고 있어 기업별 단위노동조합에 준하여 볼 수 있는 경우도 포함된다고 판시하고 있다.

그리고 철도공사 사례 대법원 2008. 12. 24. 선고 2006두15400 판결에서는, 새로 설립된 노동조합이 기존의 기업별 노동조합과 조직대상이 중복되더라도 그 조직형태의 실질이 하나의 사업 또는 사업장의 근로자만을 조직대상으로 한정하지 않은 산업별 노동조합인 경우에는, 그 산업별 노동조합은 기존의 기업별 노동조합과의 관계에서 노동조합 및 노동관계조정법 부칙(1997.3.13) 제5조 제1항에 정한 설립이 금지되는 복수노조는 아니므로 기존의 기업별 노동조합이 설치된 사업장에 속한 근로자들은 새로이 설립된 산업별 노동조합의 조합원으로 가입할 수 있다고 밝히고 있다.

(4) 소결

기업단위 복수노조 인정의 범위에 대해 기존 대법원 판례법리에 따라 실질적으로 조직대상이 다르거나 조직형태가 다른 경우 허용하는 방안은 우리의 실태에 따른 것으로 현실적 정합성을 지니고 있다고 볼 수 있다. 즉, 이 법리를 입법화하여 규정한다면 현실과의 간극을 줄이고 부작용을 최소화할 수 있다는 장점을 지니고 있다. 우리나라 현재 상황에서도 2006

년말 기준으로 72개 사업장에 165개의 노조가 복수노조 형태(조직대상이 다른, 이른바 다수노조)로 인정되고 있다는 점은 이를 반증하고 있다고 볼 수 있다.

그런데 이 방안은 원칙적으로 기업단위 복수노조를 금지한다는 점에서 근로자의 자유로운 단결선택권이 보장되지 못한다는 원론적인 한계를 지니고 있다. 조직대상 중복의 해석을 한층 엄격하게 하고 조직형태의 차이를 넓게 본다면 원론적인 한계와의 차이를 좁혀나갈 수도 있을 것이다.

4. 요약

본고에서는 사업(장)단위 복수노조를 허용하는 경우 그 기본적인 방향에 대하여 논의하여 보았다.

1) 2010년 1월 1일 개정되어 1년 반 후에 시행되는 과반수대표제의 문제점으로 우선, 창구단일화의 기초전제로 되는 범위인 '사업 또는 사업장' 단위개념의 불확실성을 들 수 있다. 이 개념은 모호한 개념으로서 하나의 기업에 장소별로 많은 지점이 있는 경우 인사관리 내지 노무관리에 있어서 일반적인 지침을 따르면서도 각 지점의 특색에 따라 다양한 변용방법을 쓰는 경우가 많을 것이다. 이러한 경우 과연 별개의 사업에 해당하는지 애매모호한 결론에 이르게 된다.

즉 우리 노동법상 이 개념이 종종 사용되고는 있지만 복잡다단한 교섭단위 결정의 기초가 되는 개념으로는 다소 명확성이 결여되어 있으며,

'기업'(법인)단위라고 확실하게 규정하는 대안을 제시할 수 있다. 그 근거로는 지금까지의 우리나라에서의 교섭관행 및 국제적인 추세와도 부합하기 때문이다. 산별 내지 직종별 노조의 역사가 오랜 구미국가들에서조차 산업구조가 고도화되고 생산체계가 소품종 다량생산방식에서 다품종 소량생산방식으로 전환됨에 따라 기업별 교섭을 통한 근로조건 결정방식이 급격히 증가하고 있다. 더 나아가 노조와의 대립적 노사관계 구도에 의한 근로조건 결정구도는 현대적 산업구조 및 근로방식과 적합하지 않다는 논의가 과반수대표제에 의한 교섭구도의 모국인 미국에서 상당수의 학자들에 의해 주장되고 있다.

2) 교섭단위의 기본문제와 관련하여, 21세기에 접어들어 나날이 산업업종은 분화하고 있고, 직종 또한 세분화되고 있다. 이와 같은 환경 하에서 각 기업들은 인사노무관리전략으로 각 업종 내지 직종에 따라 그 특성에 적합한 차별화정책을 구사하고 있으며, 나아가 업종 내지 직종 내에서도 근무의 특성에 따라(가령 직위별 또는 특수업무분야별) 다양한 근로조건 설정구도를 취하고 있다. 이와 같은 현대적 경향들은 근로자 속성에 따른 관리의 개별화, 종합적 관리의 분산화로 단적으로 특징지워질 수 있는데, 각 근로자군들의 특성에 따른 별도의 교섭단위를 요구하는 경우 어떻게 대처해야 할 것인지 하는 문제가 근본적으로 제기될 수 있다. 이러한 우려는 우리나라 노동시장 현상에 따르면 기본적으로 정규직과 비정규직 간에 근로조건의 결정구도·감독구조부터 현격한 차이가 있다는 점에서 보면 일반적으로 별도의 교섭단위를 인정하지 않을 수 없을 것이라는 점, 업종간·직종간·직위간 인사노무 관리구도의 차이가 존재하는 것이 일반적이라는 점, 그 내부에서도 근로조건 개별관리체제가 확산되어 상이한

관리구도가 행해지고 있다는 점을 고려하면 더욱 문제로 제기될 수밖에 없다.

그러므로 노·사의 신청과 노동위원회의 결정에 의한 교섭단위의 분리문제는 교섭단위의 기준과 적용에 관한 기본적인 문제와 연결되는 것으로, 산업구조의 고도화에 따라 동일 기업 내에서도 나날이 세분화되어 가고 있는 직종별·직위별·업종별 구분에 따라 교섭단위 분리를 주장할 경우 어떻게 처리해야 할지가 기본적인 문제로 제기된다. 그리고 노동위원회 결정에 대해 불복하는 경우 기업내 노사관계의 장기적 소요가 야기될 수 있고, 무엇보다 교섭단위의 기본마저 결정되지 아니한 상황에서 노사관계가 불안하게 전개될 우려가 존재하게 된다.

3) 개정법에서는 교섭당사자인 교섭대표노조에 대해서 기타 노조의 집단적 노사관계 운영에 관한 사항, 즉 인적 기반인 노조 전임자등 관련사항과 물적 기반인 노조 사무실 관련사항 등에 대해서도 교섭을 맡기는 정책을 취하고 있다. 그러면서 부당한 경우에 대해서는 공정대표의무 위반의 법리로 규율하는 방안을 기본적으로 제시하고 있지만, 우리나라 상황에서 근본적인 해결책이 될 수 있을지 의문이다.

이러한 의구심은 미국 등 서구와 달리 우리나라에서는 기업별 노조가 일반적이고 그 역사 또한 길지 아니한 관계로 노조의 인적·물적 기반(단체교섭의 채무적 부분)은 노조의 생존을 좌우하는 중요한 사항인데, 기타 노조에 대해 대표노조가 과연 적정한 교섭에 임할 수 있을까 하는 근본적인 의문에서 출발된다.

4) 개정 노조법에서는 당해 사업(장)에 과반수 노조가 존재하지 않는

경우 공동교섭대표단을 구성하도록 하고 있고, 이 경우 비례대표제 구도가 형성되어 관련되는 문제들에 대한 검토가 필요하게 된다. 복수노조간 조합원 수에 비례하는 교섭위원단 구성이라는 부분적 합리성을 지니고 있는 비례대표제는 과반수대표제와 달리 원칙적으로 각 노조가 교섭에 참여할 수 있기 때문에 각 노조의 채무적 부분에 대해서도 교섭할 수 있다는 타당성을 지니고 있지만, 교섭대표의 구성방식, 교섭대표의 법적 지위, 조합원 수의 확인방법 등 문제들에 대해 현실적 기능까지 고려한 대응방안이 마련되어야 한다는 과제가 부과되어 있다.

5) 그리고 복수노조 허용이 1년 6개월 연기된 상황에서, 노동계가 강력히 주장하는 자율교섭제의 내용에 대해서도 간략히 살펴 볼 필요가 있게 되는데, 자율교섭제는 노노간 분쟁의 증폭, 노사관계 비용의 증가, 교섭혼란 및 부당노동행위 부담 등에 대비할 수 있는 제도적 장치가 병행하여 마련되어야 할 필요가 있는 제도라고 할 수 있다.

6) 기업단위 복수노조 인정의 범위에 대해 기존 대법원 판례법리에 따라 실질적으로 조직대상이 다르거나 조직형태가 다른 경우 허용하는 방안은 우리의 실태에 따른 것으로 현실적 정합성을 지니고 있다고 볼 수 있다. 즉, 이 법리를 입법화하여 규정한다면 현실과의 간극을 줄이고 부작용을 최소화할 수 있다는 장점을 지니고 있다. 그런데 이 방안은 원칙적으로 기업단위 복수노조를 금지한다는 점에서 근로자의 자유로운 단결선택권이 보장되지 못한다는 원론적인 한계를 지니고 있다. 조직대상 중복의 해석을 한층 엄격하게 하고 조직형태의 차이를 넓게 본다면 원론적인 한계와의 차이를 좁혀나갈 수도 있을 것이다.

참고문헌

강성태(2005), “영국의 노동조합 승인제도”, 「노동법연구」 제19호, 서울대노동법연구회편

국회(2010. 1. 1), 「노동조합 및 노동관계조정법 일부개정법률안(대안)」

김삼수(2009), “일본에서의 조합분열과 복수노조 병존의 노사관계”, 「한일경상논집」 33권, 한일경상학회

김선수(2009.10), “‘복수노조와 교섭창구 단일화’ 지정토론문”, 「법과 노동의 소통Ⅲ -복수노조와 교섭창구 단일화-」, 서울대학교 노동법연구회 2009년 가을학술발표회

김유성(2005), 「노동법Ⅰ -개별적 근로관계법-」, 법문사

김정한·박태주·김현준·김재훈(2006), 「공무원 노사관계 -단체교섭 구조를 중심으로-」, 한국노동연구원

김진웅(1986), “排他的 交涉代表制度에 관한 硏究 -미국의 단체교섭제도에 관한 연구의 일환으로-”, 「法學論集」 24호

남성일 외(2008), 「한국의 노동, 어떻게 할 것인가Ⅱ -글로벌 기준과 제도개선-」, 서강대출판부

노용진(2009.10), “미국의 노동관계법 개정 현황과 전망”, 「노동저널」 2009년 10월호, 한국노총 중앙연구원

박종희(2003), “복수노조하 단체교섭창구 단일화”, 「복수노조 교섭창구 단일화 논의자료」(노사정위원회 23차 노사소위 회의자료), 노사정위원회

이승욱(2009.10.17), “복수노조와 교섭창구 단일화”, 「서울대학교 노동법연구회 2009년 가을학술발표회 자료집」

이승욱(2005), 「영국·캐나다의 교섭대표결정절차에 관한 연구」, 노동부 용역보고서

이원덕(1998), 「21세기 한국의 노동」, 한국노동연구원

이정일(2008), “노조 설립 및 운영관련 법제도의 국제비교”, 「한국의 노동, 어떻게 할 것인가Ⅱ -글로벌 기준과 제도개선-」

이철수(2005), 「미국의 교섭제도의 주요 내용과 한국적 함의」, 노동부 용역보고서

이철수(2009.10), “복수노조·전임자 문제를 둘러싼 사회적 대화의 과정과 결과”, 「한국노사관계학회 2009년 추계정책토론회 발표집」

이철수(2000), “하부조직과 상부연합단체의 단체교섭 당사자성”, 「노동법의 쟁점과 과제」

(김유성교수화갑기념), 법문사
이철수·이병훈·이승욱·조용만·손향미(2004.12), 「복수노조 교섭창구 단일화방안」, 노동부
임종률(2009), 「노동법(제8판)」, 박영사
장상수(2009.9), "복수노조 도입의 선결요건: 기업의 실태를 중심으로", 「복수노조 도입 및 노조전임자 급여지급문제, 어떻게 할 것인가」, 서강대학교 시장경제연구소
전명숙 외(2006), 「복수노조 환경하의 노사관계 연구」, 한국노동연구원

A U.S. Chamber of Commerce White Paper, *The Union Representation Process under the NLRA: Maintaining Employee Free Choice Over 70 Years,* (http://uschamber.com/A U.S. Chamber of Commerce White Paper), 2008.
Bronfenbrenner. K, "No Holds Barred-The Intensification of Employer Opposition to Organizing", *Economic Policy Institute Briefing Paper #235* (http://www.epi.org/), 2009.
Cox/Bok/Gorman, *Cases and Materials on Labor Law*, The Foundation Press, Inc., 2008.
Cynthia Estlund, "The Ossification of American Labor Law", *Columbia Law Review*, Vol.102, 2002.
Ferguson, J., "The Eyes of the Needles: A Sequential Model of Union Organizing Drives, 1999-2004", *Industrial & Labor Relations Review* 62, 2008.
Julius G. Getman & Bertrand B. Pogrebin, *Labor Relation(The Basic Process, Law And Practice)*, The Foundation Press, Inc., 1988.
Ridgway M. Hall, Jr., The Appropriate Bargaining Unit : Striking a Balance Between Stable Labor Relations and Employee Free Choice, *Western Reserve Law* Review, vol. 18, 1967.
House Comm. on Educ.&Lab., The Failure of Labor Law-A Betrayal of American Workers, *Report of Subcomm. on Labor-Management Relations,* 1984.
Harry C. Katz, Thomas A. Kochan, *An Introduction to Collective Bargaining*

and Industrial Relations, Irwin, 2004.

William P. Murphy, *Establishment and Disestablishment of Union Representation, American Labor Policy (C. Morris edi.)*, The Bureau of National Affairs, Inc., 1987.

Benjamin I. Sachs, "Labor Law Renewal", *Harvard Law & Policy Review*, Vol.1, 2007.

Paul Weiler, "Promises to Keep: Securing Workers' Rights to Self-Organization under the NLRA", *Harvard Law Review*, Vol.96, 1983.

제7장_ 노조전임자 급여지급 금지의 경제적 효과 분석

최강식

1. 서론

노동조합의 전임자 급여를 사용자가 지급하는 것을 금지하는 법안이 1997년에 제정된 이래 노사간의 첨예한 입장 차이로 많은 논란이 있어 왔다. 전임자 급여를 지급하는 것은 원칙적으로 부당노동행위라고 보는 입장과, 급여지급 문제는 노사간에 자율적으로 해결하도록 해야 한다는 주장이 맞서 왔다. 현실적으로는 사용자가 급여를 지급하지 않을 경우 중소규모의 노조는 사실상 전임자를 둘 수 없다는 점과 더불어 실제 노조 전임자의 급여를 사용자가 지급하는 것이 한국의 노사관계에서는 오랜 관행처럼 유지되어 왔다. 이 같은 상황 때문에 이 법안은 제정된 이후에도 13년간 세 차례의 유예기간을 거졌다. 그리고 국회는 2010년 첫날 새벽에 "노동조합의 전임자에 대한 급여지원에 관한 규정에 한하여 2010년 6월 30일까지 적용하지 아니한다"는 내용으로 노동관계법을 개정하였다.

이 안에는 노동조합의 전임자 급여의 사용자 지급 금지라는 원칙을 재확인하면서도 예외적으로 사용자와의 협의·교섭, 고충처리, 산업안전 활동 등과 건전한 노사관계 발전을 위한 노동조합의 유지·관리업무를 하는 경우에는 근로시간 면제(Time-Off)라는 제도를 시행할 수 있게 하였다. 근로시간 면제제도는 우리에게는 생소한 제도이지만 일부 외국 국가에서는 이를 시행하고 있다. 또한 전임자 급여지급 금지 문제를 논의하기 위한 노사정위원회에서는 공익위원들이 제도 개선 방안을 제시하면서 근로시간 면제 제도를 대안으로 제시한 바 있다.

근로시간 면제제도가 향후 구체적으로 어떻게 실시될지는 아직 알 수가 없다. 법안에 따르면 노동계와 경영계가 추천하는 각 5인과 정부 추천 공익위원 5인으로 근로시간 면제 심의위원회를 구성하게 되어 있다. 하지만 근로시간 면제의 내용과 범위가 분명하지 않다. 법에서 규정하고 있는 건전한 노사관계 발전을 위한 노동조합의 유지·관리 업무라는 것이 매우 모호한 표현이기 때문이다. 어쨌든 이 법안이 시행될 경우에는 노조전임자의 숫자는 현재보다 크게 줄어들 것으로 보인다. 특히 조합원 규모별로 이 법안이 미치는 영향은 상이할 것으로 보인다. 숫자상으로만 보면 대규모 조합이 전임자를 더 많이 축소해야 할 것으로 보이지만, 현실적으로 소규모의 조합은 전임자를 둘 가능성이 매우 낮아 보인다.

따라서 본 연구에서는 현재 한국의 노조전임자 실태와 노조의 재정구조를 먼저 살펴보고, 이 법안이 본격 시행될 경우 노동조합의 자구노력이 이루어진다는 전제하에 자체적으로 노조전임자를 얼마나 유지할 수 있는지를 조합원 규모별로 살펴보겠다. 이 결과가 향후 근로시간 면제제도를 설계하는데 참고자료가 되기를 기대한다.

2. 법 개정 내용과 외국의 예

1) 기존 법의 내용

1997년 제정된 노동조합 및 노동관계조정법의 제24조 제1항에 따르면 "근로자는 단체협약으로 정하거나 사용자의 동의가 있는 경우에는 근로계약 소정의 근로를 제공하지 아니하고 노동조합의 업무에만 종사할 수 있다"라고 규정하여, 명문으로 노동조합 전임자 제도를 인정하였다. 그러나 동법 제24조 제2항에서는 "노동조합의 업무에만 종사하는 자는 그 전임기간동안 사용자로부터 어떠한 급여도 지급받아서는 아니된다"라는 규정도 동시에 두고 있다. 즉, 유급 전임자를 인정하고 있지 않다.

더구나 동법 제81조 제4호는 '노동조합의 전임자에게 급여를 지원하거나 노동조합의 운영비를 원조하는 행위'를 부당노동행위로 규정하고 있다.[1] 그리고 사용자가 노조전임자에게 급여를 지급하는 경우에 대한 처벌규정을 두고 제90조에 두고 있다. 하지만 이 규정에 대해서는 부칙에 노조전임자에 대한 적용의 특례로서 제6조에 경과규정을 두어 2009년 12월 31일까지 그 시행을 유예하고 있다.

1 동법 제 81조 4항에 따르면 "근로자가 노동조합을 조직하거나 운영하는 것을 지배하거나 이에 개입하는 행위와 노동조합의 전임자에게 급여를 지원하거나 노동조합의 운영비를 원조하는 행위"를 부당노동행위로 규정하고 있다. 다만, 근로자가 근로시간 중에 사용자와 협의 또는 교섭하는 것을 사용자가 허용함은 무방하여, 또한 근로자의 후생자금 또는 경제상의 불행 기타 재액의 방지와 구제 등을 위한 기금의 기부와 최소한의 규모의 노동조합 사무소의 제공은 예외로 하고 있다.

이 규정은 사실 그동안 세 차례에 걸쳐서 시행이 유예되었다. 1997년에 제정 명문화된 이후, 노사정위원회에서 논의되다가, 2001년에 5년의 추가연장이 있었고, 2006년에는 3년의 추가 재연장이 있었다. 즉, 노조전임자에 대한 급여지원 금지에 관한 사항과 복수노조 허용문제는 노사 모두 이에 관한 준비가 부족하고, 구체적인 시행방안에 관한 합의점도 찾지 못했다는 이유로 또 다시 그 시행시기가 2010년 1월 1일로 3년간 더 유예되었던 것이다.

2) 노사정 위원회 공익안의 내용

그 사이에 노사정 위원회의 공익위원들은 노조전임자에 대한 제도 개선방안을 제시하면서 소위 근로시간 면제(time-off) 제도를 대안으로 제시하였다. 공익위원들이 제시한 노조전임자 제도 개선방안을 보면 첫째, 노조전임자에 대한 사용자의 급여지급을 원칙적으로 금지하되, 합리적 노사관계의 발전을 위하여 예외적으로 노조 업무에 종사하는 자에 대하여 일정한 시간을 유급으로 처리할 수 있도록 할 것을 제안하였다.

여기서 유급시간으로 처리할 수 있는 업무의 내용은 다음과 같다. 근로자의 고충처리를 위하여 필요한 시간, 단체교섭에 필요한 시간 및 단체교섭 결과를 조합원에게 설명하는데 소요되는 시간, 노조와 사용자가 공동으로 설치한 기관의 운영과 활동 및 노사협의를 위하여 필요한 시간, 사업장 내 산업안전보건과 관련한 사항의 처리를 위하여 필요한 시간, 법원, 노동위원회 등 권리구제기관에 참석하거나 이와 직접 관련되는 업무를 위해 필요한 시간, 그리고 기타 이에 준하는 사항으로서 노사관계의 원활한 운영을 위하여 대통령령으로 정한 업무에 필요한 시간 등으로 규정하고 있다.

또한, 정부는 노조전임자 제도 변화로 인해 건전한 노사관계의 형성이 어려워질 수 있는 종업원 300인 미만 사업장에 대하여 재정을 지원할 수 있도록 노력하고 이를 위해 특별법 제정을 통한 별도의 조치를 강구할 것을 제안하였다. 동시에 경과조치로서 새로운 제도가 도입되기 이전에 이미 체결된 단체협약이 있는 경우에는 그 유효기간 동안 효력이 유지되도록 하였다.

3) 수정 법안의 내용

2009년도 하반기에 들어 노사정은 수차례의 협의 과정을 거치면서 국회는 2010년 1월 1일(금) 오전 1시에 열린 제285회 국회 제4차 본회의에서 "노동조합의 전임자에 대한 급여지원에 관한 규정에 한하여 2010년 6월 30일까지 적용하지 아니한다"는 내용을 주 골격으로 한 노동관계법 개정안을 처리하였다.

이 안을 제안하는 주요 이유는 노동조합 전임자에 대한 급여지원을 금지함에 따라 중소규모 노동조합의 활동이 위축될 우려가 있다는 지적이 있어서라고 밝히고 있다. 즉, 노동조합의 전임자 급여의 사용자 지급 금지 원칙하에 예외적으로 임금의 손실 없이 사용자와의 협의·교섭, 고충처리, 산업안전 활동 등과 건전한 노사관계 발전을 위한 노동조합의 유지·관리 업무를 할 수 있도록 함으로써 합리적인 노사관계가 산업현장에 정착되도록 하려는 것이라는 부연 설명을 덧붙이고 있다.

이 안의 주요 내용을 보면 첫째, 노동자는 단체협약으로 정하거나 사용자의 동의가 있는 경우에는 근로 계약 소정의 근로를 제공하지 아니하고 노동조합의 업무에만 종사할 수 있으나, 그 전임기간 동안 사용자로부터 어떠한 급여도 지급받아서는 아니 된다고 규정하여 노동조합의 전임자 급여지급을 금지하고 있다. 그리고 노동조합은 이를 위반하는 급여 지급을 요구하고 이를 관철할 목적으로 쟁의행위를 하여서는 아니 되며, 이를 위반한 자는 1천만 원 이하의 벌금에 처하도록 규정하고 있다. 사용자 역시 전임자의 정당한 노동조합 활동을 제한하여서는 아니 되지만 전임자 급여지급 시 2년 이하의 징역이나 2000만 원 이하의 벌금형에 처하도록 되어 있다.

단, 이 법안은 근로시간 면제한도(time-off) 제도를 도입하여 예외적인 허용범위를 두고 있다. 즉, 단체협약으로 정하거나 사용자가 동의하는 경우에는 사업 또는 사업장별로 조합원 수 등을 고려하여 근로시간 면제 한도를 초과하지 아니하는 범위에서 근로자는 임금의 손실 없이 노동조합 활동을 할 수 있다. 다만 그 활동의 내용은 사용자와의 협의·교섭, 고충처리, 산업안전 활동 등 이 법 또는 다른 법률에서 정하는 업무와 건전한 노사관계 발전을 위한 노동조합의 유지·관리업무로 그 활동범위를 제한하고 있다.

한편, 근로시간 면제 한도를 정하기 위하여 근로시간 면제 심의위원회를 노동부에 두도록 하였는데, 근로시간 면제 한도는 위원회가 심의·의결한 바에 따라 노동부장관이 고시하되, 3년마다 그 적정성 여부를 재심의하여 결정할 수 있게 되어 있다. 근로시간 면제 심의 위원회는 노동계와 경영계가 추천하는 위원 각 5명, 정부가 추천하는 공익위원 5명으로 구성된다. 그리고 위원장은 공익위원 중에서 위원회가 선출하고, 위원회는 재적위원 과반수의 출석과 출석위원 과반수의 찬성으로 의결하게 되어 있다. 기타 위원의 자격, 위촉과 위원회의 운영 등에 필요한 사항은 대통령령으로 정하도록 하였다.

이와 동시에 근로시간 면제 심의위원회는 이 법 시행 후 최초로 시행될 근로시간 면제 한도를 2010년 4월 30일까지 심의·의결하도록 하였고, 이 기한까지 심의·의결을 하지 못한 때에는 국회의 의견을 들어 공익위원만으로 심의·의결할 수 있도록 하여 구속력을 가질 수 있게 되었다.

표 7-1 노동관계법 개정에 따른 전임자 급여지급 금지 관련 규정

전임자 급여지급 금지시기	2010년 7월 1일
기존 단협에 규정된 전임자 급여 지급 여부	법 시행 이후에도 기존 단협의 유효기간 (최대 2년)까지는 유급 전임자 유지 가능
전임자 존속 여부	최소한의 전임자는 타임오프(근로시간 면제)를 통하여 보장. 그러나 기업 규모가 커질수록 기존의 전임자 숫자는 더 많이 줄어들 것으로 예상.
타임오프로 보장되는 노조활동	사용자와의 협의·교섭, 고충처리, 산업안전 활동과 건전한 노사관계 발전을 위한 노조유지, 관리 업무
위반시 처벌	노조는 타임오프 상한선을 초과하는 요구를 관철할 목적으로 쟁의행위를 한 경우 1천만 원 이하의 벌금형. 사용자는 2년 이하 징역이나 2천만 원의 벌금형.

4) 외국의 경우 근로시간면제 제도(Time Off)[2]

노조전임자의 급여 지급 문제는 사용자가 노조에 대한 지배개입으로 판단하여 부당노동행위로 보는 것이 일반적이다. 그러나 일부 국가에서는 일정한 근로시간을 면제 해주는 Time-off 제도를 도입하고 있는 경우도 있다.

먼저 국제노동기구(ILO)는 ILO 협약 135호에서 근로자를 대표하는 자에 대하여 그 대표자가 기능을 신속하고 효과적으로 수행할 수 있도록 사업장에서 편의가 제공되어야 한다고 규정하고 있다. 그러나 이 조항이 반드시 유급의 전임시간을 제공하여야 한다는 것을 의미하지는 않는다.

프랑스의 경우는 노조전임자 급여 지원제도는 없으나 기업수준의 노조대표에 대하여 기업규모에 비례하여 숫자와 유급전임시간의 범위를 설정하고 있다. 그 내용을 보면 종업원 50인 이상 1,000 미만 사업장은 1명, 1,000인 이상 2,000인 미만 사업장 2명, 2,000인 이상 4,000인 미만 사업장 3명, 4,000인 이상 10,000인 미만 사업장 4명, 10,000인 이상 사업장 5명이다. 또한 근로시간 면제에 대한 규정 역시 동시에 적용하고 있어 종업원 50인 이상 150인까지는 노조대표 1인당 월 10시간, 종업원 151인 이상 500인까지는 노조대표 1인당 월 15시간, 종업원 500인을 초과하는 기업은 노조대표 1인당 20시간으로 규정하고 있다. 이에 따라 기업규모에 따라 숫자와 유급 전임 시간이 결정된다.

독일의 경우 노조전임자는 사용자로부터 금전적 지원을 받을 수 없다. 다만 종업원평의회의 근로자 대표에 대해서는 소정의 급여를 지원하

2 이인재(2008) 참고.

는데 풀타임 전임자의 수는 마찬가지로 종업원 규모에 따라 결정된다. 종업원 200~500명인 사업장은 1명, 종업원 501~900명인 사업장은 2명, 종업원 901~1,500명인 사업장은 3명, 종업원 1,501~2,000명인 사업장은 4명, 종업원 2,001~10,000명인 사업장은 1,000명이 추가될 때 마다 1명씩 추가, 종업원 10,001명 이상인 사업장은 2,000명이 추가될 때마다 1명씩 추가된다.

영국의 경우는 개별 사업장내에는 근로자로서의 신분을 가지고 조합원을 대표하는 노동조합원인 직장위원(shop steward)이 있으며, 직장위원에 대한 근로시간 면제(time-off)가 가능하나 기준은 노사자치에 의해 결정한다.

미국 역시 영국과 마찬가지로 직장위원(shop steward)이 있으며, 이들에 대한 급여지급은 원칙적으로 부당노동행위이나 다만 사용자는 종업원이 근무시간 중 시간이나 급여 손실 없이 사용자와 협의하는 것을 허용할 수 있다.

일본의 경우 노조전임자에 대한 임금지급을 부당행위로 보고 있다. 풀타임 노조전임자의 경우 휴직상태이므로 급여는 지급되지 않는다. 그러나 파트타임 전임자는 단체협약이 정한 근로시간내의 단체교섭 참가 등에 대해 급여를 삭감당하지 않는다.

3. 노동조합의 전임자와 재정 실태

한국의 경우 노조전임자의 급여 지급이 금지될 경우 어떠한 효과가 있을 것인지를 파악하기 위해서는 먼저 한국 노동조합의 재정실태와 전임자 실태를 파악하는 것이 필요하다. 노동부는 지난 2008년 10월에 전국의 590개 사업체의 노동조합과 인사노무 담당자를 대상으로 설문조사를 실시하였다.[3] 이 조사결과를 바탕으로 전임자의 실태, 노동조합의 재무구조 등을 살펴 본 후, 노조전임자 급여지급이 금지되고, 근로시간 면제제도가 시행될 경우의 효과 등에 대해서 분석하겠다.

1) 전임자 실태

인사노무 담당자를 대상으로 한 2008년도의 실태조사 결과를 보면 분석대상이 되는 노조 358개소의 단체협약상 전임자수는 1,104명, 실제 전임자수는 1,277명으로 나타났다(표 7-2 참조). 따라서 노조 1개소당 전임자수는 단협상으로는 3.1명, 실제로는 3.6명이 된다. 반대로 노조전임자 1인당 근로자수는 단협상 271명, 실제 234.3명으로 조사되었고, 전임자 1인당 조합원수는 단협상 172.6명, 실제는 149명으로 나타났다. 2005년도의 수치에 비해 단협상으로는 전임자 1인당 근로자수와 조합원수가 약간 많지만, 실제는 그 수가 적은 것으로 나타났다. 그러나 2002년에 비하면 전임자 1인당 근로자 수와 조합원 수 모두 크게 증가한 것이다.

3 이하의 내용은 노동부, 『노조전임자 관련 개선방안을 위한 실태조사』, 2008. 10.를 주로 참고하여 이루어졌다.

4 조합원수가 100인 미만인 경우 실제 전임자수 1.3명은 조합원수 100인 미만 노조에서 모두 1.3명의 전임자를 두고 있는 것은 아니다. 100인 미만 노조 213개소 중 노조전임자를 두고 있는 노조는 161개소로서 유노조전임자 노조 비중은 75.6%로서 노조전임자가 없는 노조비중이 24.6%이다.

표 7-2 노조전임자 1인당 근로자 및 조합원 수

(2008, 인사노무담당자 대상): 유노조전임자노조 대상

(단위: 개소, 명, %)

	조합 수	전임자수		노조 1개소당 전임자수		근로자 수	조합원 수	전임자 1인당 근로자수		전임자 1인당 조합원수	
		단협	실제	단협	실제			단협	실제	단협	실제
2008년	358	1,104	1,277	3.1	3.6	299,181	190,508	271.0	234.3	172.6	149.2
2005년	163	461	480.5	2.8	2.9	114,116	73,349	247.5	237.5	159.1	152.7
2002년	308	656.5	669	2.1	2.2	124,630	81,338	189.8	186.3	123.9	121.6

주: 노조전임자가 없는 노조는 제외한 수치임.

자료: 노동부(2008).

노조전임자가 있는 경우에 국한하여 실제 전임자 1인당 조합원수를 표 7-3 에서 보면 조합원수 100인 미만규모에서는 43명, 100-299인 규모 92명, 300-999인 146명, 1000인 이상 202명으로 조합원수가 많을수록 노조전임자 1인당 조합원수가 많아지는 것으로 나타났다. 또한, 노조전임자가 있는 노조만을 대상으로 조합원규모별 노조 전임자수를 보면 100인 미만에서는 실제상 1.3명, 100-299인 1.9명, 300-999인 3.7명, 1000인 이상 24.6명으로 조합원수가 많을수록 전임자수가 많아지지만 그만큼 전임자수가 정비례하지는 않는 것을 알 수 있다.[4]

상급단체별로는 한국노총의 경우 실제노조 전임자 1인당 조합원수는 106명으로 민주노총의 187명에 비해 적은 것으로 나타났는데, 이는 한국노총의 경우 민주노총에 비해 영세노조가 많기 때문으로 판단된다.

표 7-3 노조전임자 1인당 근로자 및 조합원수
(2008, 인사노무담당자 대상): 유노조전임자노조 대상

(단위: 개소, 명, %)

		조합수	전임자수		노조 1개소당 전임자수		근로자수	조합원수	조직률	전임자1인당 근로자수		전임자1인당 조합원수	
			단협	실제	단협	실제				단협	실제	단협	실제
전 체		358	1,104	1,277	3.1	3.6	299,181	190,508	63.7	271.0	234.3	172.6	149.2
상급단체별	한국노총	236	494	505	2.1	2.1	84,804	53,672	63.3	171.7	167.9	108.6	106.3
	민주노총	85	473	612	5.6	7.2	182,209	114,246	62.7	385.2	297.7	241.5	186.7
	미가맹	37	137	160	3.7	4.3	32,168	22,590	70.2	234.8	201.1	164.9	141.2
조합원규모별	100인 미만	161	206.5	207.5	1.3	1.3	22,458	8,905	39.7	108.8	108.2	43.1	42.9
	100-299인	132	234	245	1.8	1.9	38,684	22,417	57.9	165.3	157.9	95.8	91.5
	300-999인	37	130	136	3.5	3.7	32,566	19,859	61.0	250.5	239.5	152.8	146.0
	1,000인이상	28	533.5	688.5	19.1	24.6	205,473	139,327	67.8	383.7	298.4	261.2	202.4
종업원규모별	100인 미만	94	121	124	1.3	1.3	6,540	4,757	72.7	54.0	52.7	39.3	38.4
	100-299인	153	216	222	1.4	1.5	26,177	18,286	69.9	121.2	117.9	84.7	82.4
	300-999인	69	176.5	184.5	2.6	2.7	36,320	20,480	56.4	205.8	196.9	116.0	111.0
	1,000인이상	42	590.5	746.5	14.1	17.8	230,144	146,985	63.9	389.7	308.3	248.9	196.9

주: 427개소 중 노조전임자가 없거나 불명인 69개 노조 제외.

자료: 노동부(2008).

한편, 분석대상 노조전임자를 표 7-4 에서 유형별로 살펴보면 1개 노조당 평균전임자 3.42명으로 나타났다. 이들의 구성은 상급단체 파견 0.09명, 회사지원 사무보조직원 0.14명, 상급단체 파견과 회사지원 사무보조직원을 제외한 전임자 3.20명으로 나타났다. 그리고 노조가 급여를 부담하는 노조채용 직원은 0.12명으로 파악되어 전체 전임자에서 차지하는 비중은 매우 낮았다.

조합원 규모별로 보면 100인 미만 조합원을 가진 노조는 실제 전임자수가 1.16명, 100-299인은 1.61명, 300-999인은 3.64명이고,

1,000인 이상인 경우는 22.46명으로 나타났다. 종업원 규모별로도 전임자의 숫자는 종업원이 많을수록 증가하였다. 또한, 조합원 및 종업원규모별로 보면 규모가 클수록 상급단체 파견전임자, 회사지원사무보조직원, 그리고 노조가 자체 급여를 지급하는 노조채용직원수도 증가하였다.

표 7-4 노조 전임자 유형
(2008, 인사노무담당자 대상): 유노조전임자 노조만 대상

(단위: 명)

		실제전임자수 (A+B+C)	상급단체 파견 (A)	회사지원사무 보조직원(B)	A,B를 제외한 전임자수(C)	노조채용직원 (노조부담)
전 체(333)		3.42	0.09	0.14	3.19	0.12
상급단체별	한국노총(222)	2.12	0.08	0.19	1.84	0.10
	민주노총(79)	6.81	0.18	0.06	6.67	0.19
	미가맹(32)	4.09	-	0.03	4.06	0.03
조합원규모별	100인미만(135)	1.16	0.04	0.04	1.08	0.01
	100-299인(131)	1.61	0.08	0.16	1.37	0.14
	300-999인(39)	3.64	0.10	0.21	3.33	0.05
	1000인 이상(28)	22.46	0.17	0.50	21.79	0.61
종업원규모별	100인미만(74)	1.07	0.04	0.04	0.99	0.01
	100-299인(145)	1.26	0.06	0.08	1.12	0.10
	300-999인(70)	2.59	0.09	0.23	2.27	0.10
	1000인이상(44)	15.84	0.34	0.43	15.25	0.39

주 1) ( )의 수치는 빈도수

2) 실제노조전임자의 급여는 회사에서 지급

3) 노조전임자가 없거나 무응답노조 94개소 제외

자료: 노동부(2008).

2) 노조 재정의 구조

노조의 재정실태를 보면 조사대상노조의 1인당 평균조합비는 전체 평균으로는 21,684원이지만, 징수기준이 정률인 경우가 23,154원, 정액인 경우 17,759원으로 나타났다. 이는 총연맹별, 조합원규모별, 그리고 종업원규모별로도 일관된 경향을 보이고 있다.

반면에 노조 간부를 대상으로 한 조사에서 노동조하의 지출구조를 보면 사업비가 31.0%로 가장 비중이 높고, 그 다음으로 운영비 26.8%, 예비비 17.3%, 대외분담금과 적립금 12.0%이며, 인건비는 2.7%에 불과하다. 이는 전임자의 급여를 회사에서 지급하고 있기 때문에 인건비의 비중이 현저하게 낮은 것으로 보인다.

표 7-5 노조지출구조 2008, 노조간부 대상 조사)

(단위: %)

		전체	대외분담금	인건비	운영비	사업비	적립금	예비비
전 체		100.0	10.2	2.7	26.8	31.0	12.0	17.3
상급단체별	한국노총	100.0	10.2	5.4	29.9	24.7	4.8	25.0
	민주노총	100.0	10.8	1.0	24.7	34.4	15.6	13.6
	미가맹	100.0	0.4	4.5	31.1	39.0	22.4	2.5
조합원규모별	100인 미만	100.0	14.3	7.6	41.1	24.6	7.6	4.8
	100-299인	100.0	12.7	9.7	31.7	32.4	9.1	4.4
	300-999인	100.0	14.2	7.5	28.3	30.8	15.5	3.7
	1000인이상	100.0	9.0	0.6	24.7	31.3	12.3	22.1
종업원규모별	100인미만	100.0	13.5	9.2	45.6	23.3	31	5.3
	100-299인	100.0	14.2	10.7	32.5	28.4	9.8	4.4
	300-999인	100.0	13.9	5.2	29.9	34.0	13.0	3.9
	1000인이상	00.0	9.0	0.9	24.7	313	12.5	21.6

주: ( ) 수치는 빈도수

자료: 노동부(2008).

3) 노조전임자 급여지급 실태

노동부(2008)의 조사에 따르면 조사대상 340개 노조의 유급노조 전임자는 1,199명, 이들의 연간임금은 518억 원으로 나타났다. 그런데 이들 노조의 조합비 총액은 467억으로 조합비 전체를 전임자 급여로 충당한다고 하여도 부족한 상황이다. 이러한 상황은 상대적으로 노조규모가 작은 한국노총이 민주노총에 비해 더 심각한 것으로 나타났다.

표 7-6 에서는 노동부의 『임금구조기본통계조사』를 이용하여 사업체 규모별 평균임금(정액급여)을 추산하고, 조합비를 정액급여의 1%로 추산할 경우 조합원 수 규모별로 조합비로 충당할 수 있는 전임자 숫자를 나타내고 있다.

조합원 100인 이하인 노조에서는 조합비로는 노조 전임자 1명의 임금을 충당하지 못하는 것으로 나타났다. 즉, 조합원수가 100명인 경우 연간조합비는 2,317만원, 노조 전임자 1명의 총액임금은 3,232만원으로 조합비 전체를 전임자 급여로 지급할 경우 가능한 전임자 숫자는 0.72명이다. 조합원이 50명 이하의 경우에는 0.40명, 조합원 수가 10명인 경우에는 0.08명의 전임자 급여 밖에 충당할 수 없다.

그러나 조합의 규모가 커지면 상황은 다르다. 조합비로 노조전임자 급여도 충당할 수 있는 노조전임자수는 조합원 300명인 경우 2명, 1,000명 6.4명 수준이지만, 5,000명 규모 32명, 10,000명 64명, 30,000명 193명으로 증가한다.

표 7-6 조합원 규모별 조합비 및 전임자 급여 비교

(단위: 천원, 명)

조합원수	연간조합비 (A)	전임자 1인당 연간임금총액(B)	조합비로 충당할 수 있는 전임자수(B/A)
10인	2,243 (1,868,995×1%×10명×12월)	26,749 (2,229,087×12월)	0.08
50인	11,761 (1,960,088×1%×50명×12월)	29,514 (2,459,527×12월)	0.40
100인	23,166 (1,930,506 ×1%×100명×12월)	32,319 (2,693,243×12월)	0.72
300인	74,542 (2,070,600×1%×300명×12월)	37,070 (3,089,139×12월)	2.01
500인	144,404 (2,406,732×1%×500명×12월)	44,944 (3,747,315×12월)	3.21
1,000인	288,808 (2,406,732×1%×1,000명×12월)	44,944 (3,747,315×12월)	6.43
5,000인	1,444,039 (2,406,732×1%×5,000명×12월)	44,944 (3,747,315 ×12월)	32.13
10,000인	2,888,078 (2,406,732×1%×10,000명×12월)	44,944 (3,747,315×12월)	64.26
30,000인	8,664,235 (2,406,732×1%×30,000명×12월)	44,944 (3,747,315 ×12월)	192.78

주 1) 임금총액에는 정액급여, 초과급여, 그리고 특별급여 포함. 현금급여 이외의 노동비용 제외.

2) 조합비는 정액급여의 1%로 추산함.

3) 조합비와 임금총액은 노조가입률을 고려하여 조합원 10인은 종업원 10~29인, 50인은 30~99인, 100인은 100~299인, 300인 이상은 500인 이상 사업체의 임금자료를 이용하였음.

자료: 노동부, 『2007 임금구조기본통계조사보고서』, 2008. 노동부(2008)에서 재인용.

하지만 이 숫자 역시 상당히 과장된 숫자이다. 왜냐하면 표 7-5 에 나타난 노조의 지출 구조(2008)를 보면 전체 지출의 2.7%만이 인건비로 지출되고 있기 때문이다. 이는 그동안 사측이 노조 전임자의 급여를 지급하여 왔기 때문에 나타난 현상이라고 볼 수도 있다. 향후 노조전임자 급여지급 금지가 본격 시행되면 다른 항목에 지출비중은 감소하고 이 비중은 증가할 것으로 예상된다.

따라서 향후에 노동조합들이 자체적으로 노조전임자의 급여를 지급하기 위하여 현재 지출하고 인건비(비중 2.7%)에 예비비 17.3%를 합하여 인건비로 지출한다면 조합 지출액의 20%를 노조전임자 급여에 지출할 수 있게 된다. 이 경우에 유급 노조전임자 숫자가 얼마나 될 것인가를 조합원 규모별로 추산한 것이 표 7-7 에 나타나 있다.

여기에 따르면 현재 상황에서 조합비 총액의 20%를 노조전임자 인건비로 지출할 경우에는 종업원 500인 이하의 사업체는 단 1명의 전임자도 유급으로 둘 수 없다. 조합원 1,000인이 되어야 1.29명의 전임자를 둘 수 있는 상황이다.

노동조합이 기존의 조합비에서 인건비 지출의 비중을 더 이상 늘리지 못하면서 노조전임자를 두려면 조합비를 인상하는 방법 밖에 없다. 만약 조합비를 1%에서 1.5%로 0.5% 인상하였다고 가정하자. 그리고 인상된 0.5%의 조합비는 모두 인건비로 사용한다고 하자. 그러면 조합원 100인 이상의 사업체는 0.5명의 전임자를 둘 수 있다. 그리고 조합원 300인인 사업체는 1.41명의 전임자를 둘 수 있다. 이 규모는 조합원의 숫자가 증가할수록 커진다. 표 7-4 에 나타난 조합원 규모별 실제 전임자 숫자와 비교하여 보면 조합원 100인 미만의 사업체는 평균 1.16명의 전임자를 두고 있다.[5] 현재의 전임자 수에 비하면 크게 부족한 상황이다. 하지만 사업체의 규모가 커지면 상황은 달라진다. 조합원이 300명 있는 경우에는 1.41명의 전임자를 둘 수 있다. 현재 조합원 100-299인의 노조는 실제

1.61명의 전임자를 두고 있다. 현재의 전임자 숫자와 급여지급 금지 이후에 자구노력이 있을 경우 전임자 숫자의 격차가 크게 줄어든다. 조합원 500인의 경우는 2.25명, 1,000인의 경우에는 4.5명의 노조전임자를 둘 수 있어 현재의 실제 전임자 숫자 3.64명(조합원 300-999인)과 큰 차이가 없어진다. 1,000인 이상의 조합원이 있는 경우에는 현재 22.46명의 전임자가 있는 것으로 조사되었는데 조합비를 0.5% 인상할 경우 5,000인 조합원이 있는 경우에는 22.49명의 조합원을 둘 수 있다. 다시 말하면 조합원 숫자가 많은 경우에는 노조전임자 급여지급 금지가 시행되더라도 조합의 자구노력과 조합비의 인상 등으로 노조전임자를 확보할 수 있다는 것이다.

그러나 소규모 사업체의 경우는 상황이 그러하지 못하다. 표 7-7 에 따르면 조합비를 1%에서 2.05%로 1.0% 인상하였다고 가정하자. 그리고 인상된 1.05%의 조합비는 모두 인건비로 사용한다고 하자. 그래도 조합원 100인 이상의 사업체는 1명의 전임자를 둘 수 없다. 따라서 향후 근로시간 면제제도를 시행할 경우에 사업체 규모별 차등적용이 필요함을 알 수 있다.

5 물론 조합원수가 100인 미만인 경우 모두 1.3명의 전임자를 두고 있는 것은 아니다. 100인 미만 노조 중 노조전임자를 두고 있는 노조의 비율은 약 75.6%이다.

표 7-7 노조 조합비 인상의 경우 유지 가능한 전임자의 수

(단위: 명)

조합원 수	현재 상황에서 조합비 총액으로 충당할 수 있는 유급 전임자 수	조합비 총액에서 인건비지출을 20%로 할 경우 가능한 유급 전임자 수	추가로 조합비를 0.5% 인상하여 모두 인건비로 사용하는 경우 유급 전임자 수[1]	추가로 조합비를 1% 인상하여 모두 인건비로 사용하는 경우 유급 전임자 수[1]	실제 유급 전임자 수
10인	0.08	0.02	0.06	0.10	1.16 (100인 미만)
50인	0.40	0.08	0.28	0.48	
100인	0.72	0.14	0.50	0.86	
300인	2.01	0.40	1.41	2.41	1.61 (100-299인)
500인	3.21	0.64	2.25	3.85	3.64 (300-999인)
1,000인	6.43	1.29	4.50	7.72	
5,000인	32.13	6.43	22.49	38.56	22.46 (1,000인 이상)
10,000인	64.26	12.85	44.98	77.11	

주 1) 조합비 인상 전의 조합비 총액 20%를 인건비에 지출하는 것을 전제로함.

자료: 앞의 〈표 4〉, 〈표 5〉, 〈표 6〉을 이용하여 계산.

4. 결론

전임자의 급여 지급이 금지될 경우 노동조합과 기업은 여러 가지 대응 방안을 강구할 것으로 예상된다. 우선 노동조합 간부들을 대상으로 한 설문조사를 보면 사측에 비공식 지원을 요청하겠다는 응답이 63.5%로 가장 많았다. 그 다음이 조직형태를 전환하거나, 노동조합비를 인상하여 전임자 급여를 지급하겠다는 등의 순서로 나타났다.[6] 이 같은 응답은 기

업의 인사노무 관리자를 상대로 한 설문에서도 비슷하게 나타났다. 노조의 대응방안을 묻는 질문에 회사에 비공식 지원요청이 57.9%, 조합비 인상으로 전임자 급여지급 14.2%, 현재 조합비로는 부족하므로 전임자수 축소 12.6%, 현재 조합비로 전임자 급여지급이 가능하므로 현재 전임자 유지 8.3% 등의 순이었다. 한편, 조합원 규모별로 보면 규모가 커질수록 비공식지원요청 비중이 낮아지고, 전임자수 축소와 조합비로 충분하므로 현행 전임자수 유지 비중이 높아지는 것으로 나타났다.

이 같은 상황을 정리해 보면 노동조합은 자체적인 자구노력을 기울여서 전임자 급여를 지급하려는 의지가 있지만 이보다는 어떠한 형태로던 사측으로부터 비공식 지원을 받으려는 경향이 강한 것으로 보인다. 그러나 현재 개정된 법에는 노동조합 전임자 급여지급 금지 규정을 위반할 경우 사측과 노측 모두를 처벌하는 조항을 포함하고 있다. 따라서 비공식적인 지원이 쉽게 이루어질 것 같지는 않다.

또 다른 점은 조합비를 인상하거나 조직형태의 전환 등을 통하여 자체적으로 노조전임자를 유지하려는 노력은 조합원 규모에 따라서 그 효과가 다르게 나타날 것이라는 점이다. 조합원 규모가 작은 경우에는 표 7-7에서도 살펴 보았듯이 자체적으로 노조전임자를 유지하는 것은 쉽지가 않다. 따라서 향후 근로시간 면제제도를 시행함에 있어 이러한 점이 참고가 되어야 할 것이다.

한편, 근로시간 면제 제도에는 "건전한 노사관계 발전"이라는 애매한 문구가 포함되어 있어 노와 사가 서로에게 유리하게 해석할 여지가 충분하다. 물론 노동부 장관 한하의 '근로시간 면제심의위원회'에 노사 각 5명

6 노동부(2008).

과 정부 추천 공익위원 5명이 참여하여 근로시간 면제 한도를 결정하고, 위원회가 3년마다 재심의한다는 조항이 있다. 그러나 그 동안의 심의기구가 갖는 한계를 벗어나기는 힘들 것으로 보인다. 다만 최초에 시행에 있어 노사가 합의하지 못할 경우 공익위원이 결정할 수 있도록 한 규정도 있어 어느 정도의 강제력은 지니고 있다고 보여진다.

그리고 근로시간 면제를 받는 근로자 수와 면제시간 등은 외국의 사례를 참고할 수 있겠으나 우리의 현실 역시 감안되어야 할 것이다. 사업체 규모나 노동조합의 규모를 고려하여 설정되어야 하겠지만, 근본적인 입법 취지를 훼손하지 않는 범위 내에서 설정되어야 할 것이다.

참고문헌

노동부(2008.10),『노조전임자 관련 개선방안을 위한 실태조사』

이인재(2008.11), "노조전임자 급여지급 금지의 파급효과와 법정책 방향", 남성일 외,『한국의 노동, 어떻게 할 것인가Ⅱ: 글로벌 기준과 제도개선』, 서강대학교 출판부

한국노동연구원(2009.8),『2009 KLI 노동통계』

제8장_ 근로시간 면제제도의 합리적 운영방안

이인재

1. 문제제기

2010년 1월 1일 노조법이 개정안이 국회를 통과됨으로써 지난 13년간 유예되어 오던 전임자 급여지급 문제와 복수노조 문제가 일단락되었다. 개정 노동법에 의하면 2010년 7월부터 노조 전임자 급여에 대한 근로시간 면제제도(time-off)가 도입되고, 2011년 7월부터 복수노조가 허용된다.

법률의 개정과정에서 많은 우여곡절이 있었다. 개정 노조법의 원형은 노사정위원회 산하 노사관계선진화위원회의 공익위원안이었다. 노사관계선진화위원회는 2008년 10월부터 작년 9월까지 운영되었고, 교섭창구단일화와 근로시간 면제제도를 근간으로 하는 공익위원안을 제시하였다. 그러나 공익위원안을 둘러싼 노사의 입장차가 심해 노사합의가 도출되지는 못하였다. 이후 노조법 개정문제는 노사정위원회를 떠나 노사정의 직접대화에 의해 추진되게 된다. 2009년 10월 29일~11월 25일 노사정 6

자회의, 11월 30일~12월 4일 노사정 3자 대표자회의, 12월 22~26일 노사정 8인 연석회의가 연속적으로 개최되었다. 그러나 여기에서도 별다른 합의가 이루어지지 않자 결국은 국회 환노위를 통해 절충된 법안이 직권상정에 의해 개정법으로 통과되었다.

기본적으로 개정 노조법은 노사정의 정치적 타협의 산물이다. 노사정위원회의 공익위원안은 나름대로의 원칙과 논리적 일관성을 갖추고 있었으나, 정치적 타협 과정에서 이러한 원칙과 논리가 많이 훼손되었다. 특히 개정 노동법의 정치적 타협성은 전임자 문제에 대한 규율에서 더욱 두드러지게 나타난다. 노조법 개정안의 내용은 법 개정 이전의 포괄적 금지원칙은 물론 노조전임자에 관한 공익위원안에서도 크게 후퇴한 것이다.

본고에서는 개정 노동법상의 노조전임자의 합리적 운영방안에 대해 논의하고자 한다. 개정 노동법은 개정 전 노동법과는 달리 단서조항과 위임의 형태로 여러 가지 새로운 내용들을 추가하고 있다. 따라서 향후 노조전임자의 구체적인 모습은 전임자 제도의 실제적 운영 여하에 따라 크게 달라질 수 있다. 노조전임자 제도의 운영의 원칙과 일관성을 확보하기 위한 합리적 방안을 제시하고자 하는 것이 본고의 목적이다.

2. 노사정위원회 공익위원안과 근로시간 면제제도

1) 공익위원안의 내용

개정 노조법의 근로시간 면제제도는 노사정위원회 노사관계선진화위원회의 공익위원안에 기초하고 있다. 공익위원안의 핵심은 노조전임자에 대한 사용자의 급여지급을 원칙적으로 금지하되, 예외적으로 노조전임자의 사용자와 공동의 이해를 가시는 업무수행과 관련하여 필요한 시간에 대해서는 유급으로 처리할 수 있도록 하자는 것이었다. 구체적으로 ① 근로자의 고충처리를 위하여 필요한 시간, ② 단체교섭에 필요한 시간 및 단체교섭 결과를 조합원에게 설명하는데 소요되는 시간, ③ 노조와 사용자가 공동으로 설치한 기관의 운영과 활동 및 노사협의를 위하여 필요한 시간 ④ 사업장내 산업안전보건과 관련한 사항의 처리를 위하여 필요한 시간 ⑤ 법원, 노동위원회 등 권리구제기관에 참석하거나 이와 직접 관련되는 업무를 위해 필요한 시간 ⑥ 기타 이에 준하는 사항으로서 노사관계의 원활한 운영을 위하여 대통령령으로 정한 업무에 필요한 시간을 유급으로 처리할 수 있도록 하고 있다. 또한 제도변화로 건전한 노사관계 형성이 어려워질 수 있는 중소규모의 사업장에 대하여는 정부의 재정지원을 촉구하고 있다.

〈노조전임자 문제에 대한 공익위원안 전문〉

1. 노조전임자에 대한 사용자의 급여지급을 원칙적으로 금지하되, 합리적 노사관계의 발전을 위하여 예외적으로 노조 업무에 종사하는 자에 대하여 다음과 같은 해당 시간을 유급으로 처리할 수 있도록 한다.
   - 근로자의 고충처리를 위하여 필요한 시간
   - 단체교섭에 필요한 시간 및 단체교섭 결과를 조합원에게 설명하는데 소요되는 시간
   - 노조와 사용자가 공동으로 설치한 기관의 운영과 활동 및 노사협의를 위하여 필요한 시간
   - 사업장 내 산업안전보건과 관련한 사항의 처리를 위하여 필요한 시간
   - 법원, 노동위원회 등 권리구제기관에 참석하거나 이와 직접 관련되는 업무를 위해 필요한

시간

• 기타 이에 준하는 사항으로서 노사관계의 원활한 운영을 위하여 대통령령으로 정한 업무에 필요한 시간

2. 정부는 노조전임자 제도 변화로 인해 건전한 노사관계의 형성이 어려워질 수 있는 종업원 300인 미만 사업장에 대하여 재정을 지원할 수 있도록 노력하고 이를 위해 특별법 제정을 통한 별도의 조치를 강구하여야 한다. 이에 노·사·정은 상호신뢰의 정신에 입각하여 정부재원의 규모·전달체계·운영방식·사업내용 등에 관하여 성실히 협의하여야 한다.
3. 경과조치: 새로운 제도가 도입되기 이전에 이미 체결된 단체협약이 있는 경우에는 그 유효기간 동안 효력이 유지된다.

이러한 공익위원안의 특징은 몇 가지로 요약할 수 있다. 첫째는 근로시간면제(time－off)제도를 명시적으로 도입한 것이다. 노조전임자를 둘 수 있다는 점에서는 구법과 동일하다. 또한 원칙적으로 노조전임자에 대한 급여지급이 금지된다는 점도 같다. 다른 점은 단체교섭이나 노사합의를 통해 공익위원안이 열거하고 있는 사항에 관한 노조업무 담당자의 활동에 대해서는 '필요한 시간'의 한도내에서 유급으로 '처리할 수 있다'는데 있다. 따라서 노사합의에 따라 일정 범위의 노조전임자의 활동은 무급으로 또는 유급으로 처리된다. 둘째, 유급으로 인정될 수 있는 시간을 선정함에 있어 기능적인 접근방식(functional approach)을 취하고 있다. 제시된 사항들은 대체로 노사공통의 이해관계가 인정되는 사안의 범위에 포섭된다. 따라서 조합원 모집과 조합원 교육활동 등 순수한 노동조합 업무 등은 유급 근로시간 면제사유에서 제외되어 있다. 공익위원안은 후술하는 미국식의 근로시간면제 제도와 많은 유사점을 가지고 있다. 미국의 경우 상당수의 단체협약이 근로시간 면제를 명시적으로 규정하고 있

다. 고충처리나 단체교섭, 산업안전 등 근로시간 면제를 인정하고 있는 사유에서도 유사성이 발견된다. 셋째, 중소기업 노동조합에 대한 재정지원이다. 공익위원안은 종업원 300인 미만 중소기업노조의 취약한 재정상태를 감안하여 특별법의 형태로 재정지원방안을 마련하도록 촉구하고 있다.

2) 공익위원안에 대한 평가

이러한 공익위원안은 노동조합측과 사용자측 모두로부터 비판을 받았다. 따라서 공익위원안에 대한 노사간의 합의는 이루어지지 않았다. 공익위원안의 문제점으로 지적된 것을 정리해 보면 다음과 같다.[1]

첫째, 근로시간 면제 범위의 불확실성이 지적되었다. 근로시간면제의 범위를 둘러싼 단체교섭과정과 단체교섭의 이행과정에서의 분쟁으로 인해 현장의 노사관계가 더 혼란스러워질 가능성이 있다는 지적이다. 노조업무 종사자에 대한 유급조건 중, 몇몇 항목은 그 기준이 애매모호할 뿐만 아니라 반드시 근무시간 중에 해야 되는 지가 불분명한 경우도 있어 보완이 요구된다고 한다. 특히 해당시간을 유급으로 처리할 수 있는 기준으로 '기타 이에 준하는 사항으로서 노사관계의 원활한 운영을 위해 대통령령으로 정한 업무에 필요한 시간'의 구체적인 내용이 없음으로 인해 노조전임자에 대한 사용자의 급여지급 금지를 결국 용인하는 결과를 가져올 수도 있다. 그 결과 실제 공익위원안에 따른 근로시간 면제가 적용될 경우

1 아래의 논의는 경제사회발전노사정위원회 세미나(2009.9.18)에서 제기된 문제점들을 요약한 것이다. 구체적인 논평자의 이름은 생략하기로 한다.

허용범위가 무한정 확대될 수 있다. 이러한 우려는 근로시간면제제도를 도입하여도 실제 운영에서는 현재의 노조전임자의 운영실태와 크게 다르지 않을 것이라는 인식을 전제로 하고 있다.

둘째, 이에 반하여 근로시간면제 제도가 도입되면 노동조합 활동이 지나치게 위축된다고 비판하는 측도 있다. 공익위원안에서 제시하는 유급근로면제의 대상은 현행법상으로도 그렇게 규정되어 있거나, 그렇게 처리하는 것이 일반적인 것인 사항을 규정한 것에 불과하다. 따라서 노조전임자의 급여지급이 금지되어도 인정될 수 있는 사유에는 큰 차이가 없을 것이라고 한다. 오히려 근로시간면제 제도가 도입되면 현재 허용되고 있는 법에서 정한 사유 이외의 노동조합 활동, 예를 들면 노동조합 교육, 각종 상급단체의 회의나 자체 회의참석 등은 단체협약에서 규정하는 경우에도 무급으로 이루어질 수밖에 없다. 따라서 근로시간면제 제도는 노동조합의 무력화로 이어질 가능성이 높다고 우려한다.

셋째, 재정지원방안에 대해서는 노사가 모두 반대하였다. 사용자측은 이익단체인 노조전임자에 대한 정부 재정지원은 정당화될 수 없을 뿐만 아니라, 노조가 있는 사업장에만 국가재정을 지원하는 것은 재정운용의 형평성 문제와 노동조합의 설립 촉진 등의 부작용을 발생시킨다고 한다. 종업원 300인 미만 사업장은 노동조합이 있다 하더라도 규모나 업무량을 감안할 때 굳이 전임자가 필요 없고 업무시간 이후에 노조업무를 처리해도 충분하다는 주장도 있다. 노동조합측도 재정지원에는 반대한다는 입장을 표명하였다. 전임자 급여를 정부재정으로 지원하는 것은 노사관계 개입이며 노조는 물론 사업장 노사관계에 정부가 영향력을 행사하는 결과를 가져온다. 정부 재정으로까지 지원하면서 노사합의로 규정한 사용자의 부담을 덜어주는 것은 합리적이지 못하다고 비판하고 있다.

공익위원안은 노사의 합의를 촉구하기 위한 절충안으로서의 성격이 강하였다. 노조전임자 급여지급의 문제는 노사자율에 맡겨야 하며 따라서 현행 노동조합및노동관계조정법 제24조제2항과 사용자가 전임자에게 급여를 지급하는 것을 부당노동행위로 규정하고 있는 동법 제81조 제4호는 삭제되어야 한다는 노동조합측 주장과 구법 규정대로 노조전임자의 급여지급을 금지해야 한다는 사용자 측의 주장의 간극을 좁힐 수 있는 타협안으로서 제시되었다고 볼 수 있다. 그럼에도 불구하고 근로시간 면제의 사유를 노사공통의 이해관계가 인정되는 사안의 범위에 한정함으로써 전임자 급여를 예외적으로만 인정하는 원칙은 견지하고 있었다고 평가된다.

3) 미국의 근로시간 면제제도

공익위원안은 미국의 근로시간 면제제도를 참조한 것이다. 여기에서 미국의 전임자 규율제도에 대해 간략히 살펴보기로 한다. 미국에서의 운영방식은 한국의 개정노동법의 운영과 관련하여 많은 시사점을 주기 때문이다.

미국에서 사업장 단위에서 노동조합 활동을 직장위원(shop steward)이 담당하고 있다. 산별노조의 성격상 노동조합의 간부는 대부분의 경우 회사의 종업원이 아니며, 노동조합 사무실도 회사밖에 위치하고 있기 때문에, 우리나라의 노조전임자와 유사한 기능은 회사의 근로자인 이들 직장위원들이 담당하고 있다고 볼 수 있다.

미국법에 의하면 지배 또는 개입의 목적으로 직장위원에 대해 임금지급을 하는 것은 원칙적으로 사용자의 지원 내지 원조행위에 해당되는 부당노동행위이다(NLRA, 제8조 (a) (2)). 다만 사용자는 종업원이 근무시간 중 시간이나 임금 손실 없이 사용자와 협의하는 것을 허용할 수 있다(NLRA, 제8조 (a) (2)의 후단). 즉, NLRA 제8조 (a) (2)는 "사용자가 노동조직의 형성이나 운영을 지배 또는 방해하거나 그것에 재정적 또는 기타 지원을 하는 것은 부당노동행위이다. .... 단 근무시간 중 시간이나 급여의 손실 없이 근로자가 사용자와 협의하는 것을 사용자가 허락하는 것이 금지되지는 않는다(It shall be an unfair labor practice for an employer "to dominate or interfere with the formation or administration of any labor organization or contribute financial or other support to it:. ......, an employer shall not be prohibited from permitting employees to confer with him during working hours without loss of time or pay)"고 규정하고 있다. 이 조항은 우리나라 노동조합법의 부당노동행위 규정과 매우 유사한 구조로 되어 있음을 알 수 있다.

따라서 사용자의 임금지급과 관련된 원조행위의 구체적인 한계와 범위는 이 조항의 해석론에 따라 좌우된다. 미국의 판례는 ① 노조간부가 고충처리에 사용한 시간이 일반적인 통념에 비추어 지나치게 많을 경우 이 시간에 대하여 임금을 지급하는 것 ② 사용자가 노동조합의 운영비를 지원하는 경우 ③ 노동조합이 노조원 모집활동에 소요된 비용을 사용자가 지불하는 경우 ④ 노조간부가 노조원 모집활동을 한 시간에 대하여 사용자가 임금을 지급하는 경우 ⑤ 사용자가 노조간부에게 선물을 제공하는 경우 등을 지원 또는 원조행위로 보고 있다(김동원, 2009).

미국에서는 위에서 언급한 사용자의 부당노동행위와는 별도로 사용자가 근로자 대표나 노동조합 또는 노동조합간부에 대해 금품을 지급하는 것을 금지하고 있다(LMRA, 제302조 (a)). 또한 근로자 대표나 노동조합 또는 노동조합의 대표가 사용자에 대하여 금품지급을 요구하는 것도 금지된다(LMRA, 제302조 (b)). 이러한 규정에 위반한 행위에 대해서는 별도로 형사처벌 조항을 마련하여 준수를 강제하고 있다(LMRA, 제302조 (d) (1))[2]

중요한 것은 이러한 금품지급 금지의 예외조항을 규정하고 있는 LMRA, 제302조 (c) (1)항이다. 동 조항은 ① 사용자가 "확립된 의무가 노사관계 또는 인적자원관리와 관련된 사항에서 사용자를 위해 명시적으로 일할 의무를 포함하는 근로자(to any of his employees whose established duties include acting openly for such employer in matters of labor relations)" 또는 ② 현재 근로자이거나 전직 근로자였던 근로자 대표(personnel administration or to any representative of his employee) 또는 노동조합의 간부 또는 노동조합의 피용인(to any representative of his employee, or to any officer or employee of a labor organization, who is also an employee or former employee of such employer)에게 ③ 그가 근로자로서 제공한 서비스의 대가로 또는 서비스를 이유로 금품을 지급하는 경우(as compensation for, or by reason of, his services as an employee of such employer)에는 적용되지 않는다.

미국에서 직장위원의 활동에 관해서는 단체협약에 시간과 사유에 관하여 구체적으로 명시하고 있는 경우가 많다. 단체협상, 고충처리, 중재, 산업안전에 관한 사항 등 노사공통의 이해관계가 있는 사항과 관련한 시

2 고의로 $1000을 초과하는 금품지급을 한 경우에 대해서는 $15,000이하 또는 5년이하의 중죄(felony)로 처벌한다. $1000이하의 금품지급에 대해서는 $10,000이하의 벌금 또는 1년이하의 구금형에 처한다.

간들을 근로시간면제의 대상으로 하고 있다. 따라서 이런 점에 있어서는 전술한 공익위원안과의 유사성이 발견된다.

미국에서 유급 근로시간면제와 관련하여 법적 문제가 되고 있는 것이 소위 단체협약상의 "비공제 조항(No-docking clause)"의 유효성 문제이다. 예를 들어, 미국에서는 거의 모든 단체협약이 고충처리 절차(grievance procedure)를 규정하고 있다. 단체협약의 약 69%는 고충처리 절차에 직장위원이 관여하도록 하고 있다. 그리고 단체협약의 약 55%는 직장위원이 임금의 상실 없이(without loss of pay) 고충처리 업무를 수행하도록 하는 비공제 조항을 두고 있다(Bureau of National Affairs, 1995). 이러한 단체협약상의 고충처리를 담당하는 직장위원에 대한 급여지급이 노동조합에 대한 지배 또는 개입의 여지가 없다면 사용자의 부당노동행위에 해당하지 않는다는 것은 확립된 판례이다. 그러나 이것이 LMRA 제302조에 위반되는가는 논란의 여지가 있다. 특히 직장위원이 통상적으로 주어진 시간 범위 내에서 고충처리 업무에 종사하는 경우는 문제가 없으나, 단체협약에 따라서는 풀타임으로 노동조합 업무에만 종사하도록 하는 경우도 더러 있기 때문이다.

이 문제는 연방항소법원에서 Caterpillar 사건[3]을 위시한 몇몇 사건에서 다루어졌다. Caterpillar 사건은 직장위원이 휴직처리(leave of absence)를 하고 노동조합 업무에만 종사한 근로자에게 이전과 동일한 임금을 지급한 단체협약의 규정이 LMRA 제302조에 위반되는가가 다투어진 사건이다. 제 3연방항소법원은 비공제 조항이 LMRA 제302조에 위반하지 않는다고 판시하고 있으나, 연방항소법원에 따라서는 다르게 판

3 107 F.3d 1052, 1995.

시하는 경우도 있다.[4] 특히 이 문제에 관해서는 아직까지 대법원 판결이 존재하지 않기 때문에 법원칙이 확고하게 확립되어 있지 않다. 따라서 직장위원에 대한 급여지급의 범위와 한계가 앞으로 어떤 식으로 결정될지는 연방대법원의 판례의 추이를 지켜보아야 한다.

법적으로 논란이 있으나, 직장위원에 대한 급여지급 문제는 실제상으로 거의 문제가 되고 있지 않는 것 같다. 대다수의 단체협약은 직장위원의 활동에 대해 한정된 시간의 근로시간면제를 허용하고 있기 때문이다. 필자의 AFL－CIO 면담결과(2009.2)에 따르면 미국에서 통상적인 직장위원은 1주에 1시간 정도 근로시간면제(time-off)를 받는다고 한다. 자동차, 기계, 철강업종에서 유급 풀타임 직장위원이 있으나 숫자가 매우 적다. 과거에는 유급 풀타임 직장위원이 있는 경우도 종종 있었으나 이제는 거의 찾아볼 수 없어, 유급 풀타임 전임자는 "아주 오래된 역사적 유물(remnants of ancient history)"이라고 해도 과언이 아니라고 표현하기도 한다. 따라서 미국에서도 과거에는 우리나라와 유사한 유급 풀타임의 직장위원이 존재하였으나, 장기간에 걸쳐 소멸되어 현재에 이른 것으로 보인다.

따라서 미국의 근로시간 면제제도의 운영에서 나타나는 특징은 세 가지이다. 첫째, 단체협상, 고충처리, 중재, 산업안전에 관한 사항 등 노사공통의 이해관계가 있는 사항과 관련한 시간들을 근로시간면제의 대상으로 하고 있다. 통상적인 노조업무에는 근로시간 면제가 허용되지 않는다. 둘째, 고충처리와 같이 노사공통의 이해관계가 있는 사항에 대해서도 직장위원이 노동조합 업무에만 종사하고 계속 임금을 지급하기로 한 단체협약

4 United States v. Kaye, 556 F.2d 855(7th Circuit, 1977)

의 효력에 대해서는 법위반인지의 여부가 현재 다투어지고 있다. 셋째, 유급 풀타임 전임자는 극히 예외적인 경우를 제외하고는 인정되지 않고 있다.

3. 개정 노동법의 노조전임자 제도

1) 개정 노동법의 내용

앞에서도 언급하였듯이 개정 노동법상의 전임자 규율은 국회의 논의를 거치면서 개정 전 노동법과 노사정위원회 공익안의 원칙에서 많이 후퇴하였다. 개정 노동법의 노조전임자 관련 내용을 정리하면 다음과 같다.

첫째, 노조전임자의 급여지급은 원칙적으로 금지된다. 그러나 단체협약으로 정하거나 사용자가 동의하는 경우에는 사업 또는 사업장별로 조합원 수 등을 고려하여 근로시간 면제위원회에서 결정된 근로시간 면제 한도를 초과하지 아니하는 범위에서 근로자는 급여의 손실 없이 ① 사용자와의 협의·교섭, 고충처리, 산업안전 활동 등 이 법 또는 다른 법률에서 정하는 업무와 ② 건전한 노사관계 발전을 위한 노동조합의 유지·관리업무를 할 수 있다(노조법 제24조 4항).

둘째, 노동조합은 노조법 제24조 제2항과 제4항을 위반하는 급여지급을 요구하여 이를 관철할 목적으로 쟁의행위를 하여서는 아니 된다. 노조전임자 급여지급을 이유로 한 쟁의행위는 금지되며, 이를 위반할 경우 1천만 원 이하의 벌금에 처한다(노조법 제92조 제1호).

셋째, 근로시간 면제 한도를 정하기 위하여 노동부 산하에 근로시간

면제심의위원회를 신설한다(노조법 제24조의 2). 근로시간면제심의위원회는 근로시간 면제 한도를 심의·의결하며 3년마다 그 적정성 여부를 재심의하여 결정할 수 있다. 위원회는 노동계와 경영계가 추천하는 위원 각 5명, 정부가 추천하는 공익위원 5명으로 구성되며, 위원장은 공익위원 중에서 위원회가 선출한다. 위원회는 재적위원 과반수의 출석과 출석위원 과반수의 찬성으로 의결한다. 근로시간면제심의위원회는 이 법 시행 후 최초로 시행될 근로시간 면제 한도를 2010년 4월 30일까지 심의·의결하여야 한다. 근로시간면제심의위원회가 제1항에 따른 기한까지 심의·의결을 하지 못한 때에는 국회의 의견을 들어 공익위원만으로 심의·의결할 수 있다.

넷째, 근로시간 면제제도의 도입에 따라 노조법 제 81조4호 부당노동행위의 예외사유의 범위를 확대하여 종전의 "사용자와 협의 또는 교섭하는 것"을 "제24조제3항에 따른 활동을 하는 것"으로 개정하였다.

〈노조전임자 관련 개정 노동법 내용〉

제24조에 제3항부터 제5항까지를 각각 다음과 같이 신설한다.

③ 사용자는 전임자의 정당한 노동조합 활동을 제한하여서는 아니 된다.

④ 제2항에도 불구하고 단체협약으로 정하거나 사용자가 동의하는 경우에는 사업 또는 사업장별로 조합원 수 등을 고려하여 제24조의2에 따라 결정된 근로시간 면제 한도(이하 "근로시간 면제 한도"라 한다)를 초과하지 아니하는 범위에서 근로자는 임금의 손실 없이 사용자와의 협의·교섭, 고충처리, 산업안전 활동 등 이 법 또는 다른 법률에서 정하는 업무와 건전한 노사관계 발전을 위한 노동조합의 유지·관리업무를 할 수 있다.

⑤ 노동조합은 제2항과 제4항을 위반하는 급여 지급을 요구하여 이를 관철할 목적으로 쟁의행위를 하여서는 아니 된다.

제24조의2를 다음과 같이 신설한다.

제24조의2(근로시간면제심의위원회) ① 근로시간 면제 한도를 정하기 위하여 근로시간면제심의위원회(이하 이 조에서 "위원회"라 한다)를 노동부에 둔다.

② 근로시간 면제 한도는 위원회가 심의·의결한 바에 따라 노동부장관이 고시하되, 3년마다 그 적정성 여부를 재심의하여 결정할 수 있다.

③ 위원회는 노동계와 경영계가 추천하는 위원 각 5명, 정부가 추천하는 공익위원 5명으로 구성된다.

④ 위원장은 공익위원 중에서 위원회가 선출한다.

⑤ 위원회는 재적위원 과반수의 출석과 출석위원 과반수의 찬성으로 의결한다.

⑥ 위원의 자격, 위촉과 위원회의 운영 등에 필요한 사항은 대통령령으로 정한다.

제81조제4호 단서 중 "使用者와 協議 또는 交涉하는 것"을 "제24조제3항에 따른 활동을 하는 것"으로 한다.

第92條(罰則) 다음 各號의 1에 해당하는 者는 1千萬원 이하의 罰金에 處한다.

1. 제24조제5항을 위반한 자

부칙

제1조(시행일) 이 법은 2010년 1월 1일부터 시행한다. 다만, 제24조 제3항·제4항·제5항, 제81조 제4호, 제92조의 개정규정은 2010년 7월 1일부터..... 시행한다.

제2조(최초로 시행되는 근로시간 면제 한도의 결정에 관한 경과조치) ① 근로시간면제심의위원회는 이 법 시행 후 최초로 시행될 근로시간 면제 한도를 2010년 4월 30일까지 심의·의결하여야 한다.

② 근로시간면제심의위원회가 제1항에 따른 기한까지 심의·의결을 하지 못한 때에는 제24조의2 제5항에도 불구하고 국회의 의견을 들어 공익위원만으로 심의·의결할 수 있다.

한편 현재 노동부는 개정노동법과 관련한 시행령을 입법예고한 상태이다. 노조전임자와 관련한 주요 내용은 ① 근로시간 면제의 한도와 ② 근로시간면제심의위원회의 위원의 자격, 위촉절차, 임기, 위원회의 운영에 필요한 사항이다. 첫째, 근로시간 면제 한도는 사업 또는 사업장의 전체 조합원 수와 「노동조합 및 노동관계조정법」 제24조제4항에 따른 업무의 범위 등을 고려하여 시간단위로 정하고, 이 경우 그 시간을 활용할 수 있는 인원을 정할 수 있도록 하였다. 둘째, 근로시간면제심의위원회 위원은 노동부장관이 위촉하되, 노동계와 경영계가 추천하여 위촉되는 위원은 전국적 규모의 노동 단체와 전국적 규모의 경영자 단체가 추천하는 사람 중에서 위촉한다. 셋째, 근로시간면제심의위원회 위원의 임기는 2년으로 하되, 연임할 수 있다.

〈노조전임자 관련 시행령 입법예고안〉

제11조의2(근로시간 면제 한도) 법 제24조제4항에 따른 근로시간 면제 한도는 사업 또는 사업장의 전체 조합원 수와 법 제24조제4항에서 정한 업무의 범위 등을 고려하여 시간단위로 정한다. 이 경우 그 시간을 활용할 수 있는 인원을 정할 수 있다.

제11조의3(근로시간면제심의위원회 위원의 위촉) ① 법 제24조의2에 따른 근로시간면제심의위원회(이하 "위원회"라 한다) 위원은 노동부장관이 위촉한다.

② 법 제24조의2제3항에 따른 위원 중 노동계와 경영계가 추천하여 위촉되는 위원은 각각 전국적 규모의 노동 단체와 전국적 규모의 경영자 단체가 추천하는 사람 중에서 위촉한다.

제11조의4(위원의 자격기준) ① 제11조의3제2항에 따른 단체는 해당 단체의 전·현직 임원이나 노동문제 관련 전문가 중에서 위원을 추천한다.

② 공익위원은 다음 각 호의 어느 하나에 해당하는 사람 중에서 위촉한다.

1. 노동 관련 학문을 전공한 자로서 대학 또는 공인된 연구기관에서 교원 또는 연구원으로 5

년 이상 근무한 경력이 있는 사람

2. 3급 또는 3급 상당 이상의 공무원으로 있던 자로서 노동문제에 관하여 학식과 경험이 풍부한 사람

3. 그 밖에 제1호에 해당하는 학식과 경험이 있다고 인정되는 사람

제11조의5(위원의 결격 사유) 「국가공무원법」 제33조에 해당하는 사람은 위원에 위촉될 수 없다.

제11조의6(위원의 임기) ① 위원의 임기는 2년으로 하되, 연임할 수 있다.

② 위원이 궐위된 경우에 보궐위원의 임기는 전임자(前任者) 임기의 남은 기간으로 한다.

③ 위원은 임기가 끝났더라도 후임자가 위촉될 때까지 계속하여 그 직무를 수행한다.

제11조의7(위원회의 운영) ① 위원회는 노동부장관의 심의 요청을 받은 때에는 그 요청을 받은 날부터 50일 이내에 심의·의결하여야 한다.

② 위원회의 사무를 처리하기 위하여 위원회에 노동부 소관부서의 4급 이상 공무원 중에서 간사 1명을 둔다.

③ 위원에 대하여는 예산의 범위에서 그 직무 수행을 위하여 필요한 수당과 여비를 지급할 수 있다.

④ 위원장은 필요한 경우에 노동부 소속 공무원 중 위원회 관련 업무를 수행하는 공무원으로 하여금 위원회의 회의에 출석하여 발언하게 할 수 있다.

⑤ 위원회에 근로시간 면제 제도에 관한 전문적인 조사·연구업무를 수행하기 위하여 전문위원을 둘 수 있다.

⑥ 이 영에서 정하는 사항 외에 위원회의 운영에 필요한 사항은 위원회의 의견을 들어 노동부장관이 정한다.

2) 개정 노동법에 대한 평가

개정 노동법의 노조전임자 제도는 근로시간 면제한도의 구체적 범위

설정과 현장에서의 운영실태에 따라 전혀 다른 모습을 가질 수 있다. 따라서 개정 노동법에 대한 전반적인 평가를 하기에는 아직 이른 감이 없지 않다. 그러나 전반적인 방향성에 대해서는 다음과 같은 점을 지적할 수 있다.

첫째, 전임자 급여지급을 종래의 전면 금지에서 근로시간 면제제도로 변경하였다. 근로시간 면제 사유는 ① 사용자와의 협의·교섭, 고충처리, 산업안전 활동 등 이 법 또는 다른 법률에서 정하는 업무와 ② 건전한 노사관계 발전을 위한 노동조합의 유지·관리업무를 들고 있다. 여기에서 문제가 되는 것은 "건전한 노사관계 발전을 위한 노동조합의 유지·관리업무"가 공익위원안에 새롭게 추가되었다는 점이다. 앞에서 설명한 것처럼 근로시간 면제제도의 원형이라고 할 수 있는 미국에서도 통상적인 노동조합의 유지·관리업무에 대해서는 근로시간 면제가 인정되지 않는다. 따라서 개정 노동법은 "건전한 노사관계 발전"이라는 불확정 개념을 도입하여 근로시간 면제사유를 지나치게 확대하였다는 비난을 면할 수 없다.

둘째, 근로시간 면제 한도를 어떻게 확정하여야 할 것인지에 대한 아무런 기준을 정하고 있지 않다는 점이다. 개정 노조법은 근로시간의 면제 한도를 시간을 기준으로 정할 것인지 아니면 인원을 기준으로 정할 것인지에 대한 아무런 규정도 없다. 또한 복수노조가 존재하는 경우 교섭대표노조와 비교섭대표노조에 근로시간 면제를 어떻게 배분할 것인지에 대해서도 침묵하고 있다. 단체교섭이 장기화되어 근로시간 면제 한도를 초과할 경우의 처리도 불명확하다. 따라서 이러한 문제들은 기본적으로 근로시간 면제위원회를 통해 결정될 수 밖에 없는데, 이를 둘러싼 논란이 예상된다.

셋째, 근로시간 면제의 구체적 범위를 근로시간면제심의위원회를 통해 결정하도록 한 것에는 장단점이 있다. 근로시간 면제의 구체적 범위를 법률에 확정하는 것이 쉽지 않고, 따라서 위원회 형태의 논의를 거쳐 결정하는 것이 불가피하다는 점을 고려한 것으로 보인다. 그러나 근로시간 면제 한도의 적정성을 3년마다 재심의하여 결정할 수 있도록 함으로써 근로시간 면제제도의 제도적 안정성은 크게 감소되었다. 즉, 향후 정치적 상황에 의해 근로시간 면제의 범위가 달라질 수 있는 가능성을 열어 놓았기 때문이다. 또한 위원회가 노사공익의 합의체 형식으로 구성되어 과거의 관례상 합의도출이 쉽지 않을 전망이다. 물론 부칙에서 근로시간면제위원회에서 심의·의결되지 않을 경우 공익위원만으로 심의·의결이 가능하다고 규정하고 있으나, 이때에도 국회의 의견을 들어야 한다고 규정함으로써 정치적 고려가 완전히 배제된 것은 아니다.

4. 근로시간 면제제도의 합리적 운용방안

1) 근로시간 면제제도 운영의 원칙

일단 개정 노조법이 개정된 이상 근로시간 면제제도가 합리적으로 정착할 수 있는 방안을 강구해야 한다. 근로시간 면제제도는 노사의 최대공약수를 찾으려는 노력의 일환으로 볼 수 있으나, 위에서 지적한 것처럼 많은 불확실성을 내포하고 있다. 더욱이 노조전임자와 근로시간 면제제도의 구체적인 운영에 대한 노사간 현격한 인식의 차이가 존재하고 있는 것도 사실이다. 앞으로 이 문제를 어떻게 해결하는가에 따라 향후 노사관계의 발전 방향이 크게 달라질 것이다.

노조전임자 급여지급 금지문제는 몇 가지 기본원칙에 입각하여 처리되어야 한다. 첫째, 노조전임자 급여지급에 관해서는 현행의 노조전임자 수를 합리적인 범위에서 감축하는 방향으로의 방향설정이 필요하다. 사용자에 의한 노조전임자의 급여지급은 노동조합의 자주성의 확보라는 원칙적인 입장에 어긋나는 것이다. 또한 우리나라의 전임자 수가 다른 나라에 비해 과도하고 노동조합 전임자가 노사관계에 순기능보다는 역기능을 가져온 측면이 크다는 것이 일반적인 평가이다. 따라서 합리적인 범위 내에서 노조전임자의 축소는 타당하다고 할 수 있다.

둘째, 명확한 규칙(bright line rule)의 설정이 필요하다. 급여지급과 관련한 규칙이 명확하지 않으면 규정의 해석과 집행을 둘러싼 노사간의 분쟁이 유발될 가능성이 있다. 따라서 가능한 한 노조전임자 급여와 근로시간 면제와 관련된 규정을 명확하게 설정함으로써 분쟁의 소지를 줄여야 한다.

셋째, 근로시간 면제제도에 관한 합리적 관행 정착을 염두에 두어야 한다. 여러 가지 현실적 여건을 감안할 때, 노조전임자에 대한 근로시간 면제제도가 도입된다 하더라도 오랜 관행이 일순간에 해결될 것으로 보이지는 않는다. 합리적 관행의 정착에는 일정 기간이 필요할 수밖에 없다는 사실을 인식하고, 일관적인 법집행을 통해 합리적 관행을 정착시키도록 노력해야 한다.

2) 근로시간 면제제도의 합리적 운용방안

첫째, 현행 노조법은 근로시간면제 사유를 추상적으로 열거하고 있다. 따라서 면제 사유의 구체적 범위를 놓고 노사간 다툼이 발생할 것이다. 특히 "건전한 노사관계 발전을 위한 노동조합의 유지·관리업무"의 구체적인 범위를 어떻게 정할 것인가는 중요한 문제이다. 만일 이 사유를 지나치게 넓게 인정한다면 현행과 크게 다르지 않게 노조전임자가 운용될 가능성이 있다. 이와 관련하여 특히 문제가 되는 것은 상급단체 파견 노조전임자에 대한 근로시간 면제를 인정할 것인가의 문제이다. 상급단체에 파견된 노조간부 등 근로관계가 사실상 종료된 노조전임자에 대한 사용자의 급여지원은 법리적·정책적 근거가 전혀 없고, 글로벌 스탠다드에 부합하지 않는다고 판단된다.

둘째, 근로시간 면제 한도의 확정방법을 합리적으로 결정하여야 한다. 근로시간 면제사유가 확대되고 추상적으로 규정된 상황에서 이 문제는 매우 중요하다. 근로시간 면제제도를 정착시키기 위해서는 그간의 관행을 감안할 때 근로시간뿐만 아니라 그 시간을 활용할 수 있는 인원수를 함께 정하는 것이 필요하다. 즉, 노조 전임자에 대한 유급근로시간면제 한도를 시간 단위로 세분화해 정하고 이렇게 정해진 면제 시간에 활동할 수 있는 전임자 수를 제한하는 방법이다. 이러한 시간과 인원수의 동시 규제는 면제사유를 둘러싼 분쟁을 적은 비용을 가지고 해결할 수 있다는 장점이 있다. 우리나라의 경우 근로시간에 대한 엄격한 시간관리가 이루어지고 있지 않다. 근로시간 관리가 잘 이루어지지 않는 상황에서 근로시간 면제의 총량을 시간으로만 정하면 노조가 총량 시간을 쪼개 전임자를 지나치게 많이 두는 부작용이 발생할 수도 있다. 따라서 현실적 여건을 감안하면 근로시간과 함께 인원수를 확정해야 제도 운영의 투명성이 확보 될 것이다. 이런 관점에서 입법 예고된 시행령이 전체 조합원 수와 업무의 범위 등을 고려하여 시간단위로 근로시간의 면제의 범위를 정하도록하고 이와 더불어 그 시간을 활용할 수 있는 인원을 정할 수 있도록 한 것은 타당한 접근방법이라고 판단된다.

셋째, 근로시간 면제제도를 노사간 합리적 관행으로 정착시키기 위해서는 근로시간 면제제도가 실제 운영과정에서 유명무실화 되는 것을 방지해야 한다. 이를 위해서는 유급 근로시간의 실제 사용여부를 확인할 수 있는 명확한 절차를 마련하는 것이 반드시 필요하다. 물론 이는 단체협약을 통해서 구체화될 수 있는 측면도 있으나, 시행상의 혼란을 방지하기 위해 별도의 시행령 등을 통해 새로 마련하는 것이 좋다고 생각한다. 따라서 예를 들면 노동조합의 유급 근로시간 활용에 대한 사전통지의무 등의 절차 규정을 신설하여 실제 사용시간을 다툼의 여지없이 객관적으로 확인하는 절차를 설계해야 한다.

넷째, 근로시간 면제제도의 규범력과 실효성을 높이기 위해서는 법준수의 적절한 인센티브가 제공되어야 한다. 이러한 인센티브가 부재한 경우에는 법이 의도한 효과가 전혀 나타나지 않을 수도 있다. 실제로 문제가 될 수 있는 것은 면제사유 이외의 사항에 대해 또는 면제 한도를 초과한 시간에 대해 노조전임자 급여가 지급되는 경우이다. 노조법 제81조 4호의 사용자의 부당노동행위로 규율될 가능성도 있으나, 부당노동행위의 신청권자가 노동조합이므로 실제로 부당노동행위에 관한 소송이 제기될 현실적 가능성은 없다. 이러한 법위반에 대한 직벌규정의 도입 등 제재방법에 대해 보다 구체적인 대안마련이 필요하다.

5. 결론

근로시간 면제제도는 노사간 합리적 관행을 정착시킨다는 장기적 관점에서 보면 상대적인 장점을 가지고 있는 제도이다. 노조전임자의 급여 지급을 전면적으로 금지하는 것은 아니기 때문에 파급효과가 상대적으로 약하고, 노조재정에 미치는 효과도 상대적으로 적어 노동조합의 활동 위축이라는 우려를 어느 정도 덜어낼 수 있기 때문이다. 또한 기업의 노사관계의 상황에 따라 노사합의를 통해 근로시간 면제의 범위를 조정할 수 있다는 유연성도 있다.

그러나 근로시간 면제제도가 이러한 긍정적 효과를 내기 위해서는 ① 근로시간 면제의 예외성과 ② 근로시간 면제 범위의 명확성이 전제되어야 한다. 개정 노동법은 이 두 가지 측면에서 모두 불확실성을 내포하고 있다. 따라서 개정 노동법 하에서도 노조전임자제도가 종전과 같이 불합리하게 운영될 가능성은 얼마든지 있다. 이러한 우려를 근본적으로 불식시키는 방안은 노조전임자의 급여지급 금지를 기업규모별로 시차를 두고 순차적으로 확대 적용하는 것이다(이인재, 2009).

이러한 법 재개정이 현실적으로 어렵다면 근로시간면제의 사유와 범위를 명확하게 설정하는 작업이 무엇보다도 필요하다. 근로시간면제위원회는 노사간 다툼의 여지를 최대한도로 줄일 수 있는 방향으로 근로시간 면제제도를 설계하여야 할 것이다. 노사의 인식과 태도의 변화 역시 필요하다. 새로운 제도가 뿌리내리기 위해서는 노사 양측의 제도를 합리적으로 안착시키겠다는 전향적인 자세가 요구된다. 마지막으로 근로시간 면제 제도의 정착을 위해서는 상당 기간 동안 정부의 일관적인 법집행 노력이 지속되어야 할 것이다.

참고문헌

김정한(1998), 『노동조합의 재정자립에 관한 연구』, 한국노동연구원

김정한·문무기·윤문희(2008), 『노조전임자 관련 개선방안을 위한 실태조사』, 노동부

김동원(2009.2.11), 「미국의 노조전임자 제도」, 『노사관계선진화위원회 워크숍 자료』, 경제사회발전노사정위원회

노사정위원회(2003), 『노조전임자 급여지급 관련 논의자료』

문무기·조준모(2005), 『노조 전임자 실태조사에 관한 연구』, 노동부

노사정위원회(2009.2.11),『노사관계선진화위원회 워크숍 자료』

이인재(2008), 「노조전임자 급여지급 금지의 파급효과와 법정책 방향」, 『한국의 노동, 어떻게 할 것인가: 글로벌 기준과 제도개선』, 남성일외, 서강대학교 출판부, pp.309－343.

이철수(2009.9), 「복수노조·노조 전임제의 법리와 입법과제」, 『복수노조·전임자 문제 어떻게 풀 것인가?』, 경제사회발전노사정위원회 세미나

이철수·조준모(2005), 「전임자제도의 실태와 과제」, 『산업관계연구』, 제15권 제1호, pp. 135－155.

Bureau of National Affairs, *Basic Patterns in Union Contracts,* Washington, 1995.

제9장_ 개정 노조법의 주요 쟁점과 개선방안

이정일 · 김태정

1. 노조법 개정의 의미

금년 1월 1일 새벽 국회에서는 복수노조 및 노조전임자 급여 관련 노동법 개정안을 통과시켰다. 지난 해 12월 4일 노사정간 합의를 도출하였음에도 불구하고 국회에서 재논의를 하였고 연말까지 합의 여부가 불투명하다가 극적으로 법이 통과된 것이다. 절차상으로 어려움이 많았고 법안 내용에 대해 노사정 모두가 불만을 어느 정도 가지고 있으나 여하튼 개정법에 의해 향후 새로운 노사관계의 틀이 형성되었다.

개정법의 주요 내용을 보면 다음과 같다.

우선, 사업 또는 사업장 단위에서 복수노조를 허용하되, 노동조합이 2개 이상인 상황 하에서 교섭을 실시하려면 교섭대표 노조를 정하도록 하고 있다. 교섭대표 노조를 선정하는 과정도 3단계 과정으로 이루어진다. 우선 일정 기한 내에 모든 노동조합이 자율적 협의로 교섭대표 노조를 결정하도록 한다. 다만 사용자가 이 기한 내에 교섭창구 단일화 절차를 거치지 아니하기로 동의한 경우에는 개별적으로 교섭할 수 있다. 아무런 결정이나 동의가 없는 경우에는 전체 조합원의 과반수로 조직된 노동조합(위임 또는 연합 등의 방법으로 과반수 되는 경우 포함)이 교섭대표 노조가 된다. 만약, 과반수 노조도 없는 경우에는 10/100이상의 조합원 수를 보유한 노조로 공동교섭 대표단을 구성한다.

교섭대표 노조를 결정하는 단위는 사업 또는 사업장이다. 그러나 현격한 근로조건의 차이, 고용형태, 교섭 관행 등을 고려하여 교섭단위를 분리할 필요가 있다고 인정되는 경우에 노동위원회는 당사자 양쪽 또는 한쪽의 신청을 받아 분리결정을 할 수 있다. 또한, 소수노조에 대한 불합리한 차별을 행하는 것을 방지하기 위하여 교섭대표 노조와 사용자에게 공정대표의무를 부과하고 있으며 위반시 노동위원회를 통하여 구제를 받을 수 있도록 하였다.

한편, 노조전임자에 대한 급여 지급은 원칙적으로 금지한다. 다만, 사업 또는 사업장별로 조합원 수 등을 고려하여 근로시간면제심의위원회에서 결정된 근로시간 면제 한도를 초과하지 아니하는 범위에서 사용자와의 협의·교섭, 고충처리, 산업안전 활동 등 이 법 또는 다른 법률에서 정하는 업무와 건전한 노사관계 발전을 위한 노동조합의 유지·관리 업무를 수행한 시간은 유급으로 할 수 있다.

금번 개정법은 다음과 같은 측면에서 큰 의미가 있다.

첫째, 이제 국제사회로부터의 간섭과 비난으로부터 한층 더 자유로워졌다. 이번 입법으로 ILO의 핵심 협약인 '결사의 자유 및 근로자의 단결권 보호'(87조) 협약을 비준할 가능성이 높아졌고, 과거 OECD로부터 받았던 노동 감시의 재시행 여부도 어려워졌다. 또한 향후 한미 FTA 체결과 관련해서도 노동권 조항 삽입이 장애로 되지 않게 되었다.

둘째, 이번 개정법중 전임자는 6개월, 복수노조는 1년 6개월 시행을 유예한 것은 예전에 행하였던 유예기간 설정의 반복과는 차원을 달리한다. 확실히 시행을 전제로 한 준비기간 설정이다. 일부에서는 재유예에 대한 빌미를 제공한 것이 아니냐 하는 비판이 있으며, 민주노총도 추가적 유예가 사실상 복수노조의 영구적 금지를 의미하고 향후 법 개정이 불가능하다고 주장하였다.[1] 그러나 이번에는 교섭창구 단일화, 전임자 급여 관련 입법사항을 명시하였고 단지 시행령이나 가이드라인 설정 등 후속작업만 남겨 놓은 상태이다. 향후 국회에서, 그리고 노사정 당사자 간의 합의가 없더라도 실시하는 데에는 아무런 문제가 없다. 만약 또다시 유예를 하려면 국회에서 다시 법 개정 절차를 밟아야 하지만, 이번 입법 과정에서도 보았듯이 노동관계법을 입법하기란 매우 어렵고 유예에 대한 명분도 약하기 때문에 재유예는 거의 불가능하다고 할 수 있다.

셋째, 복수노조 시행 및 근로시간면제 제도 도입으로 예전과는 완전히 다른 새로운 틀에서 노사관계가 시작된다. 1963년 이래 오랫동안 복수노조 금지 체제로 있다가, 그리고 노동운동이 시작한 때부터 노조전임자 급여지급이 당연한 것으로 여겨졌다가, 그러한 기존의 관행을 깨뜨려버린 입법이기 때문이다. 특히, 기업별 노조가 다수를 차지하고 있는 우리나라에서는 그 파급력은 매우 클 것으로 보인다. 예컨대 복수노조 허용은 노동권, 특히 단결권의 완전보장이라는 측면에서 큰 의미가 있지만, 교섭대상이 많아지고 노조가 분화되어 서로 각축하는 등의 상황이 과연 노사관계

1 김태현(2009.12.). “복수노조 및 전임자 급여 관련 민주노총의 입장”, 복수노조 문제와 노조전임자 급여지급 금지에 관한 공청회 자료, 18.

안정, 노사 신뢰 형성에 얼마나 도움이 될 것인지는 의문이다.

이상과 같이 국회는 입법을 하였지만, 여전히 쟁점은 산재해 있다. 노조운영 구조 및 교섭 구조를 완전히 새롭게 짜는 데 있어 몇 개의 조문 삽입만으로는 부족하다. 이에 이번 개정법의 주요 내용을 살펴보고, 그에 따른 구체적인 쟁점이나 문제점, 향후 시행령 관련 입법 사항, 기타 가이드라인 설정과 같은 후속조치 사항 등을 제시하고자 한다.

2. 개정법의 주요 쟁점 사항

1) 교섭창구 단일화 절차

창구단일화 절차는 크게 3단계(노조간 자율 합의 → 과반수 대표 노조 → 공동교섭 대표단)로 진행된다. 다만, 1단계 상황에서 사용자가 개별적으로 교섭하는 것을 동의하면 창구단일화 절차를 배제할 수 있다.

(1) 노조간 자율 합의

우선 교섭창구 단일화 절차에 참여한 모든 노동조합은 대통령령으로 정하는 기한 내에 자율적으로 교섭대표 노조를 정해야 한다(개정법 제29조의2 제2항). 이러한 자율적 창구단일화는 교섭창구단일화제도에 내재된 교섭권의 제약이나 조합간 불평등취급을 완화하고 노사자치에 기여하는 긍정적인 측면이 있다. 그러나 노조간의 자율적 합의는 노노갈등을 심화시킬 수 있으며, 그에 따른 사업장에서의 혼란이 가중될 여지도 높다. 따라서 노조간 자율 합의를 할 수 있는 기간을 적절하게 정하고 명확한 기산점 제시가 필요하다. 이에 내하여는 1월 현재 입법예고상태인 시행령에서는 노동조합은 단체협약이 있는 경우에 그 유효기간 만료일 3개월 전부터 사용자에게 교섭을 요구할 수 있으며, 사용자는 교섭 요구를 받은 때에는 그 다음날로부터 7일 동안 교섭 요구 사실을 공고하고 그 기간 동안 노동조합은 교섭을 요구할 수 있다. 교섭을 요구한 노조가 2개 이상인 경우에는 교섭참여 노동조합이 확정된 날을 기산일로 하여 14일 이내에 교섭대표 노조를 정하도록 하고 있다. 이런 방식으로 시행령에 기산점 및 기간을 지정하게 되면, 창구단일화를 위한 노조간 불필요한 지연행위를 어느 정도 방지할 수 있다고 본다. 다만, 2009년 12월 발표했었던 노동부 고시(이 고시는 개정법 통과로 효력이 소멸)에서는 10일 이내에 교섭대표 노조를 정하도록 하였는데, 이번 시행령에서 14일로 변경되었다. 노조간 자율적 합의 기간을 보장해 주는 것은 바람직하지만 기간이 길수록 노노갈등이 심화될 수 있어 더 이상의 기간 확장은 어렵다고 생각한다.

한편, 교섭창구 단일화 원칙의 예외로서 개정법 제29조의2 제1항 단서에서는 "사용자가 이 조에서 정하는 교섭창구 단일화 절차를 거치지 아니하기로 동의한 경우에는 그러하지 아니하다"고 하여 개별교섭의 가능성을 열어 놓았다.

그런데 사용자의 동의는 '노조의 요구'를 전제로 하는데 이는 '노조는 교섭대표노동조합을 정하여 교섭을 요구하여야 한다'고 규정한 앞 조항과 모순되지만, 이 조항 본문 내용이 노조가 개별적으로 교섭을 요구할 수도 있다는 의미로 해석된다면 결국, 복수노조 사업장의 사용자와 각 노조들은 교섭 전에 창구단일화 여부에 대한 다툼을 먼저 시작하게 될 것이다.

이는 향후 노사관계에 상당한 혼란도 야기할 수 있다. 교섭대표 노조로 결정될 가능성이 낮다고 판단하는 소수 노조들(특히 과반수 노조가 있어서 공동교섭을 통한 참여도 어려울 경우)은 교섭창구 단일화 과정에 적극적으로 참여하기보다는 사용자가 개별교섭에 동의하도록 압박하는데 주력할 것으로 예상된다. 즉, 교섭창구 단일화를 위한 복수의 노조들이 협의하는 과정에서 소수 노조는 불성실한 협의 및 교섭대표 노조 결정에 대한 노동위원회 이의 신청 등 다양한 방법을 통해 창구 단일화를 지연하는 한편, 단결과시 등의 방법으로 사용자를 압박하여 교섭권을 확보하는 전략을 구사할 것이며, 이 과정에서 노노갈등의 증폭, 물리력 행사, 불법파업 등으로 인한 사업장 노사관계의 혼란이 예상된다.

또한 사용자의 단일화 절차 생략 동의가 모든 노조와의 자율교섭을 의미하는지 또는 특정 노조만을 대상으로 자율교섭을 할 수 있는지도 명확하지 않다. 3개 이상의 노조가 있을 때 사용자가 다른 노조들은 교섭대표 노조를 구성하도록 하고 특정 노조만을 대상으로 개별교섭에 동의할 수도 있기 때문이다. 결국 노사 각각의 전략으로 인해 단체교섭의 파트너를 정하게 되고 그로 인해 수많은 변칙적인 교섭방식이 난무하게 될 것이고, 결국 창구단일화의 취지를 최대한 살리는 입법정신에도 반한다.

한편, 개별교섭을 실시하여 상이한 내용의 단체협약을 체결하더라도 공정대표의무 위반의 문제가 발생하지 않는다. 공정대표의무는 '교섭창구 단일화 절차에 참여한 노동조합 또는 그 조합원 간에'차별을 금지하고 있기 때문이다. 물론 개별협약에 의한 노조 차별로 사용자의 부당노동행위가 성립될 수 있지만, 차별의 입증 및 차별의 판단 과정에서 상당한 비용과 시간이 소요될 것이다. 또한, 그 사업장 내에 근로자 과반수로 조직된 노동조합 또는 교섭대표와 체결한 단체협약도 있고, 소수노조와 체결한 개별협약도 존재하는 경우에는 노조법 35조(일반적 구속력)에 의한 단체협약의 효력확장 규정과도 충돌하게 되어 어느 협약을 우선할지에 대한 실무상의 혼란이 예상된다.

즉, 사용자의 동의에 의한 개별교섭을 인정하는 실익은 크지 않은 반면, 법리 오해와 갈등의 소지가 될 위험은 크다 할 것이다.

(2) 과반수 노조에 교섭대표권 인정

자율적으로 교섭대표노동조합을 정해진 기한 내에 정하지 못하는 경우에는 교섭창구 단일화 절차에 참여한 노동조합의 전체 조합원의 과반수로 조직된 노동조합(2개 이상의 노동조합이 위임 또는 연합 등의 방법으로 교섭창구 단일화 절차에 참여한 노동조합 전체 조합원의 과반수가 되는 경우를 포함)이 교섭대표노동조합이 된다. 이 때 과반수 노동조합 결정을 위한 조합원 수 확인에 관한 문제, 이중조합원에 대한 처리, 탈퇴자 처리와 관련한 문제 및 확인 시점 등 다양한 문제점이 발생할 수 있는데 이에 관한 필요한 사항에 대해서는 대통령령으로 정한다고 규정하고 있다.

조합원 수에 따라서 과반수 노조로 교섭대표노동조합으로 결정되거나 공동교섭대표단 구성에 있어 보다 우선적이고 유리한 조건을 주장할 수 있어 각 노조들 간에는 조합원수 확보를 위한 조직화 경쟁은 불가피하고 매우 치열하게 진행될 것으로 전망된다. 또한 조합원 수를 과다하게 신정하는 경우도 있을 수 있다. 따라서 노사 또는 노노간 분쟁을 사전에 예방하고 교섭창구단일화 제도의 실질적 시행을 담보하기 위해 정확한 조합원수를 확정하는 것은 매우 중요한 내용이다.

조합원수 확인 방법에는 check－off에 의한 확인, 관할 행정관청에 의한 확인, 노동위원회에 의한 확인 등 다양한 방법을 고려할 수 있으나, 일단 개정법은 조합원 수 확인에 대하여 노조가 이의를 신청한 경우에 한하여 노동위원회가 결정할 수 있도록 하는 규정만 두고 있다(제29조2의 제6항). 그러나 노조 조합원 수 확인의 문제는 순수한 사실관계를 판단하는 문제이지 노조간 이해관계로 조정될 사안이 아니고 이에 대한 이의를 신청한 경우에 한해서만 사후적으로 결정하도록 하는 것도 문제이다. 탈퇴 조합원이 그대로 명부에 기재되어 있다거나 이중 조합원이 존재한다는 사실을 사전에 심사하여 명확히 하지 않는다면, 그리고 이러한 확인을 객관성을 담보하는 공적 기관에서 하지 않는다면, 노사간 교섭을 실시하는 과정에서도 계속 이의신청이나 조합원 수에 대한 불협화음이 발생할 수 있다.

따라서 노조간 자율적 합의기간 만료일 다음날에 교섭 참여 노조들은 조합비 납부가 증명된 조합원 명부를 지방 노동관서에 제출하게끔 하고 노동청은 이에 대한 실질 심사를 실시하여야 할 것이다. 나아가 관할 노동관서 내에 조합원 산정을 위한 부서 신설도 검토되는 것이 실무적 관점에서 바람직하다. 참고로 2009년 노동부 고시에서도 '과반수 노동조합 결정을 위한 조합원수 확인' 의 업무를 해당 사업 또는 사업장의 주된 사무소를 관장하는 지방노동관서의 장에게 부여하기도 하였다.

또한 조합원수는 항시 변동할 수 있고, 특히 교섭개시 전후에는 특히 그러할 것으로 예상되기 때문에 조합원수 확정의 시기를 언제로 두느냐가 중요하며, 이에 대해서도 시행령에서 명확히 규정해야 한다. 참고로 입법예고된 시행령 제14조의 9 제2항에서는 교섭참여 확정 공고일을 기준일로 규정하고 있으며 바람직하다. 다만, 교섭참여 공고일 이후에 노조가 설립된 경우에 대해서는 는 그 해당 노조에 한해서는 설립일로 보아야 할 것이다.

나아가 이중조합원에 대한 처리도 명확히 시행령에 규정해야 할 필요가 있는데 입법예고된 시행령에서는 2개 이상의 노동조합에 가입한 조합원에 대해서는 조합비를 납부하는 노동조합이 1개인 조합원의 경우에는 그 노동조합의 조합원으로 보고, 조합비를 납부하는 노동조합이 2개 이상인거나 조합비를 납부하는 노동조합이 없는 조합원의 경우에는 '1을 해당 조합원이 가입한 노동조합의 수로 나눈 수'로 규정하고 있다. 그러나 이 경우 2개의 노조에 가입하고 있는 경우 0.5명, 3개의 노조에 가입하고 있는 경우에는 0.33명 등 소수점 이하로 조합원수가 계산되는 불합리가 발생할 수 있어, 조합원의 의사를 존중한다는 차원에서 특정일(공고일)을 기준으로 이중조합원의 경우, 본인이 지지하는 노동조합을 서명 합의하는 절차를 시행령에 추가하는 방법도 고려해 볼 필요가 있다. 또한 탈퇴자 처리시점 및 기준 등에 대해서도 시행령 또는 행정내규에 포함시켜야 할 것이다.

(3) 공동교섭대표단 구성

노조간 자율 합의 및 과반수 노동조합에 의한 교섭대표노동조합을 결정하지 못한 경우에는 교섭창구 단일화 절차에 참여한 모든 노동조합은 공동으로 교섭대표단을 구성하여 사용자와 교섭하여야 한다(제29조의2 제4항). 이런 경우는 2개 노조의 조합원수가 정확히 동일하거나 3개 이상의 노조가 설립된 경우에만 가능할 것이다. 다만, 공동교섭대표단에 참여할 수 있는 노동조합은 그 조합원 수가 교섭창구 단일화 절차에 참여한 노동조합의 전체 조합원 100분의 10이상인 노동조합이어야 한다. 또한, 공동교섭대표단의 구성에 합의하지 못할 경우에 노동위원회는 해당 노동조합의 신청에 따라 조합원 비율을 고려하여 이를 결정해야 한다. 이러한 공동교섭대표단 구성 방식은 소수노조에게 교섭기회를 부여하기 때문에 민주주의 원리에 친하고 위헌 논란을 불식시킬 수 있다는 장점이 있다.

그러나 공동교섭대표단에 대한 총인원수 제한이나 비례 산정 기준이 명확하지 않아 교섭단 선정시 혼란을 초래할 수 있다. 관련 규정들을 시행령에 명확히 해 두어야 한다. 입법예고된 시행령 제14조의 13 제2항에서는 공동교섭대표단은 10명 이내로 한다고 규정하고 있어 총인원수의 과다한 확장은 예방할 수 있게 되었지만, 이 조항에 따라 실제 교섭단의 규모와 무관하게, 특히 아무리 작은 규모라도 10명까지 결정될 가능성이 높아진 문제점도 있다.

또한 현실적으로 적대관계 또는 경쟁관계에 있는 노동조합의 대표들이 얼마나 교섭을 원활하게 진행할 수 있을지 미지수이며, 일부 노조에 의해 고의적으로 의사진행을 지연, 방해 등으로 인해 교섭이 난항에 빠질 위험성이 있다. 교섭대표단 내부의 의사결정의 혼선이나 단체협약의 체결 지연의 폐단을 막기 위해 안정장치가 필요하다.

관련하여 프랑스의 교섭방식은 매우 시사적이다. 프랑스에서 2008년에 개정한 법은 단체협약의 성립 요건을 변경하였다. 즉, 협약이 유효하게 성립하여 적용되기 위해서는 종업원 대표 선거에서 적어도 30% 이상의 득표를 한 노동조합(단독으로 30% 이상인 경우에는 그 노동조합, 둘 이상이 합해서 30% 이상인 경우에는 그 둘 이상의 노동조합 모두)이 서명해야 하고, 50% 이상의 득표를 한 노동조합(단독으로 50% 이상인 경우에는 그 노동조합, 둘 이상이 합해서 50% 이상인 경우에는 그 둘 이상의 노동조합 모두)의 반대가 없어야 한다.[2] 공동교섭대표로 인한 교섭지연을 막고자 하는 취지에서 나온 제도로서 우리나라에서도 적극 검토할 필요가 있다.

또한, 공동교섭대표단의 대표자 선정에 대한 문제도 쟁점으로 부각될 수 있으므로 교섭대표단에 참여한 노동조합 중 가장 다수의 조합원을 가진 노동조합의 대표를 공동교섭대표단의 대표자로 선정하는 문제도 시행령에 포함시켜 교섭혼란을 방지할 필요가 있다. 이에 시행령 제14조의 13 제5항에서는 공동교섭대표단의 대표자는 우선 공동교섭대표단에 참여하는 노동조합이 합의하여 정하고, 합의가 되지 않을 경우에는 조합원 수가 가장 많은 노동조합의 대표자로 한다고 하고 있다. 공동교섭대표단의 구성은 애초에 교섭참여 노조의 자율 결정이 실패한 것을 전제로 하고 있기 때문에 대표자의 구성도 노조간 자율 합의로 결정될 가능성은 희박하며 노노갈등만 부추길 가능성이 높다. 노조간 합의로 대표자를 선정하는 절차는 삭제하는 것이 바람직하다고 생각된다.

2) 창구단일화 관련 부수 사항

(1) 교섭단위

교섭대표노동조합을 결정하는 단위는 하나의 사업 또는 사업장이다(개정법 제29조의3 제3항). 교섭단위의 기본원칙을 넓게 정하여 노사안정을 도모하려는 의도에서는 일응 바람직하지만, 사업 또는 사업장의 개

2 박제성(2009.), "프랑스의 기업별 교섭제도", 노사관계선진화위원회 워크숍 자료, 175.

념이 모호한 문제가 있다. 특히, "사업" 개념이 어렵다. 사업이란 하나의 활동주체가 유기적 관련 아래 업으로서 계속적으로 하는 모든 작업을 말하며, 보통 그러한 작업을 통일적으로 수행하는 독립된 사업체와 같은 뜻의 용어로 사용된다.[3] 이는 독일법상의 개념을 빌린 결과이며, 우리나라의 상황에 맞는 표현을 한다면 회사, 단체라는 개념으로 해석하는 것이 명확할 것이다.

또한 사업장이란 본사·공장·지점 등 그러한 작업을 하는 단위 장소 또는 장소적으로 구획된 사업체의 일부분을 말한다.[4] 다만, 사업소, 영업소, 지점과 같이 한 사업의 일부 조직에 불과하고 인사결정권이 없는 곳은 사업장으로 볼 수 없다. 단체교섭을 하더라도 본사에 결정사항에 따를 뿐 독자 행사권이 없기 때문이다. 그런데 주요한 경영상의 결정권이나 인사노무 결정권이 공장과 같은 사업장 단위에서 이루어지기 보다는 본사와 같은 사업 단위에서 많이 이루어진다. 따라서 사업 또는 사업장에서도 순위를 정한다면, 기본적으로는 사업 단위를 우선으로 하고, 다만, 인사결정권을 보유하고 있는 사업장에 한해서만 별도 교섭단위를 인정하는 것이 바람직하다.

개정법 제29조의3 제2항에서는 "현격한 근로조건의 차이, 고용형태, 교섭 관행 등을 고려하여 교섭단위를 분리할 필요가 있다고 인정되는 경우에 노동위원회는 당사자 양쪽 또는 한 쪽의 신청을 받아 분리결정을 할 수 있다."고 하고 있다. 결국 교섭단위 분리 여부에 대한 결정은 노동위원회 몫으로 돌아갔다. 향후 오랫동안 다양한 사건 경험을 통해 분리 결정

3 임종률(2009), 노동법, 28쪽

4 임종률(2009), 노동법, 28쪽

기준이 축적될 수도 있겠지만, 현장 노사에 대한 예측가능성을 높여 주기 위하여 사전에 가이드라인을 설정하는 것도 필요하다.

그런데 분리결성을 하거나 가이드라인을 제시함에 있어서 기본 원칙이라든가 또는 반드시 고려해야 할 포인트들이 필요하다. 노동위원회가 개별 사안마다 구체적으로 판단할 수밖에 없지만 노사 당사자들의 신청의 남용으로 인한 교섭지연을 방지하는 측면에서 반드시 훼손되지 않는 원칙이 있어야 하기 때문이다.

이러한 원칙으로 다음의 것들을 고려될 수 있다. 우선 교섭창구 단일화의 취지를 최대한 살리는 차원에서 교섭단위 분리 결정이 내려져야 한다. 개별교섭의 경우에는 다수의 교섭주체로 인한 교섭체계상 혼란 등으로 교섭기간이 장기화되고 파업이 빈발할 가능성이 높다. 이러한 폐해를 방지하고자 나온 것이 교섭창구 단일화이다. 또한 교섭창구 단일화 제도는 자연스럽게 1노조로 통합되어 노조의 힘이 분산되지 않는 것을 막을 수도 있다. 결국 교섭비용의 절감, 노조의 분산화 방지라는 창구단일화의 목적이 예외 설정에서도 판단 기준으로 작용하여야 하고, 상대적으로 교섭비용 절감, 소수노조 난립 방지 등의 필요성이 적은 경우에 한해서만 예외 설정을 해야 할 것이다.

둘째로 교섭단위를 사업 또는 사업장로 정한 원칙을 존중하는 차원에서 예외를 설정하여야 할 것이다. 원칙이 훼손되면, 사업장 내 다수의 교섭주체와 교섭단위, 각 노조의 근로조건 획득 경쟁 등으로 인해 하나의 사업장내 상이한 근로조건이 형성되게 되면, 그로 인한 노노 갈등, 사업장내 위화감, 근로자간 불신, 근무 분위기 저해 등 노사관계 불안 요인이 자주 나타날 수 있다. 또한 사업장 내 차별 방지 차원에서 근로조건의 통일을 도모하고 그로 인한 노노간의 갈등을 예방하기 위해서라도 사업 또는 사업장이라는 원칙이 중요하다. 따라서 사업장 내 노노갈등을 유발할 수 있는 교섭단위의 분리 설정은 최대한 배제되어야 한다.

셋째로 교섭단위는 노사 당사자의 전략적 접근이나 이해관계에서 비롯되지 않고 최대한 객관적인 기준으로 설정하여야 할 것이다. 이러한 의미에서 조직대상이 다르다는 이유로 교섭단위를 분리하는 것은 받아들이기 힘들다. 조직대상의 중복 여부를 판단하는 기준도 불명확하고, 현재까지 대부분의 조직대상 중복 여부 판단은 노조 자체의 규약 내용을 중시하고 있는데 이것은 노조의 주관적인 판단을 존중하는 것으로 볼 수 있다. 또한 각 노동조합들이 독자적 교섭권을 확보하고자 조직대상을 임의로 좁게 설정하는 등 노조의 파편화도 초래할 수 있다. 결국 소수노조의 난립을 촉진하고 교섭비용의 증가를 가져와 창구 단일화의 취지가 와해될 가능성도 크다.

구체적으로 어떠한 것이 교섭단위 분리의 근거로 작용할 수 있을까?

이에 대하여 이철수 교수는 ① 단체교섭의 경험과 관행, ② 관련 당사자 및 노동조합의 요구, ③ 노동조합의 조직대상, ④ 직종별·고용형태별 특수성, ⑤ 지리적 근접성 등을 반영하여야 하는 경우라고 언급하고 있다.[5] 또한, 이승욱 교수는 ① 관련 노동조합의 실질적인 조직대상, ② 과거 교섭의 연혁, ③ 관련 노동조합의 의사, ④ 종업원의 수적 분포, ⑤ 노무관리나 인사, ⑥ 작업감독에 대한 공동의 결정, ⑦ 생산과정의 계속성 또는 통합성, ⑧ 근로자의 인적 교류, ⑨ 당해 사업체의 업종의 성격, ⑩ 동종업계의 관행, ⑪ 당해 지역의 관행 등을 고려하여야 한다고 하고 있다.[6]

5 이철수(2009.9.18.), "복수노조·노조전임제의 법리와 입법론적 과제", 복수노조·전임자 문제 어떻게 풀 것인가. 3개 노사관계학회 공동토론회 발표자료, 7쪽.

위의 의견들을 검토해보면, 우선 관련 당사자 및 노동조합의 요구나 노동조합의 의사는 고려 요소로 채택하기 힘들다. 오래된 교섭 관행이라고 할 수도 없고, 교섭단위 설정이 당사자간의 주관적 의도에서 결정될 위험성이 있기 때문이다. 또 창구단일화의 대상은 대각선 교섭이나 기업별 교섭을 전제로 하기 때문에 지리적 근접성이나 동종 업계의 관행, 당해 지역의 관행 등도 고려 요소로 삼기는 어렵다. 또 종업원의 수적 분포나 근로자의 인적 교류에 대해서도 이는 노동조합 설립 범위를 정하는 중요한 요소일 뿐, 각자 근로자들의 이해사항이 공통된다면 분리 대상으로 삼기는 어렵다. 결국, 직종별·고용형태별 특수성에 의해 근로조건의 현격한 차이가 있는 경우, 인사노무관리권이나 작업감독권의 결정단위가 분리되어 있는 경우가 고려될 수 있다고 본다. 한편, 법에서는 '교섭 관행'도 분리결정의 중요한 요인으로 열거하고 있다. 그렇지만 시기적인 장단을 비교해서 교섭관행이라고 인정하는 것도 무리가 있고, 특히, 50년 동안 단수 체제였고 복수노조라는 새로운 틀이 이제 시작되기 때문에 복수노조 체제 하에서의 교섭관행이 성립할 여지가 매우 희박하기 때문에 교섭관행을 분리기준으로 삼는 것은 무리가 있다. 다만, 조직대상을 다르게 함으로서 교섭이 분리되는 다수노조식의 교섭방식을 교섭관행으로 인정할 여지는 있지만, 조직대상에 대한 판단 자체가 노조의 주관적인 의도에서 설정되는 경우가 많기 때문에 바람직한 기준으로 보기에는 문제가 있다.

그 외에 노동위원회 결정 前에 노동조합들이 교섭단위 분리에 대해 합의한다면, 그리고 이를 사용자가 동의한다면 그 효력은 어떻게 되는가? 노사자율 원칙에 따라 그 합의는 존중되도록 하여야 한다고 주장하는 입

6 이승욱(2009.10.17), "복수노조와 교섭창구단일화", 서울대노동법연구회 2009년 가을학술발표회 발표자료, 19쪽.

장도 있으나, 법의 문구상 당사자 양쪽 또는 한쪽의 신청을 받도록 하는 것을 예정하고 있는 점, 교섭단위가 주관적으로 결정됨에 따라 교섭단위가 무분별하게 확장되거나 축소될 수 있는 폐단이 생긴다는 점을 고려해 볼 때, 당사자간 합의에 따른 분리 결정은 인정할 수 없다고 볼 것이다.

한편, 법 규정은 교섭단위를 분리 청구할 수 있는 길은 열어 놓고 있으나, 분리된 교섭단위가 통합할 수 있는 길은 막아놓고 있다. 입법 미비 사항으로 판단된다. 교섭단위 분리가 인정되어 실시하고 왔지만 노조 조직대상의 변경 또는 확대, 노조의 영향력 축소 등 교섭단위를 분리할 실익이 사라져버리는 사정변경이 있는 경우에는, 통합을 신청할 수 있는 기회가 제공되어야 한다. 분리 여부 자체가 노동위원회 결정사항이므로 노사가 자율적으로 분리·통합을 결정할 수 없기 때문이다. 따라서 교섭단위를 통합하는 경우에는 노사간 합의로 가능하다든가 아니면 통합 신청 및 결정 절차에 대해서도 추가적으로 입법하는 것이 바람직하다.

(2) 공정대표의무

개정법 제29조의4 제1항에서는 "교섭대표 노동조합과 사용자는 교섭창구 단일화 절차에 참여한 노동조합 또는 그 조합원 간에 부당한 차별을 하여서는 아니 된다"고 하고 있다. 교섭창구단일화 제도는 교섭대표 노조가 독점적으로 교섭권을 행사하는 제도이기 때문에 이를 보완 및 견제하는 장치가 필요하며, 필연적으로 공정한 교섭권 행사 의무를 요구받게 된다. 만약 공정대표의무가 제대로 수행되지 않는다면, 차별받은 노동조합의 새로운 교섭단위 설정도 예상되어 창구단일화 제도의 운영 자체에 대해서도 상당한 위협이 될 수 있다. 따라서 과반수 대표제를 채택하고 있는 미국의 경우에는 법률에 규정되어 있지 않지만 판례에 의하여 교섭대표에게 공정대표의무를 부과하고 있으며, 캐나다에서는 명시적으로 법률에서 규정하고 있다.

그런데, 동조 제2항에서는 해당 노동조합이 차별을 받은 경우에는 노동위원회에 시정을 요청할 수 있다고 하여 의무 위반 사항이 어디까지인지는 노동위원회의 판정에 맡겨 놓고 있다. 결국 공정대표의무의 범위가 문제된다.

교섭대표 노동조합은 다른 노동조합이나 그 조합원을 위하여 교섭권을 자의적, 차별적으로 행사하거나 불성실한 방법으로 행사하여서는 안될 의무를 부담하는 것은 당연하다. 그러나 교섭대표에게는 협약 체결에 있어서 광범위한 재량권도 인정해 줄 필요가 있다. 수많은 교섭사항에 대한 교섭 과정에서 양보와 획득이 교차할 수밖에 없고, 이러한 전략적 판단권은 교섭대표 노조에게 인정되기 때문이다.

결국, 노동위원회는 교섭대표 노조 및 사용자의 차별방지 의무와 교섭상 재량권의 한계선상에서 접점을 찾아야 한다. 그런데 사전에 노동위원회가 구체적인 공정대표의무 위반 여부에 대한 기준 및 구체적인 사례를 제시할 필요가 있다. 타결된 협약이 관련 노조에 따라 다양한 이해관계로 나타날 수 있기 때문이며, 이러한 경우 사전에 기준 들을 제시하지 않게 되면 차별 관련 소송이 폭주할 전망이기 때문이다.

예컨대 노조 사무실 제공, 게시판 이용, 조합비 공제와 같이 채무적 사항에 대해서 특정 노조에 대해서만 인정을 하지 않는다든가 특별한 전제를 붙이는 경우 등은 차별로 인정될 소지가 높다. 그렇지만 조합원수에 비례하여 제공하는 것이 합리적인지 모든 노조에 균등하게 대우해주는 것이 합리적인지 판단하기 어렵다. 이런 경우를 우려하여 단체협약서에 전체 노조에 대해 사무실 제공 및 부대시설 이용에 대해서만 정하고, 노조간 배분을 노조끼리 협의하여 정하는 방식으로 체결하는 사례가 많을 것으로 예상되지만, 이 경우에도 할당과 관련하여 노노간 갈등이 증폭될 우려가 있다. 또 노조의 이데올로기, 운동노선의 차이로 인하여 회사가 제시한 사항을 특정 노조가 수용하기 어려운 상황처럼 예상하기 어려운 사안도 있다. 이에 대하여 일본에서는 "생산성 향상에 협력한다"는 문구가 노조의 노선변경을 요구하는 것으로 인정되어 차별로 본 사례가 있지만,[7] 이러한 법리가 우리나라에서도 그대로 인정될지는 확실하지 않다.

이렇듯 공정교섭대표 의무에 대한 판정을 위하여 단체협약서 상의 주요 내용을 중심으로 예상 가능한 사례를 발굴하고 그에 따른 판단 가이드라인을 빨리 제시하여야 할 것이다. 또한, 노사가 제대로 이해할 수 있도록 현장 교육도 활성화하여야 할 것이다.

현행법상 교섭대표 노동조합과 사용자가 공정대표의무를 위반한 경우 구제방법으로 어떻게 처리해야 할까? 노동위원회가 부당한 차별이 있다고 인정한 때에는 그 시정에 필요한 명령을 하여야 하는 것으로 규정하고 있을 뿐, 구체적인 시정 사항의 종류에 대해서는 정해 놓고 있지 않고 있다. 대표노조의 교섭권 박탈, 관련된 협약 조항의 무효 선언 및 재교섭 명령, 손해배상 명령, 시정 공고문 게시 등을 예상할 수 있다. 이러한 시정명령 방식도 사안의 중대성 여부에 따라 차이가 날 수 있기 때문에 형평성을 고려하여 합리적인 판단을 내릴 수 있도록 노동위원회가 사전에 시정명령에 대한 유형 분류와 유형에 따른 위반 사례 등을 제시해야 할 것이다.

한편, 교섭대표 노동조합에게는 공정대표의무 위반시 시정조치만 취

7 日本メールオーダー事件, 最三小判 昭59.5.29, 民集 38卷 7号.

하면 되지만, 사용자는 공정대표의무상의 시정조치 외에 노조간 차별을 이유로 한 부당노동행위가 인정될 수 있어 노사간 형평성의 문제가 발생한다. 물론 공정대표 의무위반에 대한 시정명령을 이행하지 않게 되면 노동조합이든 사용자이든 개정법 89조에 의해 벌칙을 당연히 적용받지만 공정대표의무 위반 자체에 대한 벌칙 조항은 없다.

또한, 복수노조 시대에는 다양한 노동조합의 권리남용행위, 특히, 교섭대표에 참여하지 못한 노동조합의 위력 과시를 통한 선명성 행위도 예견된다. 따라서 미국과 같이 노동조합의 부당노동행위 규정 도입을 적극적으로 검토할 필요가 있다. 미국에서는 기업과 노조의 형평성을 유도하고 노조의 부당행위에 대한 경각심을 높이기 위해 노조의 부당노동행위 제도를 도입하여 노동조합은 무소불위의 권력 계층이 아니고 사회 질서에 반하는 행위를 하는 경우 제재를 가할 수 있는 근거를 마련하였다.

우리나라는 부당노동행위 인정의 실익이 노동3권 보장이라고 하여 노조의 부당노동행위 입법은 어렵다는 주장이 많다. 그러나 기존 노조의 노동3권을 침해하는 영역에 대해서는 충분히 부당노동행위로 규정할 수 있을 것이다. 다른 노동조합의 조합원을 자기 노동조합의 조합원으로 가입시키기 위하여 각종 이권을 약속하거나 폭력이나 협박을 행사하는 행위는 다른 조합원의 단결권을 침해하는 행위이다. 과도하거나 불공평한 조합비를 징수하는 것도 조합원의 단결활동권을 침해하는 것으로 볼 수 있다. 또한, 교섭권 확보를 위해 허위신고하거나 과대 신고하는 행위, 다른 노조 및 사용자에 대해 부당한 압력이나 매수행위, 교섭상의 공정대표의무 위반행위 등은 다른 노조의 단체교섭권을 침해하는 행위이다. 이렇듯 복수노조 시대에서는 노동3권을 침해하는 주체로서 노동조합도 성립될 수 있고 그로 인해 입법을 개정하여 부당노동행위의 수규자로서 노동조합도 포함시켜야 할 것이다.

(3) 교섭대표 노조의 기간 및 권한

개정법에서는 교섭대표 노조의 구성에 대해서는 규정하고 있으나, 교섭대표권의 인정 기간이나 교섭대표노동조합 대표자의 임기에 대해서는 별도 규정을 두지 않고 있다.

이러한 기간의 범위, 의미에 대해 명확히 규정하지 않을 경우 단체협약 체결 후에 과반수 노조가 뒤바뀌고, 다시 대표노조를 구성하여 재교섭을 요구하는 등의 상황이 발생할 수 있다. 또한 단체협약 체결 후에 또는 단체교섭을 행하고 있는 중에 신생 노조가 출현하여 별도 교섭을 요구하게 될 경우 처리가 매우 어려워진다. 이들 노조의 교섭권을 인정하게 되면 창구단일화의 취지가 실종될 수 있고, 따라서 부득이하게 법률로서 제한할 필요가 있다.

즉 인정기간 중에는 다른 노조가 당해 단체협약의 교섭에 참여하지 못하였음을 이유로 별도의 교섭을 요구할 수 없어야 할 것이다. 또 한번 대표노조와 교섭대표자가 결정되고 나면 교섭 중 또는 교섭 이후에 다수의 지지를 상실하는 등의 사유가 발생하더라도 대표권은 임기까지 보장되어야 한다. 다만, 대표노조 또는 교섭대표자가 그 결정 과정에서 불법행위를 한 경우, 교섭대표자가 정당한 이유 없이 고의로 단체교섭을 행하지 않는 경우 등, 특별한 경우에 한하여 교섭대표자의 권한을 제한하거나 박탈할 수 있을 것이다.

교섭대표의 인정기간은 단체협약의 유효기간인 2년 이상으로 보장되어야 향후 발생할 수 있는 당해 단체협약에 대한 해석상의 분쟁 등을 최소화 할 수 있다. 미국의 경우에도 단체협약의 유효기간인 3년간은 조합원의 지지 여부와 관계없이 교섭대표자의 지위가 유지되고 있다. 이에 대하여 입법예고된 시행령 제14조의14 제1항에서는 교섭대표노동조합은 그 결정된 날부터 단체협약의 유효기간 동안 교섭대표노동조합의 지위를 유지하며, 다만, 단체협약의 유효기간이 2년 미만인 경우에는 2년 동안 교섭대표노동조합의 지위를 유지한다고 정해 놓고 있다. 교섭의 남용을 막기 위해서 바람직한 방식이지만, 이 규정은 새롭게 신설되는 노조의 단체교섭권을 제한하고 있기 때문에 시행령 보다는 법률에 규정하는 것이 타당하다.

한편, 10년 단위의 임금협상을 체결한 아일랜드 등과 같은 장기협약 추세를 감안하여, 우리나라도 산업평화와 안정적 노사관계 구축을 위해 현행 2년의 단체협약 유효기간 한도를 3년 이상으로 연장하는 것을 검토할 필요가 있다. 이전의 고도 성장기와는 달리 현재와 같이 노사관계를 둘러싼 환경 요인들의 예측 가능성이 높은 시기일수록 장기 협약에 대한 필요성이 높아지고 있고, 잦은 단체협약의 변경(임금협상은 제외)은 교섭상의 갈등만 초래하기 때문이다.

또한 교섭대표자는 "단체협약을 체결할 권한을 가지고 있기 때문에(제29조 2항)라고 규정한 만큼, 조합원 찬반투표가 단체협약 체결의 조건이 되거나, 투표결과 부결을 이유로 노조 집행부가 교체되고 새로운 교섭을 요구하는 등의 관행을 개선할 수 있는 제도적 장치도 필요하다. 복수노조 상황에서 대표노조와 교섭대표자가 전체 조합원들에 대한 지도력을 발휘할 수 없기 때문에, 교섭대표 노조에게 완전한 단체협약 체결권한을 부여함으로써 교섭 현장의 혼란이 예방할 수 있을 것이다.

3) 노조전임자 급여

(1) 급여지급 금지 원칙

노조전임자 급여 관련 사항은 금번 법률 개정으로 기존의 법률에서 몇 가지 사항이 새로이 추가되었다. 사용자가 노조 전임자의 정당한 노조활동을 제한하지 못하도록 규정하여 노조 전임자의 지위를 강화하였다(제24조 3항). 그리고 노조 전임자에 대한 급여 지급을 금지하고 있음에도 불구하고(제24조 2항), 단체협약으로 정하거나 사용자가 동의하는 경우에는 사업 또는 사업장별로 근로시간 면제 한도 내에서 임금 손실없이 노조전임자로서의 활동을 할 수 있는 길을 예외적으로 인정하고 있다(제24조 4항). 또 노조는 법에서 정한 경우를 제외하고는 급여지급을 이유로 쟁의행위를 금지하였다(제24조 5항). 금번 개정법은 노조전임자 급여지급 금지를 원칙적으로 시행하고 근로시간면제제도(일명 타임오프제)를 도입하도록 하였다는 점에서 노동조합 활동의 합리화를 촉진할 수 있을 것으로 전망된다.

그러나 본 전임자 급여 관련 규정은 몇 가지 측면에서 문제점을 갖고 있거나 지속적으로 논란을 야기할 가능성이 높다. 첫째, 노조 전임자의 급여 지급은 금지하면서 노조 전임자의 위상과 역할을 오히려 강화한 측면이 있다. 복수노조 허용시 노조 전임자 수가 더 늘어날 것으로 예상되고 있어 노조에서 노조 전임자의 활동시간 확보를 강력히 요구할 경우 갈등이 빚어질 수 있다. 둘째, 노조전임자에 대해서만 규정하고 있어 관행적으로 활용되어 온 비공식 전임자에 대해서는 법은 침묵하고 있어 이들에 대한 제한은 여전히 어려워진다. 셋째, 노조 전임자 급여지급을 금지하면서 예외조항을 매우 광범위하게 허용하여 향후 노사 간의 교섭 여하에 따라 급여 손실 없이 전임자로서의 활동을 할 수 있는 길을 열어두었다. 노조의 협상력이 강할 경우 사용자가 동의해 줌으로써 법의 본래 취지가 무색해질 가능성이 높다. 넷째, 급여 지급시 사용자만 부당노동행위로 처벌을 받도록 규정되어 있어 형평성에 문제가 있을 수 있다. 노동조합이 자신들에게 이익이 되는 조치를 고소·고발하는 사례는 찾아보기 어려울 것이며, 사용자보다는 노조 측의 요구에 의해 급여 지급이 이뤄질 가능성이 높은 상황에서 사용자만 처벌하는 것은 형평성에도 맞지 않는 조치이다. 다섯째, 노조가 노조전임자 급여지급을 요구하고 이를 관철할 목적으로 쟁의행위를 금지하고 있으나, 과거 노동쟁의 사례를 보면 단일한 목적보다 여러 가지 목적을 동시에 추구하는 쟁의에 대해 불법 여부를 판단하기는 현실적으로 어려울 것이다.

이 점을 고려하여 향후 시행령이나 법제도 개선시 고려하거나 법규정에 반영해야 할 사항을 살펴보면 다음과 같다.

첫째, 노조 전임자의 규모를 제한할 수 있는 법적 기준이 마련되어야 한다. 현행 법률에 의하면 노조는 근로시간면제를 받아 확보된 노조 전임자뿐 아니라 노조가 자체 재정으로 급여를 지급하는 노조전임자까지 운영이 가능하여 노조 전임자수가 더 늘어날 가능성도 있다. 금속노조 현대자동차 지부의 경우 전체 조합비 95억 원을 금속노조 본부에 납부한 후 기업지부 교부금으로 받은 조합비 51.9억원(2007년 기준)으로 현재 단협상 전임자 98명의 임금(63.7억원)의 상당부분을 충당할 수 있고[8] 나머지 단협상 전임자나 추가로 인정받는 전임자의 급여를 근로시간면제방식으

8 김정한 외(2008.11), "노조전임자 관련 개선방안을 위한 실태조사", 노동부, 36 - 41쪽.

로 인정받을 경우 노조 전임자 운영관행에 큰 변화를 기대하기 어려워진다. 따라서 근로시간면제기준 설정시에는 노조 전임자나 반(半)전임자, 부분 전임자 등 노조를 위해 근무시간에 이뤄지는 모든 노조위원의 활동이 근로시간면제 상한선 결정시 포함되어야 한다. 당초 법 제정의 취지가 사용자에 의한 노조 재정지원에 대한 잘못된 관행을 개선함과 동시에 무원칙적으로 운영되고 있는 노조 전임자 규모의 합리화도 전제로 하고 있기 때문이다.

둘째, 급여지급이나 근로시간면제한도 초과 부여시 사용자만 부당노동행위로 처벌을 받는 규정을 개정하여 노동조합도 처벌받도록 규정하여야 한다. 관련하여 국회에 발의된 한나라당 입법안에서는 노동조합이나 노동조합의 업무종사자가 대통령령으로 정한 한도나 범위를 초과하여 임금지급을 사용자에게 요구하거나 사용자로부터 제공받아서는 아니 된다고 규정하면서, 이를 위반한 자에 대해서는 1천만 원 이하의 벌금에 처하도록 하였다. 국회 논의 과정에서 삭제된 것이다. 전임자 급여지급 금지원칙을 최대한 존중하기 위해서도 노조에 대한 처벌 조항을 신설할 필요가 있다.

셋째, 금지되는 '급여'에 대한 세부적 기준을 구체적으로 정비해야 한다. 노조전임자 급여지급이 금지되는 것이 평균임금 기준인지, 통상임금 기준인지, 기본급에 국한되는 지, 복리후생은 포함되는지 등 향후 노사간의 논란이 벌어질 부분에 대하여 노동부는 시행령을 통해서라도 구체적 기준을 제시해야 한다.

넷째, 노조 전임자 급여지급 금지에 따른 편법 임금인상 등 사실상 급여지급을 지원하는 행위에 대한 처벌기준을 마련해야 한다. 노조가 자체 재정 확보가 쉽지 않은 상황에서 노조전임자의 급여 재원을 확보할 수 있는 가장 손쉬운 방법은 노조회비를 인상하거나 노조회비 인상분 명목으로 사용자로부터 일정부분 추가적 임금인상을 확보하는 사례가 늘어날 수도 있기 때문이다. 실제로 한국노동연구원 조사에 따르면 노조는 전임자 급여지급 금지에 대한 대책으로 회사에 비공식지원을 요청하거나 조직형태 전환, 조합비 인상 등을 고려중인 것으로 나타나 이를 반증하고 있다.

다섯째, 노조전임자 인정 또는 확대, 급여 지급 등을 이유로 한 쟁의 발생에 대해 엄격한 법률 적용이 이뤄질 필요가 있다. 한국노동연구원의 조사에 따르면 향후 전임자 급여문제로 인한 쟁의여부를 가늠해 볼 수 있는 노조 전임자 인정 또는 확대문제로 인한 쟁의행위 발생여부는 단지 5%에 불과한데, 그 이유는 실제로 전임자 인정 또는 확대가 주된 쟁의행위 원인으로 대두되었던 경우에도 표면적으로는 임금인상 또는 단체협약 관련 사항이 주된 쟁의행위 원인으로 나타난 데서 기인하는 것으로 분석되었다.

한편, 노조 전임자 급여지급 금지 규정의 적용시기에 대한 논란이 발생하고 있다.

우선, 2010년 이전에 체결된 단체협약은 전임자 급여지급 금지 시행일인 2010년 7월 1일 이후에도 그대로 단협 유효기간 동안 유효하다. 부칙 제3조에서 제24조를 위반하더라도 해당 단체협약의 체결당시 유효기간까지는 효력이 있는 것으로 본다고 하고 있기 때문이다. 둘째, 2010년 1월부터 체결되는 단체협약도 6월 30일 이전에는 노조전임자 급여에 대한 사항을 기존대로 체결할 수는 있다. 부칙 8조에서 전임자 급여금지 규정은 2010년 6월 30일까지 적용하지 않는다고 하고 있기 때문이다.

그러나 2010년 1월 이후 6월 30일 전에 체결된 단체협약이 2010년 7월 이후에도 유효한지가 논란이 부칙 3조에서 이 법 시행일 당시 유효한 단체협약만이 2010년 7월 이후에도 유효하다고 하고 있는데, 이에 대하여 이 법 시행일은 부칙 1조에서 2010년 1월 1일로 하고 있기 때문에 2010년 이후 체결된 협약은 7월 1일부로 유효하지 않게 된다는 주장이 있다. 반면, 한편, 부칙 8조에는 전임자 급여금지 시행일은 7월 1일이라고 규정하였다는 이유로 단체협약이 계속 유효하다고 주장할 수도 한다.

나름 급하게 입법을 추진하는 과정에서 오류라고 이야기할 수도 있지만, 그로 인한 현장 노사에 미치는 영향은 매우 크다. 특히, 금년 상반기에 단체협상의 핫이슈는 전임자 급여지급을 당분간이라도 연장하기 위해 기존 전임자 급여지급 방식에 대한 갱신 여부가 될 가능성이 높기 때문에 매우 심각한 사안이다. 이에 대한 조속한 법 개정이나 노동부의 유권해석이 필요하다.

(2) 근로시간 면제제도

개정법 제24조 4항에서는 조합원 수 등을 고려하여 근로시간면제심의위원회가 심의·의결한 대로 노동부장관이 고시하는 한도를 초과하지 아니하는 범위에서 근로자는 임금의 손실 없이 사용자와의 교섭·협의, 고충처리, 산업안전 활동 등 이 법 또는 다른 법률에서 정하는 업무와 건전한 노사관계 발전을 위한 노동조합의 유지·관리업무를 할 수 있도록 허용하고 있다.

또한 제24조 2에는 근로시간면제심의위원회에 대해 규정하고 있다. 근로시간 면제 한도를 정하기 위하여 근로시간면제심의위원회를 노동부에 두며, 근로시간 면제 한도는 위원회가 심의·의결한 바에 따라 노동부장관이 고시하되, 3년마다 그 적정성 여부를 재심의하여 결정할 수 있다.

위원회는 노동계와 경영계가 추천하는 위원 각 5명, 정부가 추천하는 공익위원 5명으로 구성되며, 위원장은 공익위원 중에서 위원회가 선출한다. 위원회는 재적위원 과반수의 출석과 출석위원 과반수의 찬성으로 의결한다. 위원의 자격, 위촉과 위원회의 운영 등에 필요한 사항은 대통령령으로 정한다고 규정하고 있다.

근로시간면제제도는 기존의 노조전임자의 활동이 법적 제한 없이 노사간 합의나 관행에 따라 무원칙적으로 이뤄지던데 비해 활동내용과 시간상한을 설정하는 등 다소간의 제한을 가했다는 점에서 의의를 찾을 수 있다.

그러나 근로시간면제제도는 처음으로 도입되는 제도로 향후 운영과정에서 몇 가지 문제점에 봉착할 가능성이 높다. 첫째, 근로시간 면제제도의 도입은 단협이나 사용자 동의로 가능하도록 규정하고 있으나, 사용자가 어떻게 동의를 표명해야 하는지 그 방식에 대해서는 구체적 기준이 없다. 둘째, 사용자와의 협의·교섭, 고충처리, 산업안전 활동 등에 대해 근로시간면제가 가능하다고 하지만, 이러한 활동은 근로자참여 및 협력증진에 관한 법률에 의거한 노사협의회의 활동과 중복될 경우 해석상 논란이 불가피하다.[9] 특히 교섭의 경우 교섭대표노조에 국한된 활동인 바 다른 노조와 달리 교섭대표 노조에 대해 어느 정도나 근로시간면제 시간을 할애할 것인지 기준을 정하는 것도 쉬운 일이 아니다. 특히 노사간 교섭이

9 근로자참여 및 협력증진에 관한 법률 제9조 (위원의 신분)에서는 ① 위원은 비상임·무보수로 한다. ② 사용사는 협의회 위원으로서의 직무 수행과 관련하여 근로자위원에게 불이익을 주는 처분을 하여서는 아니 된다. ③ 위원의 협의회 출석 시간과 이와 직접 관련된 시간으로서 제18조에 따른 협의회규정으로 정한 시간은 근로한 시간으로 본다. 고 규정하고 있으며, 제10조 (사용자의 의무) ② 항에서는 사용자는 근로자위원의 업무를 위하여 장소의 사용 등 기본적인 편의를 제공하여야 한다고 규정하고 있어 노사협의를 위한 활동에는 별다른 제한을 두지 않고 있어 노사협의회 위원을 겸하는 노조 전임자의 경우 활동시간에 대한 규제나 관리가 수월치 않을 것으로 전망된다.

지체되어 장기화됨으로써 법정 한도를 넘어 이뤄진 교섭활동에 대해서는 급여 지급을 해야 하는지 여부도 판단하기 어려운 부분이다. 셋째, 건전한 노사관계 발전을 위한 노동조합의 유지·관리 업무에 대해서도 명확히 어떤 활동에 국한할 것인지를 설정하기 어려운 부분이 있다. 즉 면제시간의 인정 대상을 어떻게 할 것인지 여부에 대해 현장 노사에서 결정하는 과정에 어려움이 예상된다. 이에 대한 기준 제시가 절실하다. 넷째, 부칙 제2조 2항에 의하면 근로시간면제심의위원회가 2010년 4월 30까지 심의·의결을 하지 못한 때에는 국회의 의견을 들어 공익위원만으로 심의·의결할 수 있다고 규정하고 있는데 국회의 의견을 어떤 방식으로 들어야 하는지가 불분명하다. 다섯째, 면제한도를 정한다고 할지라도 업종의 특성이나 사업장의 특수성 등에 따라 적용기준을 달리할 경우 상한선이 아니라 적정선으로 인식될 가능성이 높다. 여섯째, 교섭대표 노조와 비교섭대표 노조간 근로시간 면제제도의 차이를 둘 경우 노조에 대한 사용자의 차별대우 시비가 생길 가능성도 있다. 일곱째, 산별노조와 같이 초기업단위 노조의 경우 노조전임자를 어떻게 인정하고 또 활동관리를 할 수 있는지도 의문이다. 여덟째, 근로시간면제위원회가 3년 주기로 면제한도의 적정성을 재심의하여 결정할 수 있다고 할 때 어떤 절차와 방법으로, 또한 적정성 판단의 기준을 어떻게 설정할 것인지도 문제가 될 수 있다.

우리나라에 처음으로 도입되는 근로시간면제제도 및 근로기간면제위원회 운영관련 많은 문제들이 표출될 수 있다. 특히 첫 근로시간면제위원회의 활동과 기준 설정은 향후 지속적으로 선례와 준거기준으로 작용할 것이기 때문에 충분한 현장 조사와 기준설정에 따른 영향 등을 면밀히 검토하여 결정을 내려야 할 것이다. 향후시행령 제정 및 관련 법규 개정시 고려 또는 반영해야할 사항을 정리하면 다음과 같다.

첫째, 근로시간면제의 대상과 범위 등에 대한 가능한 한 구체적 기준을 제시할 수 있어야 한다. 산업현장에 무수히 많은 경우의 수가 있을 수는 있지만, 노사자율로 결정하도록 위임할 경우 이로 인한 갈등이 빈발할 것으로 예상되기 때문이다. 노사 간 협의·교섭, 고충처리, 산업안전 활동 등 이 법 또는 다른 법률에서 정하는 활동에 대해 구체적으로 기술하고, 건전한 노사관계 발전을 위한 노동조합의 유지·관리업무 역시 어떻게 정의할 것인지가 정해져야 현장의 혼란이 최소화될 수 있다. 특히, 노조 활동과 노사협의회 활동의 중복 시에는 노조활동과 노사협의회 활동을 명확히 구분해 근로시간면제의 한도를 설정해 줘야 할 것이다.

둘째, 교섭대표노조와 그렇지 않은 노조 사이에 근로시간면제시간을 어떻게 배분하는 것이 합리적인지 표준 가이드라인이 제시될 수 있어야 한다. 교섭대표노조는 교섭에 필요한 근로시간면제부분을 당연히 할당받아야 할 것이나, 기타 노조의 근로시간면제시간 축소에 반발할 가능성이 높아 법제도적 기준이 반드시 필요한 부분이다.

셋째, 노사간 교섭의 난항으로 교섭이 장기화될 경우 근로시간 면제 한도를 초과할 경우 등 변수에 대해서도 법률적 대비가 필요하다. 기존의 교섭관행으로 보아 근로시간면제 한도를 벗어날 가능성도 배제하기 어렵기 때문이다. 교섭이 장기화될 경우 직접적 원인이 노와 사 어느 쪽에 있었는지를 밝히기도 어려울 수 있어 혼란은 더욱 가중될 수 있다.

넷째, 근로시간면제 위원회에서 사업 또는 사업장별로 조합원 수 등을 감안하여 근로시간 면제 한도를 정하는 것으로 규정하고 있으나, 위원회에서 논의하기 전에 구체적인 원칙 마련이 선행되어야 한다. 조합원수에만 국한될 것이 아니라 전체 종업원 수를 최대한도로 하되, 조합원 수에 따라 적정기준이 마련될 수 있어야 한다. 또한, 노조가 근로시간면제 한도

내에서 노조활동을 하고 있는지 여부에 대해 평가, 관리가 가능한 수단이나 방법이 제시되어야 할 것이다.

다섯째, 3년 단위 재심의의 절차나 방식 등에 대해서도 구체적 기준 설정이 요구된다. 특히 노사간 합의가 어려울 경우 국회의 의견을 듣는 방법도 국회 환경노동위원회가 문서로 제시하는 공식의견을 듣도록 하며, 의견을 듣는 것은 참조인지, 수용을 전제로 하는 것인지 등에 대해서도 구체적 내용으로 기술되어야 할 것이다.

3. 마치며

무릇 복수노조가 허용되면, 기업 내에서도 다양한 노조가 출현할 것으로 예상된다. 우리나라와 같이 기업별 노조가 주류를 형성하는 상황에서는 사업장 내에서 다수 노조의 출현이 불가피할 수 있다. 기존 집행부 노선에 반대하거나 위원장 경선에서 패배한 세력이 반집행부 노조를 설립할 수도 있고, 전국단위 노총이나 초기업 노조의 조직력 확대 경쟁으로 인한 신설 노조가 설립될 수 있다. 특히, 대기업을 중심으로 2-3개 이상의 노조가 병존할 것으로 예상된다. 이러한 노조들 중에서도 대규모 노조가 있는 반면, 10명 이하의 소규모 노조도 상당수 등장할 것으로 예상된다.

이렇게 기업 내에 수개의 노조가 생기게 되는 경우, 세력 확대를 위한 노노갈등 및 그로 인한 노사관계 불안은 불가피하게 된다. 각 노조간에 근로조건 우위 경쟁, 선명성 경쟁, 대표권 분쟁, 세력 확대 등의 갈등이 폭증할 것으로 예상되며, 이는 복수노조 시대 노사관계의 최대변수로 작용할 전망이다. 이와 맞물려 노조전임자 급여 금지 및 유급 근로시간면제제도가 정착되기까지도 오랜 기간이 소요될 것으로 점쳐진다. 노사간의 대립의 각이 큰 기업에서는 전임자 인정/축소의 대립이 매우 클 것이고, 안정적인 사업장에서도 기존의 전임자 규모를 그대로 유지하려는 변칙적인 방법에 대한 실시도 예상된다.

그런데 노노갈등, 노조간 차별 등 우리나라에서 한 번도 경험하지 못한 갈등을 해결하는 과정에서 상당기간 시행착오가 불가피한데, 유예기간 13년 동안 교섭창구 단일화 방식 및 전임자 급여에 대한 틀 자체만 논의했을 뿐, 여러 부작용을 최소화하는 부분에 대해서는 소홀히 한 것이 사실이다. 이번 개정법에서 많은 의사결정이 되었지만, 여전히 많은 쟁점과 문제점이 노출되어 있다. 갈등 최소화 및 개정법의 조기 안착이라는 측면에서 후속조치 작업들이 만만치 않다. 관련하여 개정법의 주요 쟁점과 개선방안에 대한 필자의 소견을 간략하게 정리하면 다음과 같다.

표 9-1 개정 노조법 관련 주요 개선사항

구분	내용	개선 사항
창구 단일화 절차	노조간 자율 합의 (사용자 동의로 예외 가능)	– 합의 기간의 적절한 설정 및 기산점 명시 필요 – 사용자 동의에 의한 개별교섭 인정방식 재검토
	과반수 노조에 교섭권 인정	– 조합원수 확인 방법에 대한 대책 강화 (관할 노동관서에 의한 사전확인 방법 고려) – 조합원 수 확정시기, 이중조합원 처리 명확히 설정
	공동교섭 대표단 구성	– 공동교섭단의 총인원수 제한, 산정 기준 명확히 설정 – 단체협약 체결 지연에 대한 안정장치 확보
	교섭단위 원칙 및 예외 설정	– 사업 또는 사업장의 개념을 명확히 설정 – 사업/사업장간 교섭 우선 순위 설정

단일화 관련 부수 사항		- 교섭단위 분리 요건에 대한 가이드라인 제시 - 교섭단위 통합 절차 마련
	공정대표의무	- 공정대표 의무위반 사례 발굴 및 기준 제시 - 시정명령의 내용 설계 및 실효성 강화 방안 마련 - 노조에 대한 처벌조항 신설
	교섭대표 기간, 권한	- 단체협약 유효기간 이상으로 교섭대표 기간 설정 - 단체협약 유효기간 제한 규정(2년)을 확대 - 교섭대표에 대한 완전한 협약 체결권 보장
전임자 급여	급여 금지 원칙	- 노조 전임자 규모를 제한할 수 있는 기준 마련 - 금지되는 급여에 대한 범위를 명확히 설정 - 편법 지급에 대한 실효성 있는 대책 마련
	근로시간면제 제도	- 면제 대상과 범위에 대한 구체적 기준을 제시 (비교섭 노조, 노사협의회 활동과 중복 여부 등) - 근로시간 면제 한도에 대한 원칙을 정립 - 심의 과정과 관련된 구체적 기준을 설정

결국, 남은 준비기간을 어떻게 보내느냐에 따라 향후 노사관계의 향배가 달려있다.

글로벌 경쟁이 격렬한 이 시기에 노사관계의 불안은 곧 기업의 존폐를 결정한다. 그만큼 철저한 준비 노력으로 불안 시기를 최소화하는 것이 중요하다. 철저한 실태조사를 통해 정확한 사실들을 예측하여야 할 것이고, 기업 현장에서의 혼동이 없도록 철저한 가이드라인 마련과 교육을 실시하여야 할 것이다. 노사정 당사자들이 입법만 행하고 후속조치에 대해 무책임하게 방관하게 된다면, 노사관계 안정화 및 선진화 구축은 다시 요원하게 된다.

정부는 시행령 정비, 법 시행지침 마련 및 현장 교육 등 후속조치에

만전을 기할 것이다. 특히, 교섭단위 설정 및 공정대표의무 위반에 대한 사전예측성을 강화하기 위해 가이드라인 작업은 필수이다. 그리고 이러한 갈등 해결 주체로 언급되는 노동위원회에서의 전문 인력에 대한 확보 노력 및 구체적 역할 설정도 시급하다. 만약 이러한 조직체계를 구축하고 있지 않다면 막대한 소송 및 제소 등에 대한 조정이나 심판 기능을 제대로 수행하기 어렵다.

산업현장에서의 노사는 본격적으로 전개될 복수노조 체제와 전임자 급여에 대한 노조 부담원칙에 대비해 체계적인 준비를 갖추어 나가야 할 것이다. 특히 법적용과 관련하여 서로의 입장만을 우선시하여 파국적인 상황을 연출하기 보다는 개정법의 의미와 내용을 정확히 이해하고 기업 노사환경에 적합한 틀을 짜서 시행하는 것이 급선무이다.

참고문헌

임종률(2009), 『노동법』, 박영사.

경제사회발전노사정위원회(2009.9), 『노사관계선진화위원회 활동보고서』.

국회환경노동위원회 전문위원실(2009.12.), "노동조합 및 노동관계조정법 일부개정법률안 검토보고서".

국회환경노동위원회(2009.12.), "복수노조 문제와 노조전임자 급여지급 금지에 관한 공청회" 발표자료

김재훈(2009.9), "복수노조 및 전임자 급여지급 문제의 대안 검토", 서강대학교 시장경제연구소 주관 세미나 자료.

이철수(2009.9), "복수노조·노조전임제의 법리와 입법론적 과제", 복수노조·전임자 문제 어떻게 풀 것인가. 3개 노사관계학회 토론회 발표자료.

이승욱(2009.10), "복수노조와 교섭창구단일화", 서울대노동법연구회 2009년 가을학술발표회 발표자료.

김정한·문무기·윤문희(2008.11), "노조전임자 관련 개선방안을 위한 실태조사", 노동부.

제4부_ 제언

제10장_ 결론: 복수노조 및 전임자 급여의 바람직한 대안은 무엇인가

남성일

본 장은 지난 1월 1일의 법 개정이 이루어지기 전의 신노동연구회 논의 결과와 법 개정이 이루어진 이후의 논의 결과로 구성되어 있다. 우선 제 1절은 법 개정이 이루어지기 전에 복수노조와 전임자 급여에 대한 여러 가지 대안에 대하여 장점과 단점을 비교한 결과를 싣고 있다. 그리고 제 2절은 여러 대안 중 선택가능하다고 판단된 대안들을 논하고 있다. 마지막으로 제 3절은 최근의 법 개정에 따른 새로운 쟁점들을 살펴보고 그에 대한 신노동연구회의 평가와 대안을 제시하고 있다.

1. 복수노조 및 전임자 급여 대안의 장·단점 비교

신노동연구회에서는 복수노조 및 전임자 급여 문제와 관련하여 2009년에 3차례의 공식 워크샵과 수많은 이메일 토론 및 의견 교환을 통해 쟁점에 대한 대안을 검토하여 왔다. 이하는 2009년 11월 거행된 워크샵에서 여러 대안에 대하여 장점과 단점을 토론하여 정리한 것을 제시한다.

1) 사업장단위 복수노조를 금지하거나 제한적으로 허용하는 이슈

대안 1-1 : 사업장단위 복수노조 금지 (기존 상황 유지)	
장 점	단 점
· 노동계, 경영계 공히 원하고 있음 · 현장 변화로 인한 혼란을 최소화 · 교섭창구 단일화에 대한 고민 불필요 · 1사업장 1노조의 세계적 추세에 부응	· 단결권 침해 가능성(위헌소지 有) · 어용/휴면 노조의 현상 유지가 가능함 · 국제기준에 미흡(OECD, ILO, FTA) · 1사 1노조 대응단점: 자율선택의 결과가 아닌 법적 강제 · 사회적 합의에 위배

대안 1-2 : 사업장 내 복수노조를 제한적(부분적)으로 허용 ⇨ 현재 판례에서의 허용 범위를 법 규정에 반영하는 방안임 ex) · 독자적 협약 체결권이 없는 초기업노조의 지부가 있는 경우에 그 기업에 복수노조를 허용하는 경우 (산별(지역별) +기업별 (적십자병원 사례)) · 혹은 근로조건이 현저하게 다른 직종에 대해서 허용 (아시아나항공사례) · 노개위 1차 공익안 2안 (1년 동안 활동하지 않았고, 노조원 신규 가입을 받지 않았음)	
장점	단점
· 사업장 혼란을 최소화 · 판례의 법제화로 법적 안정성 유지 · 노, 사, 국회에서 상대적으로 수용 가능성이 높음	· 단결권을 부분적으로 침해(위헌가능성) · 판례에 의존하므로 복수노조의 허용 기준이 불명확함 · 국제기준 충족여부에 대해 논란이 있을 수 있음

2) 설립을 제한하거나 교섭요구권 최소규모를 설정하는 방안

대안 2-1 (규모제한) : 복수노조는 허용, 단 노조설립요건의 최소규모를 설정 기준의 예 : ① 종업원 10%, ② 최소인원이 20~50인 (ILO 기준) 두 가지의 기준 중 낮은 수를 기준으로 함.	
장점	단점
· 노조난립을 방지 · 교섭비용의 절감 · ILO 기준에 부합 · 근로자 대표성 요건 정비 · 주요선진국 입법례가 다수 있음	· 노동계의 심한 반발로 인한 합의 도출이 어려울 수 있음 · 단결권의 부분적 침해 (위헌 소지 일부 있으나, ILO 기준 부합의 이유로 헌재 위헌 판결 가능성은 낮다고 판단됨)

대안 2-2 : 단결권은 보장하되 교섭요구권 허용 최소규모 설정 ex) 종업원의 10% 이상 복수노조의 경우	
장점	단점
· 단결권은 조건 없이 허용 · 여러 노조난립에 따른 교섭비용 절감 · 노조간 자체 통합을 유도 · 실질적 운용 국가 사례 존재 (미국 30%, 캐나다 40%, 영국) · ILO 기준에 부합	· 단체교섭권 침해 우려(위헌 소지 있음) · 기존 노조의 단체교섭권 박탈될 우려

3) 교섭창구 단일화 여부의 문제

대안 3-1 : 종업원 과반수대표제 종업원 전체의 총의를 물어 그 중 과반수의 찬성을 얻은 노조만이 독점적으로 교섭권을 갖는 대안	
장점	단점
· 통일된 근로조건이 적용되는 근로자의 의견을 반영 · 노동관리 및 교섭 비용 절감 · 교섭권 확립의 투명성 제고	· 자유로운 교섭권 제한 · 차별화된 HRM 적용이 어려움 · 노노간 갈등 소지 · 교섭단위 분리 여부에 대한 논쟁 발생(교섭단위 결정의 불명확) · 소수노조 의견반영 미흡 가능성 · 사용자에 의한 부당노동행위 (선거개입 등) 가능성

대안 3-2 : 조합원 과반수 대표제, 1사 1창구를 전제로 함 (교섭단위는 기업)	
장점	단점
· 다수노조에 의한 분리교섭을 방지함 · 조합원의 이익 대표 충실 · 취업규칙이 존재하는 한국 법체계에 부합	· 교섭단위 분리 논쟁 · 사업장내 소수 직종 종사자의 불리함 · 전체 종업원 이익 대변 미흡 · 현재 다수노조가 누리는 기득권 침해

대안 3-3 : 조합원 과반수 대표제 (+조직대상 중복시만 창구단일화)	
장점	단점
· 조합원의 이익 대표 충실 · 취업규칙이 존재하는 한국 법체계에 부합 · 직종에 적합한 구별적 HRM적용 가능	· 다수노조 난립 방지 불가 · 노조간의 담합 가능성 (조직대상 분리 담합) · 사업장내 소수 직종 종사자에게 불리 · 전체 종업원 이익 대변 미흡 · 근로조건의 통일이 불가능할 수 있음

* 이 대안은 조직대상이 중복되지 않는 경우 별도의 교섭이 가능하도록 하고, 다만 조직대상이 중복되는 경우에는 교섭창구를 단일화하도록 하는 방안임

대안 3-4 : 조합원 수의 최다수 노조에 독점권 부여 (조직대상 중복의 경우)	
장점	단점
· 단일화과정(ex.투표)에서의 혼란 방지	· 소수노조의 단체교섭권 침해가 가장 심각(위헌가능성이 가장 높음) · 조합원 쟁탈전 가열 (특히 중소기업에서 심각할 것)

대안 3-5 : 비례대표제 (1사 1창구를 전제로 함)	
장점	단점
· 다수노조 난립으로 인한 교섭비용 증가 방지 · 단체교섭권 균형적 배분으로 교섭권 침해 의 최소	· 노노갈등시 교섭과정 비용이 증가 (스페인 사례 : 비밀투표로 노사 각각의 교섭위원들에서 과반수 이상인 안이 일치할 경우에만 효력) · 합의 이후에도 협약안 이행관련 갈등 소지가 있음 · 조합원 쟁탈전 가열

* 비례대표제를 하려면 1사 1창구가 대전제가 되어야 할 것임.
이러한 전제 없이는 비례대표제가 의미 없을 것임.

대안 3-6 : 자율적 교섭창구단일화 +단일화 안될 경우 사용자 교섭거부권 인정	
장점	단점
· 노동조합의 자율권 인정 · 단일화 촉진의 효과 · 교섭에 대한 사용자의 권리 인정 · 법률 개정 불필요	· 노노 갈등의 가능성 · 분쟁의 장기화 가능성 · 사측에 의한 부당노동행위 가능성 · 입법 책임 회피

대안 3-7 : 자율 교섭	
장점	단점
· 단체교섭권 완전 보장 · 법률 개정 불필요 · 노조의 경쟁보장 (※단점이 될 수도 있음)	· 사용자의 교섭비용 막대 · 노조 난립 가능성 · 사측의 부당노동행위 가능성

4) 시행 시기의 문제

대안 4-1 : 즉시 시행	
장점	단점
· 논의 종결을 통한 불확실성 해소 · 국제기준에 부응한다는 인식을 심어줌.	· 준비 부족에 따른 혼란 · 부작용 발생 시 시정의 여유가 없음. · 노사의 반발

대안 4-2 : (제도 결정을 전제로) 일정기간 준비 후 시행 ex) 1~3년 사이	
장점	단점
· 준비기간의 확보 · 노사의 대응능력 제고 · 국제적 요구에 유연대처 가능	· 재논의(재연장) 요구 가능성

5) 전임자 급여지급 금지 문제

대안 5-1 : 전면금지	
장점	단점
· 원칙에 부합 · 건전한 노사문화 정착 · 노조의 자립심 고취	· 노조의 격심한 반발 · 중소기업 노조의 존립 위협 ⇨ 초기업 노조화(산별, 지역별) 촉진 가능성 · 국제기구에 제소 남발 우려 · 법규정의 부정합성 문제 제기 가능성 (자발적 지급까지 처벌)

대안 5-2 : 대기업은 금지+중소기업은 상한선 설정 (조합원 규모별 세분화)	
장점	단점
· 중소기업 현실 고려 · 대기업 노조 건전화 촉진 · 과다한 전임자수의 감소	· 기준 설정의 논란 가능성 · 보편성 원칙의 위배 가능성

대안 5-3 : 금지 원칙+규모별 순차 시행	
장점	단점
· 현실을 고려한 방안 · 중소기업에 준비기간 부여 · 노조 재정자립 원칙 관철	· 기준에 대한 논란 가능성 · 시간만 지연될 뿐 중소기업 재정자립 가능성 희박

대안 5-4 : 금지 원칙 + 중소기업 노조에 재정 지원	
장점	단점
· 중소기업 현실 고려 · 원칙 견지	· 재정지원 합리적 근거 부족 (국민 세금 투입 이유) · 지원 기간, 지원 규모의 모호성 · 노조의 특권계층화 조장

대안 5-5 : 노사 자율 결정	
장점	단점
· 노동계반발 최소화	· 원칙 훼손 (과거로의 회귀, 유턴) · 법 개정 필요 · 과다한 전임자 수 시정 불가

대안 5-6 : (전면금지 전제로 한) 타임오프+조합원 규모별 상한선	
장점	단점
· 전임자 급여지급 금지 원칙 견지 · 과도한 초기업적 노조활동 견제 · 기업 인사노무관리의 현실 반영 · 현실 고려	· 상한선을 둠으로써, 상한선이 실제 기준이 되어 상향평준화될 가능성 · 타임오프 기준 설정의 애매함에 따른 · 분쟁 가능성

대안 5-7 : (전면금지 전제로 한) 타임오프+No Limit〈공익위원안〉	
장점	단점
· 전임자 급여지급 금지 원칙 견지 · 과도한 초기업적 노조활동 견제 · 기업 인사노무관리의 현실 반영 · 현실 고려	· 지나친(자의적인) 타임오프 시간규제 곤란 · 실질적인 전임자 수 축소기대 불가능 · 타임오프 기준 설정의 애매함에 따른 분쟁 가능성

대안 5-8 : (전면금지 전제로 한)상한선을 둔 타임오프+대표권 획득 노조에만 적용	
장점	단점
· 과반수 대표노조의 대표권 확립 · 소수노조의 과반수노조로의 통합 유도 · 소수노조의 불합리한 주장 차단	· 대표노조 외 다른 노조의 활동 불가 (단결권 침해 우려) · 대표노조의 불공정행위 가능성 다분 · 타임오프제도의 본래 취지와의 충돌

2. 신노동연구회의 추천 대안

신노동연구회는 앞에서 검토한 여러 대안들 중 관련 의사결정기관에서 긍정적으로 검토가 가능하다고 생각되는 대안들을 복수로 제시했다.

1) 복수노조 난립 방지 방안

복수노조의 난립을 방지하기 위한 대안으로 노동조합 설립을 위한 최소규모를 설정하거나, 단결권은 완전하게 보장하더라도 교섭요구권을 청구하기 위해서는 노조가 최소한의 규모가 되는 것이 필요하다고 생각된다. 가장 많은 지지를 얻은 대안은 2-2로 "**단결권은 보장하되 교섭요구권을 갖기 위해서는 최소규모가 되어야 한다**는 안"이다. 여기서 최소규모는 종업원의 10% 또는 조합원 숫자의 일정 규모 이상 등으로 설정할 수 있을 것이다.

둘째로 많은 지지를 얻은 대안은 2-1로 "노동조합 설립요건으로 일정규모를 하한으로 두자는 것"이다. 이 대안은 소수노조라도 일단 설립되고 나면 여러 노조의 난립에 따른 혼란을 줄이기 어려우므로 설립단계에서 더 엄격하게 하자는 것이 핵심이다.

2) 창구 단일화 방안

창구단일화 방안의 대안으로 신노동연구회 회원 거의 대부분은 대안 3-2, **"1사 1창구를 전제로 한 조합원 과반수 대표제"**를 추천하였다. 이 대안은 교섭단위를 한 개의 사업장이 아니라 한 개의 기업으로 함으로써 다수노조에 의한 분리교섭을 방지하는 장점이 있다. 또한 취업규칙이 기업단위로 존재하는 한국의 법체계에 부합하기도 한다.

한편 소수의견은 대안 3-1, "종업원 과반수 대표제"를 추천하였다. 종업원 과반수 대표제는 대표성을 확실하게 갖는다는 장점이 있다. 또 다른 소수의견은 대안 3-4, "조직대상이 중복되는 경우 조합원 최다수 노조에게 독점권을 부여"하는 안을 추천하였다.

3) 복수노조 시행시점

복수노조의 시행시점에 대하여 연구진은 제도 확정 후 약 **1년에서 3년 사이의 준비기간이 필요**하다는데 모두 동의하였다. 준비기간이 필요한 이유는 새로운 제도의 세부사항을 만드는데 시간이 필요하고, 또 노사의 대응능력을 키우는데도 시간이 필요하기 때문이다.

4) 노조전임자 급여지급 문제

노조전임자 급여와 관련하여 신노동연구회는 전임자 급여지급의 여러 문제가 대기업에 있으므로 대기업에 대해서는 급여지급을 금지하되, 재정이 열악한 중소기업의 노동조합 활동에 대해서는 조합 규모별로 상한을 정하여 지원하는 것이 현실적인 대안이라고 생각한다. 구체적으로 노동조합 전임자 급여지급과 관련하여 연구진 대부분은 대안 5-2, **"대기업은 급여지급을 금지하되 중소기업은 규모별로 세분화하여 상한선을 설정"**하는 안을 추천하였다. 이는 노조전임자 급여지급에 따른 폐해가 대기업에 집중되어 있고 중소기업은 노동조합의 재정자립도가 취약함을 감안한 대안이다.

만일 타임오프제를 도입한다면 연구진 대부분은 대안 5-6, **"전임자 급여지급 전면금지를 전제로 한 타임오프제를 실시하되 조합원 규모별로 상한선을 설정"**하는 대안을 추천하였다. 그리고 타임오프제는 전임자 급여지급 금지를 원칙으로 도입해야 한다. 소수의견은 대안 5-7, "전임자 급여지급 전면금지를 전제로 한 타임오프+조합원 규모에 제한을 두지 않음"을 추천하였다. 이 대안은 노사정위원회 공익위원안과 같다. 또 다른 소수의견은 대안 5-8, "전면금지를 전제로 한 타임오프+대표권을 획득한 노조에게만 타임오프를 부여"하는 안을 추천하였다.

3. 개정 노조법의 쟁점과 대안

신노동연구회는 복수노조와 전임자 급여에 대하여 2절의 내용과 같은 추천 안을 만들어 2009년 12월 이슈리포트의 형태로 발표하였다. 이후 만들어진 개정 노조법은 신노동연구회의 추천 안을 반영한 내용도 있고 다른 내용도 있다. 이하에서는 이번에 개정된 노조법의 쟁점에 대해 토론하고 대안을 제시한다. 신노동연구회의 주요 관점은 개정법이 입법취지와 맞게 되어있는가이다. 즉 복수노조의 입법취지는 단결권을 보장하되 효과적인 창구단일화를 통해 부작용을 최소화한다는 것이다. 그리고 전임자 급여는 노동조합이 자급하는 것을 원칙으로 하되 규모에 따라 제한적으로 사용자 지급을 허용한다는 것이다.

1) 교섭단위의 개념 관련

개정 노조법은 교섭창구 단일화의 기초가 되는 교섭단위를 '사업 또는 사업장'으로 규정하였다. 그러나 사업 또는 사업장 단위 개념은 모호한 개념으로서 시행에 있어 혼란을 가져올 수 있다. 하나의 기업에 다수의 사업장이 있고, 인사 노무관리에 있어 공통된 지침이 있지만 사업장 특색에 따라 다른 변용방법을 쓰는 경우가 대표적 예로서 각각을 별개의 사업으로 보아야 하는지 애매하다.

따라서 신노동연구회는 '사업 또는 사업장'단위의 우선순위를 먼저 **'기업' 으로 하고, 다만 노사가 동의하는 경우 교섭단위를 달리할 수 있도록** 시행령 등에 명확히 하기를 권고한다. 교섭단위를 기업으로 하는 것은 지금까지의 우리나라 교섭관행 및 국제적인 추세와도 부합한다.

2) 교섭단위 분리 관련

개정 노조법은 '현격한 근로조건의 차이, 고용형태, 교섭관행 등을 고려하여 교섭단위를 분리할 필요가 있다고 인정되는 경우에 노동위원회는 당사자 양쪽 또는 한쪽의 신청을 받아 분리 결정을 할 수 있다'고 하고 있다. 결국 노사간 동의를 이루기 어려운 경우 노동위원회가 결정하도록 하고 있다. 그러나 우리나라 노사관계의 현실을 고려할 때 대표권을 갖기 어려운 노조가 사용자에게 개별교섭을 압박하다가 관철이 되지 않으면 노동위원회에 분리신청을 할 가능성이 높다. 노사 당사자의 이해관계에 따라 신청이 남발하고 노동위원회가 이를 폭넓게 인정할 경우 창구단일화라는 입법취지는 형해화되고 말 것이다.

따라서 **교섭단위 분리에 대해서는 시행령에서 엄격하게 기준을 설정하여** 교섭단위 분리가 남발되지 않도록 해야 할 것이다. 교섭단위 분리는 어디까지나 교섭창구 단일화라는 입법취지를 최대한 살리는 차원에서 이루어져야 한다. 단지 조직대상이 다르다는 표면적인 이유 등으로 분리를 결정해서는 안 될 것이다. 당사자의 요구나 교섭관행에 근거하기 보다는 직종별, 고용형태별 특수성이 명확한지, 인사노무의 내용이 본질적으로 다른지 등 객관적인 기준에 따라 결정되도록 해야 할 것이다.

3) 개별교섭제도

개정 노조법은 교섭창구 단일화 원칙의 예외로서 '사용자가 이 조에서 정하는 교섭창구 단일화 절차를 거치지 아니하기로 동의한 경우에는 그러하지 아니하다(제29조의 2 제1항 단서)'고 하여 개별교섭의 가능성을 열어놓았다. 그러나 이 단서는 교섭창구 단일화의 취지에 반할 뿐 아니라 노사현장의 갈등을 증폭시킬 수 있다. 무엇보다 교섭대표권을 획득하기가 어렵다고 판단되는 소수노조가 교섭창구 단일화에 적극적으로 참여하기

보다 사용자가 개별교섭에 동의하도록 압박하는데 주력할 것이다. 반대로 사용자가 전략적으로 특정 노동조합과는 개별교섭을 하고 나머지 노조에 대해서는 창구단일화를 요구할 수도 있다. 이렇게 되면 온갖 변칙적인 교섭이 가능하고 창구단일화는 실종될 것이며, 노노갈등의 증폭, 불법파업 등으로 사업장 노사관계는 혼란에 빠질 것이다.

또한 개별교섭으로 인해 서로 다른 내용의 단체협약이 체결될 경우 노동조합법 35조에 의한 단체협약 효력확장 규정과도 충돌하게 되어 어느 협약이 우선할지에 대한 혼란도 예상된다. 결국 개별교섭은 실익은 크지 않은 반면 법리 오해와 갈등의 소지는 높다. 혼란을 줄이기 위해서는 **개별교섭을 할 수 있는 보다 명확한 기준을 시행령으로 명문화하는 것**이 바람직하다.

4) 공동교섭 대표제도

개정 노조법은 창구단일화 절차를 형식상 3단계로 만들어 놓았다. 1단계에서 노조간 자율적 합의에 의한 창구단일화를 추구하고 일정시한 내에 이루어지지 않으면 2단계로 과반수 노조가 교섭대표권을 갖게 된다. 만일 과반수 노조가 없을 경우 3단계로 단일화 절차에 참여한 모든 노동조합이 공동으로 교섭대표단을 구성하게 된다. 공동교섭 대표제는 소수노조에게 교섭기회를 부여함으로써 위헌시비를 없애는 장점이 있다. 그러나 이 제도는 결국 조합원 과반수를 넘는 노조 혹은 노조연합이 없는 상태에서 이루어지는 제도인 만큼 참여하는 노동조합끼리 대립 경쟁하는 관계에 있을 가능성이 높다. 따라서 현실적으로 대립관계에 있는 노동조합들이 교섭이 원하는 방향으로 가지 않을 경우 고의적으로 교섭을 지연, 방해할 가능성이 높다.

결국 현재와 같은 3단계 방식의 공동교섭제도는 명분과는 달리 실제에 있어서는 교섭비용을 현저히 높임으로써 창구단일화를 통해 불필요한 교섭비용을 최소화하자는 본래의 입법취지에 위배될 수 있다. 공동교섭제도는 또한 당초 노사정 간의 사회적 합의과정에는 포함되지 않았으며 국회 입법과정에서 끼어든 것이다. 따라서 공동교섭 대표제를 창구단일화 방식에서 제외하는 법 개정을 고려할 필요가 있다. 그 이전까지는 프랑스의 입법례 등을 참고하여 교섭단체 내부문제로 인한 단체협약 체결 지연의 폐단을 막기 위한 안정장치를 시행령 등으로 만들 필요가 있다.

5) 공정대표 의무

개정 노조법은 '교섭대표 노동조합과 사용자는 교섭창구 단일화 절차에 참여한 노동조합 또는 그 조합원 간에 부당한 차별을 하여서는 아니 된다(제 29조의 4 제 1항)'고 하여 대표노동조합에게 공정대표 의무를 부과하고 있다. 그러나 공정대표 의무의 범위가 명확하지 않아 혼선이 우려된다. 교섭대표 노동조합은 교섭권을 차별적으로 행사해서는 안되지만 또한 교섭대표에게는 협약 체결을 위해 광범위한 재량권도 부여될 필요가 있다. 그런데 경우에 따라서 특정한 사항이 재량권의 행사에 해당하는지 차별에 해당하는지 불분명할 수 있다. 특히 채무적 부분의 배분에 있어 노노간 갈등의 소지가 높다.

따라서 혼란과 갈등을 줄이기 위해서는 **공정대표로서 무엇을 해야 할**

지와 무엇을 하지 말아야 할지를 시행령으로 명확히 해 줄 필요가 있다. 시행령에는 소수 노조에 대한 존중을 대표의무로서 명시할 필요도 있다. 그리고 시행령은 또한 공정대표 의무 위반에 대한 소수노조의 시정요청의 절차와 방식을 명확히 하는 것이 바람직하다. 그리고 의무 위반 시 실효성 있는 구제방법 또한 포함되어야 할 것이다.

6) 근로시간 면제제도

개정 노조법은 단체협약으로 정하거나 사용자가 동의하는 경우에는 사업 또는 사업장별로 조합원 수 등을 고려하여 일정한 한도 내에서 임금의 손실 없이 근로시간을 면제해주도록 하였다. 근로시간 면제제도의 원형은 노사정위원회 공익위원 안이지만 국회의 입법과정에서 불명확한 사유가 포함되는 등 많이 후퇴하여 과연 입법취지에 부합할지 매우 의심스럽다.

무엇보다 근로시간 면제제도는 실제로 시행함에 있어 많은 혼란과 다툼이 있을 것으로 예상된다. 첫째, "건전한 노사관계 발전을 위한 노동조합의 유지·관리 업무"란 정의가 매우 모호한 활동을 포함함으로써 근로시간 면제의 취지가 실종될 수 있다. 둘째, "사용자와의 협의·교섭, 고충처리, 산업안전 활동 등"에 각각 몇 시간씩 분배하는 것이 적절한지 판단하기 매우 어렵다. 또 "...등"으로 규정되어 있어 다른 활동 중 어느 것까지 포함될 수 있는지도 불명확하다. 셋째, 근로시간 면제의 범위에 포함되는 활동이 노사협의회 활동과 중복되는 측면이 있다. 때문에 노사협의회 활동으로 포장하면서 상한선 이상의 근로시간 면제가 허용될 가능성이 있다. 넷째, 면제 근로시간의 배분에 있어 교섭을 책임지는 대표노조와 소수노조간의 '적절한 차별'이 불가피한데, 이 부분도 기준을 세우기가 쉽지 않다. 더구나 교섭이 장기화되어 교섭에 배정된 면제시간 이상의 활동시간이 필요할 경우는 어떻게 할지에 대해서도 답이 있어야 한다. 다섯째, 허용된 근로시간 면제한도를 전임자에게 사람기준으로 몰아서 쓰지 않고 많은 조합간부들이 나누어 쓸 때, 사업장의 부담은 더 커질 수 있다. 예컨대, 전임자 2명을 두는 대신 매일 4시간씩 4명이 나누어 쓴다면, 기업입장에서는 이들에게 업무를 배정하기 어려울 것이고, 따라서 4명 모두 전임자와 같은 부담을 느낄 수밖에 없을 것이다.

이런 혼란을 해결하는 가장 근본적인 방법은 법을 다시 재개정하여 2절에서 신노동연구회가 제시한 **'대기업은 금지하고 중소기업은 규모별로 상한선을 정하여 유급 전임자를 인정'하는 것**이다. 그것이 단순 명확하고, 전임자의 수를 줄여보자는 본래의 목표도 달성할 수 있다. 그러나 이러한 법 재개정이 현실적으로 어렵다면 근로시간 면제범위를 시간 단위로 정하지 말고 사람 수로 정하며, 1인의 전임자 보장 보다 적은 시간을 할당할 경우에만 시간 단위로 정하는 것을 고려할 필요가 있다. 만일 이것이 근로시간 면제제도의 취지에 어긋난다면 근로시간면제심의회에서 치밀한 준비를 하는 길 밖에 없다. 앞서 지적한 운영상의 혼란을 최소화할 수 있도록 합리적인 원칙을 세우고 이에 근거하여 기준을 세밀하게 설정하여야 할 것이다. 예컨대 '노동조합의 유지 관리'를 사유로 하는 근로시간 면제는 일정규모 이상의 사업(장) 노조에게는 부여하지 않도록 해야 할 것이다.

그리고 개정법은 금지되는 급여의 범위에 대한 규정이 없는데 이는 잠재적으로 논란의 불씨를 안고 있다. 따라서 시행령 등을 통해 **대법원 전원합의체의 판결(1995.12.21)에 의한 '무노동 무임금 원칙'에 준해서 급**

여 범위를 명확히 필요가 있다. 또 개정법에서는 근로시간 면제의 상한에 위배되는 급여를 제공하는 사용자에 대해서만 처벌하도록 되어 있다. 그러나 법에 위배되는 급여를 요구하여 제공받는 근로자에 대한 처벌이 없는 것은 형평에 어긋난다. 따라서 근로시간 면제한도를 초과한 급여를 제공한 사용자 및 제공받은 근로자 혹은 노조를 모두 처벌하도록 하는 것이 바람직하다. 그래야 이 제도의 실효성이 높아질 것이다.

7) 향후 노동법 개정 방향에 대한 제언

복수노조와 전임자 급여와 관련한 그간의 과정은 노사 당사자의 이해관계가 첨예하게 걸려있는 노동법의 개정이 얼마나 어려운 것인가를 잘 보여준다. 그러나 세계화되는 질서 속에서 국제기준과 동떨어지거나 반경쟁적인 법체계를 유지할 수는 없다. 이번 법 개정 결과를 보더라도 본래의 입법취지에 맞게 되었는지 의심하지 않을 수 없다. 특히 근로시간 면제제도는 운영 여하에 따라서 기존의 폐단을 그대로 반복하거나 복잡성으로 인해 오히려 더 나쁜 결과를 가져올 수 있어 걱정된다. 그리고 복수노조 제도는 새로운 제도이고 파급영역이 광범위하다는 점에서 현재의 입법으로는 여전히 미흡한 측면이 많다.

신노동연구회는 그동안 일관되게 우리나라의 노동법이 시대적 환경 변화에 뒤처져 있어 폐단이 크므로 개혁해야 함을 지적해왔다. 즉 **노동관련 법제도는 일방적인 근로자(노동조합) 보호체계로부터 노동시장의 원리를 존중하는 질서체계로 개편되어야 한다.** 이에 따라 노동조합만을 중심으로 하는 집단주의를 지양하고 다양한 제도 속에서 기업과 근로자가 선택할 수 있도록 해야 함을 강조한다. 그런 맥락에서 볼 때 아직 개선되어야 할 분야가 많다. 특히 시행이 불과 1년 반도 남지 않은 복수노조 제도의 원만한 정착을 위해서는 선결되어야 할 법적 체제 정비가 적지 않다.

우선 소수노조의 난립에 따른 혼란을 막는 장치가 강구될 필요가 있다. 노동조합의 설립요건으로 최소규모를 설정하는 것은 단결권 침해 시비가 있을 수 있으나 어차피 현행 법제에서도 소수노조는 교섭권을 갖기 어렵고, 다른 나라에서도 도입하고 있는 만큼 적극적으로 검토할 필요가 있다. 그리고 단체교섭의 대상을 명확히 하여 본질적인 경영권 사항은 교섭대상이 아님을 분명히 할 필요도 있다. 또한 단체협약의 유효기간을 3-4년으로 연장함으로써 교섭비용을 절감하는 것이 바람직하다. 그리고 노동조합의 부당노동행위를 법으로 규정하여 복수노조 시대에 대비하는 것이 필요하다. 그리고 불법파업에 대해서는 엄정 대처할 뿐 아니라 설사 합법적인 파업이라 하더라도 무기대등성 차원에서 대체근로를 허용하여 생산이 중단되는 일이 없도록 해야 한다. 이러한 입법적인 보완장치들은 적어도 우리가 선진사회에 걸맞는 노사관계를 지향하기 위해서는 필수적인 것들이라 생각된다.

NLP 연구진 약력

김영문

- University of Freiburg, 법학 박사
- 전북대학교 법학전문대학원 교수 (현)
- 국민경제자문회의 위원 (전)
- 노사정위원회 특수형태근로특별위원회 공익위원 (전)
- 논문: 「근로자가 아닌 자의 노조가입을 둘러 싼 법적 쟁점 연구 」(2009) 등 다수
- 저서: 『외부노동력 이용의 노동법적 문제』(2010) 등 수 권

김재훈

- 서울대학교 대학원 법학과, 법학 박사
- 서강대학교 법학전문대학원 교수 (현)
- 중앙노동위원회 심판담당 공익위원 (현)
- 노사정위원회 근로시간임금제도개선위원회 공익위원 (현)
- 논문: 「임금관련 제도의 유연안정화법리」(2006) 등 다수
- 저서: 『공무원 노사관계: 단체교섭 구조를 중심으로』(2006) 등 수 권

김태정

- 성균관대학교 대학원 법학과, 법학 박사
- 삼성경제연구소 인사조직실 수석연구원 (현)
- 법무부 법무자문위원회 연구위원 (전)
- 논문: 「중고령자의 고용 확보와 연령차별 금지 법리」(2008) 등 다수
- 저서: 『한국의 노동 II』(공저, 2008) 등 수 권

남성일

- University of Rochester, 경제학 박사
- 서강대학교 경제학부 교수 (현)
- 노사정위원회 고용서비스위원회 위원장 (현)
- 국민경제자문회의 위원 (전)
- 논문: 「21세기 노동조합의 기능변화와 한국노조의 전환과제 연구」(2006) 등 다수
- 저서: 『한국의 노동 어떻게 할 것인가?』(공저, 2007) 등 수 권

유경준

- Cornell University, ILR School 경제학 박사
- 한국개발연구원 선임연구위원(현)
- 노사정위원회 고용서비스발전위원회 공익위원(현)
- 노동부 노동정책자문위원회 위원(현)
- 논문: 「클린사업장 조성사업의 산재 감소효과 추정」(2008, 배무기학술상 수상) 등 다수
- 저서: 『비정규직 문제 종합연구』(편저, 2009), 『소득불평등도와 양극화』(2007) 등 다수

이인재

- New York University, 경제학 박사
- 인천대학교 경제학과 교수 (현)
- 한국노동경제학회 연구이사 (현)
- 노사정위원회 노사관계선진화위원회 공익위원 (전)
- 논문: 「고용위기와 노동시장 구조개혁」(2009) 등 다수
- 저서: 『기술혁신과 노사관계』(2008) 등 수 권

이정일

- 서강대학교, 경영학 박사
- 삼성경제연구소 인사조직실 수석연구원 (현)
- 논문: 「새로운 10년을 위한 인사 노사 7대 과제」(2007) 등 다수
- 저서: 『한국경제 생존 프로젝트, 경제특구』(공저, 2003), 『한국의 노동 어떻게 할 것인가?』(공저, 2007) 등 수 권

이종훈

- Cornell University, 경제학 박사
- 명지대학교 경영학과 교수 (현)
- 중앙노동위원회 공익위원 (현)
- 한국개발연구원 연구위원 (전)
- 논문: 「비정형근로 유형 선택에 대한 이론적 모형」(2006) 등 다수
- 저서: 『대안적 의견개진과 노사협력』(공저, 2008) 등 수 권

장상수

- 慶應義塾大學, 경영학 박사
- 삼성경제연구소 인사조직실 전무 (현)
- 행정안전부 자체평가위원 (현)
- 성균관대학교 경영대학원 겸임교수 (전)
- 논문: 「국제경쟁력 결정요인」,「neo technology theory의 검증」(1988) 등 다수
- 저서: 『IMF와 실업』(1998) 등 수 권

최강식

- Yale University, 경제학 박사
- 연세대학교 상경대학 경제학부 교수 (현)
- 경제발전노사정위원회 상무회의 공익위원(현)
- 중앙노동위원회 조정담당 공익위원(현)
- 논문: 「Does Unmeasured Ability Explain the Wage Premium associated with Technological Change?: Quantile Regression Analysis.」(2007) 등 다수
- 저서: 『Labor Market in Korea: Retrospect on the Past Decade and Policy Directions for the 21st Century.』(1998) 등 수 권